# 채근담

채근담 큰글씨책

초판 1쇄 발행 | 2021년 5월 25일

지은이 | 홍자성
역주 | 조지훈
펴낸이 | 조미현

펴낸곳 | (주)현암사
등록 | 1951년 12월 24일 · 제10-126호
주소 | 04029 서울시 마포구 동교로12안길 35
전화 | 02-365-5051 · 팩스 | 02-313-2729
전자우편 | editor@hyeonamsa.com
홈페이지 | www.hyeonamsa.com

\* 역주자와 협의하여 인지를 생략합니다.
\* 잘못된 책은 바꾸어 드립니다.

ISBN 978-89-323-2139-4  03150

자연과 인생에 관한 명상

# 채근담

홍자성 지음 · 조지훈 역주

ᄒ 현암사

# 머리말

　내가 채근담을 처음 읽은 것은 열일곱 살 때이다. 인생의 맛을 아직 모르던 시절이어서 채근담의 진미를 알지도 못하면서 읽은 것 같다. 그러나 채근담을 읽고 동양의 생리를 알았고 동양의 마음을 느낄 수가 있었다. 선비의 몸가짐과 마음씨는 마땅히 이러해야 한다고 제법 고개를 끄덕이면서 옛 어른들이 어지러운 세상을 피하여 먼 시골로 낙향하던 심정을 생각해 보기도 하였다. 내가 두번째로 채근담을 읽은 것은 스물두 살 때이다. 그 때는 병든 세상에서 쫓겨나 산암 해정(山菴海亭)으로 외로운 발길을 옮기던 때라 채근담을 통하여 느끼는 둔세(遁世)의 맛과 자적(自適)의 멋은 슬픈 마음을 위로하는 정다운 벗이기도 하였으니, 한 바리의 밥과 한 상의 책으로 지내던 그 날에 채근담은 참으로 좋은 길잡이가 되어 주었다. 그 뒤의 십 년은 나도 세상 풍파에 엔간히 부대낀데다가 정신적으로도 훨씬 성숙하던 터이므로 채근담의 맛은 한결 더 깊을 수밖에 없었다.

　채근담을 읽은 지 어느덧 이십 년, 모르는 사이에 채근담의 영향을 적지 않게 받은 듯하다. 읽을 때마다 그 맛이 깊어지는 것은 무슨 까닭인가. 나물 뿌리의 담백한 맛이 씹을 수록 달듯이 채근담의 맛도 읽을수록 향기롭기 때문이리라.

나이와 공부에 따라 더욱 새로워지는 이 책은 어느 때 어디서 누가 읽더라도 그 사람의 기틀에 맞추어 그 맛이 달라지는 까닭이다. 뭇사람과 기꺼이 어울리되 그 더러움에는 물들지 않고 드높은 경지에 뜻을 두어도 쓸쓸한 생각에 빠지지 않게 하는 채근담은 참으로 좋은 스승이라 할 수 있다.

요즈음 사람들이 채근담을 읽으면 무엇을 어떻게 느낄지 생각하여 보는 것도 매우 흥미있는 일이다. 아마 채근담이 너무 당연한 말만 자꾸 되풀이하는 것이 미울 것이요, 너무도 소극적인 처세관이 싫을 것이며, 논리가 일견 모순되는 것이 우스울 것이다. 그러나 우리가 알기는 쉬워도 실행하기는 어려움을 참으로 깨닫고 보면 옳은 말의 되풀이가 미울 까닭이 없을 테니, 겉으로는 소극적으로 보일지언정 도리어 그 소극적인 태도가 명망과 인격과 도의를 지키기 위해서는 도리어 적극적인 정신의 발현임을 알 것이다. 이는 일시의 이욕(利慾)이 아니라 영원에 대한 신념 때문이다. 채근담의 방법은 앞뒤가 맞지 않는 바 있다. 그러나 이것은 한 가지 공식과 논리만으로 모든 사람을 꿰어 맞추려 하지 않고 때와 자리와 사람에 따라 잘못되기 쉬운 약점을 지적함이니, 융통성 있는 현실 윤리는 병에 따라 처방을 달리하는 윤리이기 때문이다. 이것이 채근담의 근본 정신이므로 그 자체로서는 조금도 모순이 없으며, 또 그 모순이 바로 생활에 들어맞는 윤리의 바탕이 된다. 이것이 내가 채근담을 현대인에게 권하고 싶은 까닭이기도 하다.

나에게 이 채근담을 옮겨 보라고 권한 사람은 현암(玄岩)이다. 현암은 동서 고금의 금언 경구(金言警句)와 수양 처세(修養處世) 책을 모아 널리 독자에게 이바지하는 것으로써 보람을 삼는 이라, 내 마침 난리를 피하여 대구에 있을 무렵에 그이를 만나 이런저런 이야기를 하게 되었다. 그런데 말끝에 그이는 한 권의 책자를 내놓고 번역을 약속하자 하였다. 그 책이 바로 채근담이다. 일 적은 것보다 더 큰 복이 없다는 것이 채근담의 말인데, 나에게 굳이 일을 맡기는 것은 나의 복을 깎는 셈이 아니냐고 웃으면서 마침내 이를 언약하고 말았다. 서울로 돌아와 대강 자리를 잡고 나서 이내 채근담 번역에 손을 댔으나 지지부진하다가, 지난해 여름에 병들어 누워 있던 동안 투병을 겸하여 정신을 가다듬고 다시 손을 댔다. 새벽 창 앞에서 또는 초저녁 등불 아래서 하루 네댓 장씩 번역하기를 일과처럼 하여 그 해 시월에 이 일을 끝내게 되었다. 무거운 짐을 벗었으매 가슴은 후련하나, 이로 말미암아 내가 또 큰 허물을 남기게 된 것은 괴로운 일이었다.

이제 졸역과 미진한 주석(註釋)을 다시 뒤져 보매 손댈 곳이 한두 곳이 아니나, 지금의 좁은 식견과 병약한 몸으로는 그 옹골진 열매를 기약할 수 없으므로 이는 후일의 개정을 기다리기로 한다.

조지훈(趙芝薰)

# 차례

# 일러두기

1. 이 책은 홍자성(洪自誠)의 채근담(菜根譚)을 바탕으로 하여 그 전·후집 359장 모두를 새로이 옮겼다.

2. 원저는 전집(前集) 225장과 후집(後集) 134장으로 나누어졌으나 그 전·후집은 편의상의 분편이요, 내용에는 뚜렷한 특색이 없으므로 역자는 이 전·후집을 다시 뒤섞어서 비슷한 것끼리 한데 모아 4편으로 나누고 자연의 섭리(自然), 도의 마음(道心), 수신과 성찰(修省), 세상 사는 법도(涉世)라고 각기 이름지었다.

3. 이 책은 원저의 전·후집을 섞어서 다시 엮었으나 각 편의 순서는 원저의 순서에 따라 배열하였으며 원저와의 비교 참조를 돕기 위하여 괄호 안에 원저의 해당 차서(次序)를 밝혀 두었다.

4. 번역은 본디의 뜻에 충실할 것을 으뜸으로 삼았으나 난해한 것은 본디의 뜻에 벗어나지 않는 한도 안에서 자유롭게 의역하기도 하였다.

5. 역문은 평이한 현대어로 풀기에 힘쓰되 원문의 맛을 내기 위하여 의고체(擬古體)를 쓰기도 하였으며, 운문의 격을 빌림으로써 소리내어 읽기도 쉽게 마음을 썼다.

6. 본문 각 장은 먼저 역문을 앞에 놓되 한문 맛을 알려는 이를 위하여 원문을 그 다음에 붙였으며 대의(大意)의 해설, 난어(難語)의 주석, 고사(故事)의 출처를 풀이라는 이름 아래에 붙여 놓았다.

# 자연의 섭리
## (自然)

# 1

바람이 성긴 대숲에 오매 바람이 지나가고 나면 대는 소리를 지니지 않고, 기러기가 차가운 못을 지나매 기러기가 가고 나면 못은 그림자를 남기지 않는다. 그러므로 군자는 일이 생기면 비로소 마음에 나타나고 일이 지나고 나면 마음도 따라서 빈다.

風來疎竹에 風過而竹不留聲하고 雁度寒潭에 雁去而潭不留影이라. 故로 君子는 事來而心始現하고 事去而心隨空하느니라.(전 82)

**풀이**

대숲은 얇은 바람결에도 소리를 내지만 바람이 가고 나면 고요해진다. 못물은 무엇이든지 떠오르면 비치지만 가고 나면 아무런 자취가 없다. 군자의 마음도 대숲이나 못물과 같으니, 사물이 오면 받아들이되 간 뒤에는 거리낌이 없다. 연연히 집착하는 마음을 버려야 어지러운 세상에 얽매이지 않을 수 있다.

# 2

산림(山林)에 숨어 사는 즐거움을 말하는 사람은 아직 산림의 참맛을 깨닫지 못하였고, 명리(名利)를 말하기 싫어하는 사람은 아직 그 마음이 명리를 잊지 못한 것이다.

談山林之樂者는  未必眞得山林之趣요  厭名利之談者는  未必盡忘名利之情이니라.(후 1)

**풀이**

진실의 묘미는 말로 표현하지 못하는 데 있으니 말로 표현되는 경지는 그 진실의 아주 작은 부분이다. 자연과 벗하는 즐거움을 짐짓 뇌는 것이 바로 속된 마음이니 무엇으로 산림의 참맛을 알랴! 통달한 사람은 싫어함이 없다. 집착함이 있어야 싫어함이 있으니 명리에 관심이 없으면 또 무슨 명리를 싫어하는 마음이 따로 있으랴.

# 3

꾀꼬리 울고 꽃이 우거져 산과 골이 아름다워도 이 모두 건곤(乾坤)한 때의 환경(幻境)일 뿐이다. 물 마르고 나뭇잎 떨어져 바위가 앙상하고 언덕이 메말라야 비로소 천지(天地)의 참모습을 볼 수 있다.

鶯花茂而山濃谷艶은 總是乾坤之幻境이요 水木落而石瘦崖枯는 纔見天地眞吾니라.(후 3)

**풀이**

잎 떨어진 나무와 이끼 마른 돌의 맛을 모르고는 동양의 진수를 알지 못한다. 계절에 따라 변하는 만상(萬象)이니 어느 것인들 우주의 맵시가 아니랴마는 번화(繁華)는 한 때의 꾸밈이요, 고적(枯寂)은 본디의 바탕이다. 겨울의 메마르고 쓸쓸한 풍경에서 천지의 참모습을 보라. 인생도 이와 같으니 명예와 권세는 한때요, 그것이 사라진 뒤에 비로소 그 사람의 본바탕을 보게 된다.

# 4

세월은 본디 길고 오래건만 마음 바쁜 이가 스스로 짧다고 한다. 천지는 본디 넓고 넓건만 마음 속된 이가 스스로 좁다고 한다. 바람과 꽃이며 눈과 달은 본디 한가롭건만 악착스러운 사람이 스스로 번거롭다고 한다.

歲月이 本長이나 而忙者自促하고 天地는 本寬이나 而鄙者自隘하며 風花雪月은 本閑이나 而勞攘者自冗이니라.(후 4)

**풀이**

길고 짧고 넓고 좁은 것과 높고 낮음이 다 사람의 눈과 마음에 달려 있다. 세월이 언제 끝난 적 있기에 짧다 하는가, 낭비하지 않으면 항상 넉넉하다. 천지가 사람을 가둔 적 없건만 마음 좁은 사람이 좁다 하나니 몸 하나 담을 자리야 가는 곳마다 있지 않은가. 사계절의 풍경보다 한갓진 것이 없거늘 부질없이 바쁜 사람이 조용히 느껴 보지도 않고 덧없다 하는구나.

# 5

정취를 얻는 것은 많음에 있지 않으니, 동이만한 못이나 주먹만한 돌 사이에도 안개와 노을이 깃든다. 훌륭한 경치는 먼 곳에 있지 않으니, 쑥대로 얽은 창과 대나무로 엮은 집에도 맑은 바람과 밝은 달이 스스로 한가롭도다.

得趣不在多하니 盆池拳石間에 煙霞具足하며 會景不在遠하니 蓬窓竹屋下에 風月自賖하느니라.(후 5)

**풀이**

"종일 산과 들을 헤매었건만 봄을 못 보더니 돌아와 울타리의 매화 향기를 맡으니 봄이 이미 가지 끝에 무르익었더라."는 시가 있다. 풍취는 제 마음 속에 있으니, 작은 풍경에도 큰 즐거움이 있고 마음만 한가로우면 눈앞과 발밑에 청풍 명월(淸風明月)이 절로 넉넉하다.

# 6

고요한 밤 종소리를 듣고 꿈 속의 꿈을 불러 깨우며, 맑은 못의 달 그림자를 보고 몸 밖의 몸을 엿보는도다.

聽靜夜之鍾聲에 喚醒夢中之夢하며 觀澄潭之月影에 窺見身外之身하느니라.(후 6)

**풀이**

인생이 꿈 같은데 꿈 속에도 꿈이 있다. 깊은 밤 종소리를 듣거든 꿈을 깨고 마음의 창을 열라. 덧없는 이 몸 안에 우주의 본체가 있다. 맑은 못에 잠긴 달빛을 보거든 그 우주의 맵시를 엿보라. 깨달아야 꿈인 줄 알 것이요, 보아야 참인 줄 알 것이다.

## 7

새 울음과 벌레 소리는 이 모두 전심(傳心)의 비결이요, 꽃 봉오리와 풀빛은 이 모두 오도(悟道)의 명문(名文) 아님이 없도다. 배우는 사람은 모름지기 마음의 작용을 맑고 밝게 하고 가슴 속을 영롱히 하여 사물을 대함에 모두 깨닫는 바가 있어야 하리라.

鳥語蟲聲이 總是傳心之訣이요 花英草色은 無非見道之文이니 學者는 要天機淸徹하며 胸次玲瑞하여 觸物에 皆有會心處니라.(후 7)

**풀이**

"나에게 한 권의 경(經)이 있으니 종이와 먹으로 이룬 것이 아니로다. 활짝 펴 놓아도 글자 하나 없건만 항상 큰 광명이 예서 퍼져 나가노라." 하는 글이 선가(禪家)에 있다. 이 경은 곧 천지자연경(天地自然經)이다. 천지 만물(天地萬物) 산색 계성(山色溪聲)이 모두 우주의 실상과 진리를 보여 준다는 뜻이다. 도를 배우는 사람은 마땅히 마음을 맑고 깨끗하게 지녀 흉중에 한 점의 사념도 없앰으로써 보고 듣는 것마다 마음에 체득함이 있어야 한다. 그럼으로써 새 울음과 벌레 소리가 마음에서 마음으로 전하는 비결이 되고, 꽃송이와 풀잎이 그대로 산 문장이 된다는 말이다. 천지의 대도와 우주의 진리라는 것은 언어 문자로는 표현할 수 없기 때문에 석가도 49년

동안 설법을 한 자도 베푼 적이 없다고 하였다. 문자로 풀이한다는 것은 얼마나 부족한 일인가! 천지 만물이 곧 그대로 우주의 진상이니 진리는 오직 스스로 느끼고 스스로 깨달을 수밖에 없다.

# 8

사람은 글자 있는 책만 읽을 줄 알지 글자 없는 책은 읽을 줄 모르며, 줄 있는 거문고는 탈 줄 알아도 줄 없는 거문고는 탈 줄 모른다. 형체만 쓰려 들고 정신을 쓸 줄 모르니 무엇으로 거문고며 책의 참맛을 얻으랴.

人이 解讀有字書로되 不解讀無字書하며 知彈有絃琴이로되 不知彈無絃琴하나니 以跡用하고 不以神用이면 何以得琴書之趣리요. (후 8)

**풀이**

문자는 언어의 부호요 언어는 마음의 형식이니, 문자보다 언어가 먼저요 더 완전하고 언어보다는 마음이 더 먼저요 또 완전하다. 거문고 줄은 소리를 내는 기구요 소리는 움직이고 부딪치는 가락의 형식이니, 가락은 소리로써 이루어지고 소리는 줄로써 나타난다. 문자 없는 책은 마음이요 줄 없는 거문고도 마음이다. 보이는 것만 볼 줄 알고 형체 있는 것만 쓸 줄 알아서는 참맛을 모른다. 멀리 산에 빛이 있음을 보고 가까이 물이 소리 없음을 들으며, 줄 없는 거문고를 어루만지고 구멍 없는 피리를 불 줄 알아야 바야흐로 책과 거문고가 없어도 그 뜻이며 가락을 알리라.

# 9

마음에 물욕이 없으면 이는 곧 가을 하늘이나 잔잔한 바다
요, 옆에 거문고와 책이 있으면 이는 곧 신선이 사는 곳이
로다.

心無物欲이면 卽是秋空霽海요 坐有琴書면 便成石室丹丘니라.
(후 9)

**풀이**

마음에 욕심이 없으면 근심과 괴로움이 있을 리 없다. 이익을 쫓기
바쁜 세상의 어지러움이 어둡고 험난해도 마음이 고요하면 가을 하
늘이나 물결 없는 바다와 같으리라. 옆에 거문고와 책이 있어 이를
즐길 줄 알면 시끄러운 저자에서 살아도 그곳이 곧 신선 사는 곳
이 될 것이다.

# *10*

손과 벗이 구름같이 모여 마음껏 마시고 질탕히 노는 것은 즐거운 일이로되, 이윽고 시간이 다해 촛불이 가물거리며 향로의 연기가 사라지고 차도 식고 나면 즐거움이 도리어 흐느낌을 자아내어 사람을 쓸쓸하게 만든다. 천하의 일이 모두 이와 같은데 사람들은 어찌하여 빨리 머리를 돌리지 않느뇨.

賓朋이 雲集하여 劇飮淋漓樂矣라가 俄而漏盡燭殘하고 香銷茗冷하면 不覺反成嘔咽하여 令人索然無味하나니 天下事率類此거늘 人奈何不早回頭也리요.(후 10)

### 풀이

"참다운 황금 시대는 그 황금 시대가 오기 직전이다."라는 말이 있다. 황금 시대는 이윽고 쇠퇴하기 시작하는 시기이기 때문이다. 꽃이 활짝 피면 시들고 달도 차면 기울듯이 모이면 마침내 흩어지고 흥이 다하면 반드시 슬픔이 온다. 천하의 일이 모두 이와 같다. 그러므로 사람은 무슨 일에서든지 극단까지 가지 말고 조금 아쉽다 싶을 때에 그치는 것이 좋다.

# *11*

사물 속에 깃든 참된 멋을 깨달으면 오호(五湖)의 풍경도
마음 속에 들어오고, 눈앞에 있는 천기(天機)를 알아채면
천고의 영웅도 손아귀에 들어온다.

會得個中趣면  五湖之煙月이  盡入寸裡하고  破得眼前機면  千古之
英雄이  盡歸掌握하느니라.(후 11)

**풀이**

사물 속에 깃든 정취를 체득하면 아름답다고 하는 풍경도 마음 속
에 들어올 것이니 구태여 가서 봐야 할 까닭이 없다. 눈앞에 나타
나는 일의 진상을 꿰뚫어 차리면 천고의 영웅도 손아귀에 넣고 쥐
락펴락할 수 있다. 앉아서 만리를 보고 누워서 천고를 헤아리는 마
음이 바로 이것이다.

# 12

산하의 큰 덩어리도 이미 티끌에 속하거늘 하물며 티끌 속의 티끌임에랴. 피와 살로 된 몸뚱이도 물거품과 그림자로 돌아가거늘 하물며 그림자 밖의 그림자임에랴. 아주 밝은 지혜가 아니면 다 벗어 던지는 마음도 없도다.

山河大地도 已屬微塵이거늘 而況塵中之塵이며 血肉身軀도 且歸泡影이거늘 而況影外之影이리요. 非上上智면 無了了心이니라.
(후 12)

### 풀이

광대 무변한 우주와 비기면 지구도 한 티끌이다. 그 속에서 사는 사람이야 티끌 속의 티끌이 아니랴. 피가 통하고 살이 붙은 이 몸 뚱이도 물거품과 그림자로 돌아간다. 하물며 부귀 영화 같은 것이야 그림자 밖의 그림자가 아니랴. 이와 같은 도리를 환하게 보는 지혜가 아니면 밝게 깨닫는 마음도 없으리라.

# *13*

돌에 튀는 불같이 빠른 빛 속에서 길고 짧음을 다툰들 그
세월이 얼마나 되며, 달팽이 뿔 위에서 자웅을 겨룬들 그
세계가 얼마나 되랴.

石火光中에 爭長競短인들 幾何光陰이며 蝸牛角上에 較雌論雄인
들 許大世界리요.(후 13)


**풀이**

사람의 일생은 짧기가 마치 돌이 부닥칠 때 일어나는 불꽃 같다.
그 속에서 길고 짧은 것을 다투니 이겨 본들 얼마나 되는 세월이
랴.『장자(莊子)』에 "달팽이의 왼쪽 뿔에 나라를 정한 이 있으니 촉
씨(觸氏)라 하며, 달팽이의 오른쪽 뿔에 나라를 정한 이 있으니 만
씨(蠻氏)라고 하는데 서로 땅을 다투어 싸우니 시체가 수만이라."는
글이 있다. 세상 사람의 명리(名利)를 다툼이 마치 이 달팽이 뿔
위의 싸움과 같다는 말이다. 이겨 본들 얼마나 되는 세계이랴.

# *14*

부귀를 뜬구름으로 여기는 기풍이 있어도 반드시 깊은 산골에 살 필요는 없으며, 산수를 좋아하는 버릇이 고질됨은 없어도 항상 스스로 술에 취하고 시를 즐겨야 하리라.

有浮雲富貴之風이라도　而不必巖棲穴處하며　無膏肓泉石之癖이라도　而自常醉酒耽詩니라.(후 17)

**풀이**

"나물 먹고 물 마시고 팔을 굽혀 베개 삼아도 즐거움이 그 속에 있도다. 의롭지 못하게 누리는 부귀는 나에게 뜬구름 같도다."라는 구절이 『논어(論語)』에 있다. 당나라 전유암(田遊巖)의 말에 "신(臣)은 이른바 천석 고황(泉石膏肓)이며 연하 고질(煙霞痼疾)의 자(者)로소이다."라는 구절이 있다. 천석 연하(泉石煙霞)는 산자 수명(山紫水明)의 경계(境界)요, 고황과 고질은 다 고칠 수 없는 병이라는 뜻이니 산수의 아름다운 경치를 좋아함이 버릇되어 어쩔 수 없다는 말이다. 부귀를 뜬구름같이 보면서도 세상을 버리고 산골짜기에 숨지 않고 자연의 풍취에 병드는 버릇이 없으면서도 항상 술에 취하며 시를 즐길 줄 알아야 한 곳으로 치우치지 않고 유유 자적할 수 있다는 말이다. "대은(大隱)은 은어시(隱於市)"라고 하거니와 시주(詩酒)의 참뜻이야말로 시와 술에 있는 것이 아니다.

# 15

명리의 다툼일랑 남에게 맡기되 뭇사람이 다 취해도 미워하지 말며, 고요하고 담백함을 내가 즐기되 홀로 깨어 있음을 자랑도 하지 말라. 이는 부처가 이르는 바 법(法)에도 얽매이지 않고 공(空)에도 얽매이지 않음이니 몸과 마음이 다 자유로울지니라.

競逐은 聽人하여 而不嫌盡醉하며 恬淡은 適己하여 而不誇獨醒이니라. 此는 釋氏所謂不爲法纏하고 不爲空纏하여 身心이 兩自在者니라. (후 18)

**풀이**

명리를 다투는 일은 세상 사람에게 맡겨 버리되 남이 그 부귀 공명에 취하는 것을 미워하지는 말며, 마음을 고요히 하고 담백하게 가짐은 저의 뜻에 맞게 할 뿐 혼자 깨어 있음을 자랑하지도 말라는 것은 무슨 뜻인가. 사물에 얽매이지도 말고 공적(空寂)에 사로잡히지도 말라는 말이다. 홀로 깬다 함은 굴원(屈原)의 어부사(漁夫辭)에 보이는 "뭇사람이 다 취하였으나 나만 홀로 깨어 있도다."라는 구에서 나왔고, 석씨(釋氏)는 석가모니를 가리킨다. 법(法)은 일체 만물(一切萬物)이니 나타난 것의 총칭이요, 공(空)은 공적(空寂)이니 나타난 것의 바탕이다. 있음에 집착함이 법전(法纏)이고 없음에 붙잡힘이 공전(空纏)이다. 제법(諸法)이 눈앞에 있다 하나 알고 보면 일체는 본디 다 공(空)이요, 일체는 공(空)이라 해도 그 일체가 곧 우주의 실상이기 때문이다.

# 16

길고 짧은 것은 한 생각에서 말미암고 넓고 좁은 것은 한 치 마음에 매었도다. 마음이 한가로운 이는 하루가 천고보다 아득하고 뜻이 넓은 이는 좁은 방도 천지같이 너르리라.

延促은 由於一念하며 寬窄은 係之寸心이니라. 故로 機閑者는 一日도 遙於千古하고 意廣者는 斗室도 寬若兩間이니라.(후 19)

**풀이**

연(延)은 뻗어남이요 촉(促)은 오므라듦이며, 관(寬)은 너그러움이요 착(窄)은 좁다는 뜻이다. 두실(斗室)은 좁은 방을 이름이요, 양간(兩間)은 하늘과 땅 사이라는 말이다. 세월이 길다거나 짧다거나 하는 생각과 세상이 좁다거나 넓다거나 하는 생각은 모두 마음에 달려 있다. 생각은 천고보다 아득하고 마음은 천지보다 너그러워야 한다.

# 17

물욕을 덜고 덜어 꽃 가꾸고 대를 심으니 이 몸 이대로가
무위로 돌아간다. 시비를 잊고 잊어 향 사르고 차를 달이니
모두 나 몰라라 무아의 경지로다.


損之又損하여　栽花種竹하니　儘交還烏有先生이요　忘無可忘하고
焚香煮茗하니　總不問白衣童子니라.(후 20)


**풀이**

오유 선생(烏有先生)은 한(漢)의 사마상여(司馬相如)가 망시공(亡是
公), 자허(子虛)와 함께 내세운 세 우의적 인물 가운데 하나이다.
오유(烏有)는 "어찌 있으랴"라는 뜻으로 곧 무(無)를 가리킨다. 백
의 동자(白衣童子)는 도연명(陶淵明)의 고사에 나오는 인물로 왕홍
(王弘)을 이른다. 9월 9일에 연명이 술이 없어 동쪽 울타리에서 국
화꽃을 따고 있으니 흰 옷 입은 사람이 술을 가지고 와서 같이 취
하였다는 이야기가 있다. 동자(童子)는 선생(先生)의 대어(對語)이며,
무아(無我) 무욕(無慾)의 이 경지는 달인 군자(達人君子)의 이상이다.

# *18*

움직임을 좋아하는 이는 구름 속의 번개나 바람 앞의 등불 같고, 고요함을 즐기는 이는 식은 재나 마른 나무 같다. 모름지기 멈춘 구름 속에 솔개가 날고 잔잔한 물 위에 고기가 뛰는 기상이 있어야 바야흐로 도를 깨치는 마음을 지니리라.

好動者는 雲電風燈이요 嗜寂者는 死灰槁木이니라. 須定雲止水中에 有鳶飛魚躍氣象하나니 纔是有道的心體니라.(전 22)

**풀이**

물은 흐르지 않으면 썩고 돌은 구르는 동안에는 이끼가 끼지 않는다. 움직임만 좋아하면 깊은 맛이 없고 고요한 것만 좋아하면 생기가 없다는 말이다. 떠가는 구름이 멈추고 솔개가 한가로이 날듯이, 흐르는 물이 고인 곳에 고기가 뛰어오르듯이, 도를 체득한 마음은 움직임과 고요함이 각기 때와 곳이 있을 뿐 아니라 서로 속에 깃들어 있음을 보는 마음이다. "사회 고목(死灰槁木)"은 『장자(莊子)』의 제물론(齊物論)에서, "연비 어약(鳶飛魚躍)"은 『시경(詩經)』의 대아(大雅) 한록편(旱麓篇)에서 인용한 말이다.

# 19

소나무 우거진 시냇가에 지팡이 짚고 홀로 가노라면 서는 곳마다 구름은 해어진 누더기에서 일어나고, 대숲 우거진 창가에 책을 베개 삼아 누웠다 문득 깨어 보면 달빛은 낡은 담요에 스며드누나.

松澗邊에 携杖獨行하면 立處에 雲生破衲하고 竹窓下에 枕書高臥하면 覺時에 月侵寒氈하느니라.(후 23)

**풀이**

시끄럽고 어지러운 세상에도 맑고 한가로운 곳이 이렇게 가까이 있는 것이니, 해어진 옷은 구름 속이기에 구도자를 한층 거룩하게 하고 낡은 담요는 달빛에 젖음으로써 초탈한 이의 멋을 더해 준다. 명리를 탐하고 권세를 붙좇는 무리야 어느 때 이 맛을 알랴. 도를 구하고 시를 배우는 사람이 누리는 청복(淸福)이다.

# 20

외로운 구름이 산골에서 피어오르매 가고 머무름에 조금도 거리낌이 없구나. 밝은 달이 하늘에 걸리매 고요하고 시끄러움을 모두 상관치 않누나.

孤雲出岫에　去留一無所係하고　朗鏡眩空에　靜躁兩不相干하느니라.(후 33)

**풀이**

외로운 구름이야 가고 머무름에 제 뜻대로 할 뿐이요, 밝은 달은 하늘에 떠서 세상의 고요함과 시끄러움에 마음을 쓰지 않는다. 구름이나 달같이 세속의 티끌을 벗어나 유유 자적하면 매일 곳이 어디 있으며 괴로울 것이 무엇인가. 수(岫)는 산골짜기라는 뜻이요, 낭경(朗鏡)은 거울같이 맑은 달이라는 뜻이다.

# *21*

유장한 맛은 진하고 텁텁한 술에서 얻어지는 것이 아니라 콩을 씹고 물을 마시는 데서 얻어지며 그리워하는 마음은 메마르고 쓸쓸한 곳에서 생기는 것이 아니라 피리 불고 거문고 타는 데서 생기는 것이니 정말 알아야 하리, 짙은 맛은 항상 짧으며 담백한 취미만이 홀로 참다움을.

悠長之趣는 不得於醲釅이요 而得於啜菽飲水하며 惆悵之懷는 不生於枯寂이요 而生於品竹調絲하나니 固知濃處에 味常短이요 淡中에 趣獨眞也로다.(후 34)

## 풀이

농엄(醲釅)은 전국술과 준한 술이니 그것을 마실 수 있는 사람 곧 부귀라는 뜻이요, 품죽조사(品竹調絲)의 죽(竹)과 사(絲)는 각각 현악기와 관악기를 말함이니 음악이라는 뜻이다. 유장한 멋은 나물 먹고 물 마시는 생애에 있고, 그립고 슬픈 회포는 부드러움 속에서 이루어진다. 짙고 짧은 맛보다 맑고 참된 것을 찾으라는 말이다.

# 22

물은 흘러도 그 언저리에 소리가 없으니 시끄러운 곳에서도 고요한 멋을 얻을 것이요, 산은 높건만 구름이 거리끼지 않으니 유(有)에서 나와 무(無)로 들어가는 기틀을 깨달으리라.

水流而境無聲하나니 得處喧見寂之趣요 山高而雲不碍하나니 悟出有入無之機니라.(후 36)

**풀이**

물은 본디 소리가 없다. 물이 소리 있음은 곧 그 바닥이 고르지 못한 까닭이다. 사람도 이와 같으니 마음이 고요하면 아무리 시끄러운 곳에서라도 고요의 참맛을 알 것이다. 산이 높아도 구름에는 거리낌이 없다. 구름은 본디 걸림이 없는 까닭이다. 사람도 이와 같이 집착하는 경계를 나와 초월하는 경지에 들어가야 할 것이다.

# 23

갈대꽃이불 덮고 눈밭에 누워 구름 속에 잠들지라도 밤 기운을 족히 막을 수 있도다. 댓잎 술잔 속에 바람을 읊조리고 달을 희롱하노라면 만장(萬丈)의 붉은 티끌 다 떨쳐지리라.

蘆花被下에 臥雪眠雲하면 保全得一窩夜氣라. 竹葉杯中에 吟風弄月하면 躱離了萬丈紅塵이니라.(후 39)

**풀이**

노화피(蘆花被)는 갈대꽃을 솜 대신 넣은 이불이니 가난한 살림을 나타낸 것이며, 대나무 잎을 넣어서 빚은 술을 죽엽주(竹葉酒)라 하므로 죽엽배(竹葉杯)는 죽엽주의 잔이라는 뜻이니 운치를 나타내는 말이다. 오두막 살림일지언정 맑은 마음으로 도를 따르면 속세에서 살아도 뜻은 선경에 거니는 것을 이름이다.

# 24

대나무 울타리 밑에 홀연히 개 짖고 닭 우는 소리 들리니 황홀하기 마치 구름 속 세계에 있는 것 같고, 서창(書窓) 안에 매미 노래하고 까마귀 우짖는 소리 들리니 바야흐로 고요 속의 천지를 안다.

竹籬下에 忽聞犬吠鷄鳴하면 晄似雲中世界요 芸窓中에 雅聽蟬吟鴉噪하면 方知靜裡乾坤이니라.(후 43)

**풀이**

사람은 그 거처하는 환경에 따라서 마음이 달라진다. 비록 크고 높은 집에서 살지라도 북적거리고 어수선한 곳에 있고서야 심신이 온전히 가라앉기가 어려운 까닭이다. 초가 삼간을 전원에 세우면 대숲은 절로 울타리 되고 구름이 거기 와 덮어 주는지라 삽살개 짖고 낮닭이 울어서 더욱 멋진 별세계가 된다. 서실의 창을 열고 눈 감고 앉아 있으면 매미 읊조리고 까마귀 우짖으니 그 속에서 천지의 고요함을 비로소 깨닫는다.

　운창(芸窓)은 서재(書齋)라는 뜻이다. 운(芸)은 향기 있는 풀이니 이 풀을 책갈피에 넣어 좀을 막는다고 한다.

# 25

내 영화를 바라지 않거니 어찌 이록(利祿)의 향기로운 미끼를 근심하며, 나아감을 다투지 않거니 어찌 벼슬살이의 위태로움을 두려워하랴.

我不希榮이면 何憂乎利祿之香餌하며 我不競進이면 何畏乎仕宦之危機리요.(후 44)

**풀이**

세속의 영화란 실상 고기가 낚싯밥을 무는 것과 같으니, 영화를 바라지 않으면 명리의 달콤한 미끼에 유혹되지 않을 것이다. 벼슬자리란 본디 서로 다투어야 올라가는 것이니, 벼슬자리에 있지 않으면 올라가고 내려가고 상을 타고 쫓겨나고 하는 그 안타깝고 위태로움이 있을 리 없다.

# 26

산림(山林)과 천석(泉石) 사이를 거닐면 진심(塵心)이 절로 걷히고 시서(詩書)와 도화(圖畫) 속을 노닐면 속기(俗氣)가 절로 사라지리니, 그러므로 군자는 비록 도락(道樂)에 빠져 뜻을 잃지 않는다고 하나 또한 그윽한 경지를 빌려 마음을 고르게 하는도다.

徜徉於山林泉石之間하면　而塵心漸息하고　夷猶於詩書圖畫之內하면　而俗氣潛消하나니　故로　君子雖不玩物喪志나　亦常借境調心하느니라.(후 45)

## 풀이

상양(徜徉)은 거닐음이요 이유(夷猶)는 노닐음이니 모두 유유 자적이라는 뜻이다. 산수 아름다운 자연 속을 거닐거나 훌륭한 시와 글씨 또는 그림을 보는 것은 세속의 먼지며 속된 기운을 털어 버리는 가장 빠른 길이다. 지나치게 탐닉하지는 말되 또한 항상 이런 그윽한 경지를 빌려서 비속한 데로 흐르기 쉬운 마음을 고르는 것이 좋다는 말이다. 속세의 먼지 속에 있되 능히 속되지 않음이 곧 그윽한 멋의 효과이다.

# 27

봄날은 날씨가 번화하여 사람의 몸과 마음을 무르익게 하되 가을날의 흰 구름이며 가벼운 바람을 어찌 당하랴. 난초는 꽃답고 계수나무는 향기로운데 물과 하늘이 한 빛이라 천지가 맑고 밝아 사람의 마음뿐 아니라 뼛속까지 청정히 하는 가을만 하랴.

春日은 氣象繁華하여 令人心神駘蕩이나 不若秋日의 雲白風淸하며 蘭芳桂馥하며 水天一色하며 上下空明하여 使人神骨俱淸也니라.(후 46)

**풀이**

속인(俗人)은 봄을 즐기지만 철인(哲人)은 가을을 즐긴다고 한다. 봄 경치는 몸과 마음을 녹작지근하고 들뜨게 하나 이는 건곤한 때의 환경이다. 이에 비하여 가을은 정신뿐 아니라 뼛속까지 맑고 가라앉게 하며 환원(還元)의 이치를 가르치고 깨달음의 기틀을 주니 천지의 참모습은 가을에 느낄 수 있다. 수천 일색(水天一色)은 왕발(王勃)의 등왕각서(滕王閣序)에 있는 추수공장천일색(秋水共長天一色)에서 나온 말이요, 상하 공명(上下空明)은 소동파(蘇東坡)의 적벽부(赤壁賦) 주(註)에 "추수(秋水)는 맑아서 수저(水底)를 본다. 달이 수중(水中)에 있 는 것을 공명(空明)이라 한다."고 하였다.

# 28

몸은 매이지 않는 배와 같이 흐름에 맡겨 두라. 가고 멈추는 것은 바람이 알리로다. 마음은 이미 재가 된 나무와 같은지라 칼로 쪼개거나 향 발라 꾸미거나 무슨 아랑곳이 있으랴.

身如不繫之舟라. 一任流行坎止하며 心似旣灰之木이라 何放刀割香塗리요.(후 49)

**풀이**

"풍타지죽랑타죽(風打之竹浪打竹)"이라는 시가 있다. "바람 부는 대로 물결 치는 대로"라는 뜻이다. 이 글의 뜻이 바로 이와 같다. 풍파 많은 이 세상에서 살려면 그 풍파에 맡겨서 흔들리는 것이 제일이라는 말이다. 매어 놓지 않은 배와 같이 이 몸을 세상에 맡겨서 바람 불면 흐르고 불지 않으면 멈춘다는 것이다. 마음이 움직이지 않고 무엇에 홀려서 벗어나지 못할 위험이 없다면 천하에 경계할 일은 없다. 마음이 이미 식은 재처럼 말라 버린 나무와 같으니 칼로 베든지 향유를 바르든지 아랑곳할 까닭이 없다. 이 구는 소동파(蘇東坡) 화상(畵像) 자찬(自讚)의 첫 구인 "심시기회지목(心是己灰之木) 신여불계지주(身如不繫之舟)"를 인용하여 차례를 바꾸어 풀이한 것이다.

# 29

사람의 정이란 꾀꼬리 소리 들으면 기뻐하고 개구리 울음 들으면 싫어하며 꽃을 보면 가꾸고 싶고 풀을 보면 뽑고자 하니, 이는 다만 형체와 기질로써 사물을 갈라 봄이라. 만일 마음 바탕으로써 본다면 무엇인들 스스로 하늘 기틀 울림이 아니며 스스로 그 뜻을 펴는 것이 아니리요.

人情은 聽鶯啼則喜하고 聞蛙鳴則厭하며 見花則思培之하고 遇草則欲去之하나니 但是以形氣用事라. 若以性天視之하면 何者非自鳴天機에 非自暢其生意也리요.(후 50)

**풀이**

고운 목청을 듣기 좋아하고 시끄러운 소리를 싫어하며 아름다운 꽃은 가꾸고 잡풀은 뽑고 싶은 것이 사람의 상정(常情)이다. 이는 나타난 형체와 기질로 사람이 제멋대로 분별하는 까닭이니, 만일 인정의 사(私)를 버리고 천의(天意)의 공(公)으로 본다면 꾀꼬리 소리와 개구리 소리가 다 천연(天然)의 묘기(妙機)에서 나온 줄 알 것이요, 꽃이 피고 풀이 우거지는 것도 모두 생생발육(生生發育)의 뜻을 폄에는 다름이 없다. 본성의 천의(天意)에서 보면 일체는 평등하여 미추(美醜), 선악(善惡), 시비(是非)의 차별이 없다. 차별 없는 이 본바탕을 밝히고, 형태와 기질에 따르는 편견을 버리라.

# 30

새벽 창 앞에서 주역(周易)을 읽다가 솔숲의 이슬로 붉은 먹을 갈도다. 한낮의 책상 앞에서 불경(佛經)을 이야기하다가 대숲에서 불어 오는 바람결에 경쇠 소리를 실어 보내는도다.

讀易曉窓에 丹砂를 研松間之露하고 談經牛案에 寶磬을 宣竹之風하느니라.(후 54)

**풀이**

역(易)은 주역(周易)이니 즉 역경(易經)이요, 단사(丹砂)는 주묵(朱墨)이니 이로써 구두점을 찍고 주해를 붙인다. 경(經)은 불경(佛經)이요, 보경(寶磬)은 절에서 쓰는 돌로 된 타악기이니 '경쇠'라 하는 것이다. 고요한 새벽, 밝아 오는 창 앞에서 주역을 펴 놓고 읽다가 솔숲에 지는 이슬을 받아 붉은 먹을 갈고, 고요한 대낮 경궤 위에 불서를 펴 놓고 찾아온 손님과 더불어 담론할 양이면 대숲에서 불어 오는 바람이 경쇠 소리를 싣고 퍼져 간다. 이 얼마나 고요하고 깊으며 또한 멋스러운 나날이랴! 명리를 구하기 바쁜 사람도 때로는 이처럼 그윽한 경지에 나아가 마음의 여유를 배우는 것이 좋다.

# *31*

발 높이 걷고 난간에 기대어 푸른 산이 구름을 토하고 맑은 물이 안개 머금음을 보노라면 천지가 본디 자재(自在)함을 알게 되고, 대수풀 우거진 골에 제비 새끼 치고 비둘기 울어 세월을 맞고 보냄을 보노라면 외물과 자아가 모두 잊혀짐을 알게 되리로다.

簾櫳高敞하고 看靑山綠水의 呑吐雲煙하면 識乾坤之自在하며 竹樹扶疎에 任乳燕鳴鳩送迎時序하면 知物我之兩忘이니라.(후 61)

**풀이**

난간의 발을 높이 걷고 푸른 산과 흐르는 물을 보면 천지의 바탕이 본디 자유 자재하여 거리끼지 않음을 알 것이요, 대숲을 무성히 가꾸면 거기 봄철에 제비 둥지 치고 가을에 비둘기 와서 울 것이니 춘하추동 사계절 보내고 맞음을 다 맡겨 버리면 물아 일체(物我一體)의 경지를 알 것이다.

옛 고승(高僧)이 "대 그림자가 섬돌 위를 쓸어도 티끌은 움직이지 않고 달빛이 못을 뚫어도 물에는 자취가 없다." 하였고, 옛 선비가 "흐르는 물은 아무리 빨라도 둘레는 고요하고 꽃은 자주 지지만 마음은 스스로 한가롭다." 하였다. 사람이 항상 이 뜻을 새기고 사물을 접하면 몸과 마음이 얼마나 자유로우랴.

古德이 云하되 竹影掃階塵不動이요 月輪穿沼水無痕이라 하고 古儒가 云하되 水流任急境常靜이요 花落雖頻意自閑이라 하니 人이 常持此意하여 以應事接物이면 身心이 何等自在리요.(후 63)

**풀이**

대나무 그림자가 섬돌 위를 쓸어도 티끌은 움직이지 않고 달빛이 물을 꿰뚫어도 물에는 자취가 없다는 것은, 허(虛)한지라 응(應)하고 응하여도 잡히지 않는 이치를 밝힌 글이다. 물의 흐름이 아무리 빨라도 항상 고요하고 꽃이 지는 것이 아무리 잦아도 뜻은 스스로 한가하다는 말은, 고요함 속에 움직임이 있고 움직임 속에 고요함이 있다는 뜻이다. 사람이 항상 이러한 이치를 알고 그러한 뜻을 가진 채 모든 사물을 받아들이면 심신의 자재함을 얻을 수 있을 것이다. 고덕(古德)은 옛날의 덕 높은 승려라는 말이다.

# 33

숲 사이 솔바람 소리며 돌 위의 샘물 소리 고요히 들으면 이 모두 천지의 자연스러운 풍류임을 알 수 있고, 들판의 안개빛이며 물 속의 구름 그림자 한가로이 보면 천지의 으뜸가는 문장임을 알 수 있도다.

林間松韻과 石上泉聲을 靜裡聽來하면 識天地自然鳴佩하고 草際煙光과 水心雲影을 閑中觀去하면 見乾坤最上文章하느니라.
(후 64)

**풀이**

고요하고 조용한 마음 바탕을 가진 사람이라야 천지의 참뜻과 자연의 참멋을 안다는 말이다. 거문고나 피리만 음악이 아니듯이 붓과 먹으로 종이에 쓴 것만 글이라고 생각하면 잘못이다. 자연의 음악을 들을 줄 아는 마음의 귀와 자연의 문장을 읽을 줄 아는 마음의 눈을 길러라. 이 귀와 눈이 없이는 삶의 참뜻과 멋을 모른다.

# *34*

눈으로 서진(西晉)의 가시밭을 보면서도 오히려 칼날의 푸른 서슬을 자랑하고, 몸은 북망(北邙)의 여우와 토끼에게 맡길 것이거늘 오히려 황금에 팔려 눈이 어둡구나. 옛말에 이르기를 "사나운 짐승은 길들이기 쉬워도 사람의 마음은 항복받기 어렵고, 깊은 골짜기는 채우기 쉬워도 사람의 마음은 채우기 어렵다." 하더니 참말이로다.

眼看西晉之荊榛하되 猶矜白刃하며 身屬北邙之狐兎로되 尙惜黃金이라. 語에 云하되 猛獸는 易伏이로되 人心은 難降하며 谿壑은 易滿이로되 人心은 難滿이라 하니 信哉로다.(후 65)

### 풀이

『진서(晉書)』에 따르면 삭정(索靖)이라는 사람이 장차 서진(西晉)에 난이 있을 것을 알고 낙양성 궁궐 문의 구리로 된 낙타상을 가리키며 탄식하여 이르기를 "이제 네가 반드시 가시밭 속에 있음을 보게 되리라." 하더니 뒤에 과연 만적(蠻賊)에게 망하고 강남으로 옮겨 동진(東晉)이라 하였다. 서진의 형진(荊榛)이라는 말은 이 고사에서 비롯된 숙어이다. 화려한 것이 황량하게 변하는 것을 보면서도 오히려 성자 필멸(盛者必滅)의 도리를 깨닫지 못하고 자기의 권세를 자랑하며 병기로써 사람을 제압할 수 있다고 뽐낸다. 제 몸이 조만간에 북망산(낙양의 북쪽에 있는 묘지)에 묻혀 여우와 토끼의 밥이 될 것은 모르고 죽을 때까지도 황금에만 눈이 어두워 있으니, 사람의 마음은 길들이기 어렵고 욕심은 끝이 없다는 것이다.

# 35

마음 위에 풍파 없으면 가는 곳마다 청산 녹수(靑山綠水)! 천성 속에 화육(化育)함이 있으면 듣고 보는 것이 어약 연비(魚躍鳶飛)!

心地上에 無風濤면 隨在에 皆靑山綠水요 性天中에 有化育이면 觸處에 見魚躍鳶飛니라.(후 66)

**풀이**

마음만 고요하면 어떤 곳에 가든지 속진(俗塵)에 물들지 않고 항상 청산 녹수(靑山綠水)에 있는 것과 다름이 없고, 천성이 어질고 덕이 많으면 가는 곳마다 어약 연비(魚躍鳶飛)의 기상을 얻으리라. 심지(心地)와 성천(性天)은 대어(對語)로 썼으나 뜻은 같다. 본심 또는 본성이라는 뜻이니 마음 바탕이라는 말이다. 수재(隨在)와 촉처(觸處)도 같은 말이다.

# 36

높은 관에 넓은 띠를 두른 선비라도 한 번 가벼운 도롱이 작은 삿갓으로 표연히 한가함을 보면 탄식하지 않을 수 없으리라. 긴 자리에 넓은 방석의 부호라도 한 번 성긴 발 깨끗한 책상에 유연히 고요함을 만나면 그리워하는 생각이 일지 않는다고 못하리라. 사람들은 어찌하여 화우(火牛)로 쫓고 풍마(風馬)로 꾈 줄만 알고 그 천성에 자적(自適)함을 생각지 않는가.

峨冠大帶之士도 一旦睹輕簑小笠으로 瓢瓢然逸也하면 未必不動其咨嗟하고 長筵廣席之豪도 一旦遇疎簾淨几로 悠悠焉靜也하면 未必不增其綣戀하리니 人奈何驅以火牛하고 誘以風馬하되 而不思自適其性哉아.(후 67)

**풀이**

높은 관을 쓰고 넓은 띠를 두른 고관 대작도 한 번 가벼운 도롱이 입고 갈 삿갓 쓰고 한가로이 일하는 사람을 보면 부러운 마음에 탄식하지 않으리라고 장담할 수 없을 것이요, 길고 넓은 훌륭한 보료를 깔고 앉은 부호라도 한 번 성긴 발을 치고 깨끗한 책상 앞에 앉아 유유히 독서하는 사람을 본다면 그 무사 청한(無事淸閑)의 경지를 그리워하는 생각이 일지 않으리라고 말하지는 못할 것이다.

그것이 부럽고 그리우면 스스로 그처럼 행하는 것이 좋으련만, 세상 사람들은 쇠꼬리에 불을 붙여 적을 공격하게 하고 암 내 난 말이 멀리서 꾀는 것처럼 분주할 뿐 본성으로 돌아가 유유 자적할 줄을 모르니 무슨 까닭인가.

　화우(火牛)의 고사는 『사기(史記)』에 나온다. 전국 시대 제(齊)나라에 연(燕)나라 군대가 쳐들어왔을 때 전단(田單)이라는 장수가 쇠뿔에 창검을 비끄러매고 꼬리에다 기름 먹인 갈대를 잡아맨 후 거기에 불을 질러서 밤중에 적진으로 몰아넣어 격파하였다는 이야기가 있다. 풍마(風馬)는 『좌전(左傳)』에 나오는 고사에서 딴 것이다. 제환공(齊桓公)이 초(楚)나라를 공략하매 초자(楚子)가 사자를 보내어 "군은 북해(北海)에 있고 과인은 남해(南海)에 있어 마치 풍마우(風馬牛)가 서로 미치지 못함과 같거늘 군이 내 땅을 치리라고는 생각지도 못했노라."고 한 이야기에서 비롯된다.

# 37

고기는 물을 얻어 헤엄치건만 물을 잊고, 새는 바람을 타고 날건만 바람이 있음을 모른다. 이를 알면 가히 외물에 대한 얽매임에서 벗어나 하늘의 작용을 즐기리라.

魚得水逝로되 而相忘乎水하고 鳥乘風飛로되 而不知有風하나니
識此면 可以超物累하고 可以樂天機니라.(후 68)

**풀이**

지극한 은혜는 깨닫지 못하는 가운데 있고 진실한 즐거움은 괴로움과 기쁨을 분별하지 못하는 속에 있는 법이다. 하필 고기와 물뿐이리요, 사람도 태양과 공기의 은혜를 입으면서도 깨닫지는 못한다. 외물과 자아가 일체가 되어 분별되지 않는 상태에 이르면 천성의 작용을 저절로 즐길 수 있을 것이다.

# 38

여우는 무너진 돌층계에서 잠자고 토끼는 황폐한 누대에서 달리나니, 이 모두 지난날에 노래하고 춤추던 터전이로다. 이슬은 국화에 떨어져 차갑고 안개는 시든 풀에 어지러이 감도나니, 이 모두 그 옛날에 전쟁하던 땅이로다. 성하고 쇠함이 어찌 늘 같으며, 강하고 약함은 또 어디에 있는고. 이를 생각하면 사람의 마음은 싸늘한 재와 같이 되는도다.

狐眠敗砌하고 兎走荒臺하나니 盡是當年歌舞之地요 露冷黃花하고 煙迷衰草하나니 悉屬舊時爭戰之場이라. 盛衰何常이며 强弱安在리요. 念此면 令人心灰로다.(후 69)


**풀이**

흥망의 무상함이여! 무너진 섬돌에는 여우가 잠들고 황폐한 누대에는 토끼가 달음질친다. 여기는 그 옛날 금전 옥루(金殿玉樓)에 가인 재자(佳人才子)가 노래하고 춤추던 땅이다. 강약은 또 어디에 있는고. 들꽃에 이슬 맺히고 마른 풀에 안개 어리는 곳, 여기가 그 옛날 영웅 호걸이 격전하던 마당이라니! 이를 생각하면 부귀와 공명을 구하여 불타던 마음이 싸늘한 재같이 식고 만다.

# 39

영욕(榮辱)에 놀라지 않는지라 한가로이 뜰 앞에 꽃 피고 지는 것을 보노라. 가고 머무름에 뜻이 없으니 무심히 하늘 밖에 구름 모이고 흩어지는 것을 보노라. 하늘 맑고 달 밝은데 어디엔들 날아오르지 못하리요만 부나비는 홀로 촛불에 몸을 던지고, 맑은 샘 푸른 물에 무엇인들 먹지 못하랴만 올빼미는 썩은 쥐를 즐기는구나. 슬프다! 세상에 부나비나 올빼미 같지 않은 이 몇이나 되리.

寵辱을 不驚하니 閒看庭前花開花落하고 去留無意하니 漫隨天外雲卷雲舒로다. 晴空朗月에 何天不可翶翔이리요마는 而飛蛾는 獨投夜燭하고 淸泉綠卉에 何物不可飮啄이리요마는 而鴟鴞는 偏嗜腐鼠하나니 噫라, 世之不爲飛蛾鴟鴞者가 幾何人哉리요.(후 70)

**풀이**

총욕(寵辱)은 총영(寵榮)과 오욕(汚辱)이라는 뜻이니 영욕이라는 말과 같다. 벼슬이 좋다 하나 벼슬 위에 또 벼슬이 있으니 벼슬 때문에 욕(辱)이 온다. 백성이 서럽다 하나 백성 아래 백성 없으니 백성이기에 즐겁지 않은가. 물이 있고 산이 있는 곳에 영화도 없고 욕됨도 없는 몸이고 보면, 꽃이 피고 지는 것과 구름이 뭉치고 펴지는 것이 흥겹지 않으랴. 넓은 하늘을 두고 하필 촛불에 날아들어

제 몸을 태우는 부나비와 하고많은 먹을 것 중에서 썩은 쥐를 탐
내는 올빼미가 있다. 세상 사람 중에 이 부나비나 올빼미 같지 않
은 이가 몇이나 되랴.

# 40

가슴 속에 반 점의 물욕도 없으면 눈이 숯불에 녹고 얼음이 햇볕에 녹음과 같도다. 눈앞에 한 줄기 밝은 빛이 있으면 때로 달은 푸른 하늘에 있고 그림자는 물결에 있음을 보게 되리라.

胸中에 旣無半點物欲이면 已如雪消爐焰氷消日하고 眼前에 自有一段空明이면 時見月在靑天影在波니라.(후 74)

**풀이**

마음 속에 조그마한 물욕도 없으면 숱한 시름이 숯불에 눈 녹듯하고 햇살에 얼음 녹듯 하리라. 마음에 한 줄기 밝은 빛이 있으면 칠흑의 흐린 세상 속에서도 마치 맑은 밤하늘에 달이 있으매 그 그림자가 물결에까지 미치는 것과 같으리라.

# 41

시상은 패릉(灞陵)의 다리 위에 있으니 나직히 읊조리매 숲과 골짜기가 문득 호연해지고, 맑은 흥취는 경호의 기슭에 있으니 홀로 걷노라면 산과 시내가 서로 비추는구나.

詩思는 在灞陵橋上이니 微吟就하면 林岫가 便己浩然하고 野興은 在鏡湖曲邊이니 獨往時에 山川이 自相映發이니라.(후 75)

## 풀이

시상(詩想)은 화려한 금전 옥루(金殿玉樓)에 있지 않고 도리어 쓸쓸한 시골길에서 일어난다. 나직히 읊으면 수풀과 골짜기가 형언할 수 없는 경치로 보인다. 흥취는 화사한 주렴 화동(珠簾畫棟) 속에 있지 않고 고요한 물가에 있다. 그 기슭을 홀로 거닐면 산천이 비쳐서 지필로 담을 수 없는 경치를 이룬다. 「전당시화(全唐詩話)」에 의하면 재상인 정계(鄭綮)가 시를 잘 지었는데 어느 날 누가 찾아와 "상공은 요즘 지으신 시가 있나이까?" 하고 물으니 "시사(詩思)는 패릉교의 풍설 속과 나귀의 등 위에 있으니 무엇으로써 이를 얻으리요." 하고 대답했다는 이야기가 있다. 경호 곡변(鏡湖曲邊)이라는 말은 『당서(唐書)』에 나오는데, 시인 하지장(賀知章)이 고향으로 돌아가기를 청하니 현종(玄宗)은 경호(鏡湖)와 섬주(剡州) 두 고을을 하사하고 시를 읊어 보냈다는 고사에서 비롯되었다.

# 42

세상 맛을 속속들이 알면 비가 되든 구름이 되든 다 맡겨 둘 뿐 눈 뜨고 보는 것조차 귀찮아지고, 인정이 무엇임을 다 알고 나면 소라고 하거나 말이라고 하거나 부르는 대로 맡기고 그저 머리만 끄덕일 뿐이로다.

飽諳世味하면 一任覆雨飜雲하되 總慵開眼하고 會盡人情하면 隨敎呼牛喚馬하여 只是點頭니라.(후 80)

**풀이**

세태를 샅샅이 알고 보면 손바닥 엎으면 비오고 젖히면 구름 이는 그 조화도 뻔한 노릇이라 눈 뜨고 보기조차 싫어진다. 인정이 어떤 줄을 다 알고 나면 소를 말이라고 하거나 콩을 팥이라고 하거나 그저 말하는 대로 머리만 끄덕이고 싶어진다.

# 43

우연히 뜻에 들어맞아야 문득 아름다운 경지를 이루고, 자연스럽게 나온 것이라야 진정한 묘기를 보는도다. 만일 조금이라도 손질하여 고쳐 놓으면 그 멋은 문득 줄어들리라. 백낙천(白樂天)이 이르되 "뜻은 아무 일 없을 때 가장 즐겁고, 바람은 절로 부는 산들바람이 맑아서 좋다."고 하였으니, 맛있구나 그 말이여!

意所偶會면 便成佳境하고 物出自然이면 纔見眞機하나니 若加一分調停布置하면 趣味便減矣리라. 白氏云하되 意隨無事適이요 風逐自然淸이라 하니 有味哉라 其言之也여.(후 82)

**풀이**

억지로 짜내서 공교롭게 만든 것은 맛이 없다. 어쩌다가 뜻에 맞는 것이 문득 아름다운 경지를 이룬다. 사물이 모두 자연에서 절로 나와야 진짜가 된다는 말이다. 만일 그 절로 이루어진 것을 조금이라도 바꾸어 놓으면 멋이 문득 줄어든다. 그러므로 아무 일 없을 때가 제일 즐겁고, 기약하지 않고 이루어지는 일이 제일 반가우며, 까닭 없이 마시는 술이 제일 맛있고, 절로 부는 바람이 제일 시원하다.

# 44

사람의 마음에 하나의 진실한 경지가 있으니, 거문고나 피리가 아니어도 절로 편안하고 즐거우며 향 피우고 차 끓이지 않아도 스스로 맑고 향기롭구나. 모름지기 생각을 깨끗하게 가지고 듣고 보는 것에 얽매이지 않으며 잡념을 잊고 육체의 존재조차 잊어야 그 속에서 노닐 수 있으리.

人心에 有個眞境하여 非絲非竹이라도 而自恬愉하고 不煙不茗이라도 而自淸芬하나니 須念淨境空하고 慮忘形釋이라야 纔得以遊衍其中이니라.(후 84)

**풀이**

사람의 마음 속에는 깨달음의 경지가 있어서 외부 사물의 힘을 빌리지 않고도 스스로 즐거움과 기쁨을 누릴 수 있다. 이 경지가 제 안에 있되 모르는 것은 생각이 시끄럽고 바깥에서 보고 듣는 것에 얽매여 스스로 돌이키지 않기 때문이다. 그러므로 잡념을 잊고 집착을 풀면 마음 속에 새로운 경지가 펼쳐지리라.

# 45

금은 광석에서 나오고 옥은 돌에서 생기니, 환상이 아니면 진리를 구할 수 없도다. 도(道)를 술잔 속에서 얻고 신선(神仙)을 꽃 속에서 만남은 비록 운치가 있을지라도 속됨을 여의지 못하리라.

金自鑛出하고 玉從石生하나니 非幻이면 無以求眞이라. 道得酒中하고 仙遇花裡는 雖雅나 不能離俗이니라. (후 85)

**풀이**

금이 광석에서 나고 옥이 돌에서 나듯이 진여 실상(眞如實相)은 몽환 포영(夢幻泡影)을 떠나서 있을 수 없다. 환화 공신(幻化空身)이 곧 진여 법신(眞如法身)이라, 진(眞)과 환(幻)이 다름이 없다. 그러므로 세상에서 벗어나 술을 마심으로써 도를 얻었다든가 도원(桃源)에 들어가 신선과 만났다는 이야기는 비록 고상하고 멋있는 듯하지만 실상은 속됨을 면치 못한다. 운치는 차라리 속됨에서 구하는 것이 마땅하다. 아속(雅俗)이 따로 없거니 속(俗)을 떠나서 어디에 다시 아(雅)가 있으리요. '도득 주중(道得酒中)'은 죽림 칠현(竹林七賢)의 고사를 가리키는 말이요, '선우 화리(仙遇花裡)'는 도연명(陶淵明)이 쓴 「도화원기(桃花源記)」의 고사를 가리키는 말이다.

# 46

천지의 만물과 인류의 온갖 정과 세계의 모든 일은 속된
눈으로 보면 어지러이 각각 다르지만 깨달은 눈으로 보면
가지가지가 다 마찬가지니, 어찌 번거롭게 구별할 것이며
어찌 취하고 버릴 것이 있으리요.

天地中萬物과 人倫中萬情과 世界中萬事는 以俗眼觀이면 紛紛各
異나 以道眼觀이면 種種是常이니 何煩分別하며 何用取捨리요.
(후 86)


**풀이**

모든 사물은 속된 눈으로 보면 천차 만별이지만 깨달은 눈으로 보
면 마찬가지다. 번거롭게 구별하지 말라. 본디 분별이 없건마는 분
별할 때 비로소 분별이 생긴다. 이미 분별이 없으면 또 무슨 취하
고 버릴 것이 있으리요.

# 47

정신이 왕성하면 베 이불 덮고 좁은 방에서 자도 천지의
바르고 부드러운 원기를 얻을 것이요, 입맛이 넉넉하면 명
아주국에 밥을 먹고도 인생의 담박한 참맛을 알리라.

神酣이면 布被窩中에 得天地冲和之氣하고 味足이면 藜羹飯後에
識人生澹泊之眞이니라.(전 87)

**풀이**

"나물 먹고 물 마시고 팔을 베고 누웠으니 대장부 살림살이 이만
하면 족하리라."는 노래가 있다. 진실로 정신의 줏대가 이만큼만
선다면 오막살이 베 이불 속에도 천지의 바른 기운이 서릴 것이요,
맛있다고 여기면 명아주국에 조밥을 먹고도 인생의 담담한 맛을
알 것이다.

# 48

좁은 방 안에서도 오만 시름 다 버리면 단청 올린 들보에 구름 날고 구슬발 걷어올리고 비를 본다는 이야기는 다시 하여 무엇 하랴. 석 잔 술 마신 뒤에 하나의 진리를 스스로 얻으면 거문고를 달 아래 비껴 타고 젓대를 바람에 읊조리는 것으로 족하리라.

斗室中에 萬慮都捐하면 說甚畫棟飛雲하고 珠簾捲雨리요. 三杯後에 一眞自得하면 唯知素琴橫月하고 短笛吟風이니라.(후 89)

**풀이**

좁은 방에서 가난하게 살지언정 괴로운 생각만 덜어 버리면 호사스럽게 사는 것이 부럽지 않다. 단청 올린 들보에 구름 날고 구슬발 걷어올려 비를 보는 경치가 무슨 아랑곳이냐. 석 잔 술 마신 뒤에 스스로 도를 깨치면 달 아래 거문고 타고 바람에 젓대를 읊조리는 멋을 알 뿐 어찌 질탕하게 놀 생각을 할까. '화동비운(畫棟飛雲)'이라는 구는 왕발(王勃)의 「등왕각서(滕王閣序)」에 나오는 "화동조비남포운(畫棟朝飛南浦雲), 주렴모권서산우(珠簾暮捲西山雨)."에서 딴 것이다.

# 49

만물의 소리 고요한 가운데 문득 한 마리 새 소리 들으면 온갖 그윽한 멋이 일어나고, 모든 초목이 잎 떨어진 뒤에 문득 꽃 한 송이 빼어남을 보면 무한한 생기가 움직인다. 가히 볼지로다, 마음은 항상 메마르지 않고 움직이는 정신은 매양 사물에 부딪쳐 나타나는 것임을.

萬籟寂寥中에 忽聞一鳥弄聲하면 便喚起許多幽趣하고 萬卉摧剝後에 忽見一枝擢秀하면 便觸動無限生機하나니 可見性天은 未常枯槁하고 機神은 最宜觸發이로다.(후 90)

## 풀이

고요한 가운데 문득 한 마리 새 소리를 들으면 그윽한 멋이 더 새롭고, 모든 잎이 다 떨어져 쓸쓸한 가운데 꽃 한 송이 피어남을 보면 생명이 문득 빛난다. 마음은 항상 메마르지 않는지라 매양 사물에 부딪혀서 정신의 움직임이 나타난다.

# 50

백낙천(白樂天)은 이르되 "몸과 마음을 다 놓아 버린 다음 눈 감고 절로 되는 대로 맡기는 것이 제일이라."고 하였고, 조보지(晁補之)는 가로되 "몸과 마음을 말짱 거두어 움직이지 않고 정적으로 돌아가는 것이 제일이라."고 하였다. 다 놓아 버리면 흘러넘쳐서 미치광이처럼 될 것이요, 말짱 거두면 따분하고 막혀서 생기가 없을 것이니 심신을 잘 가누자면 그 자루를 손에 쥐고서 거두고 놓음을 마음대로 할 일이로다.

白氏云하되 不如放身心하여 冥然任天造라 하고 晁氏云하되 不如收身心하여 凝然歸寂定이라 하니 放者는 流爲猖狂하고 收者는 入於枯寂하나니 唯善操身心的은 欛柄在手하여 收放自如니라.(후 91)

**풀이**

심신을 놓아 버려 자연의 조화에 맡기는 것과 심신을 거두어 적정무위(寂靜無爲)의 경지로 이끄는 것이 달인의 눈에는 다 같게 비친다. 그러나 통달한 사람이 아니면서 심신을 놓아 버리면 자칫 미치광이가 될 것이요, 반대로 심신을 거두기만 하면 아무런 생기도 없는 적막한 경지가 되지 않을 수 없을 것이다. 그래서 심신을 잘 가누자면 그 변덕 많은 마음의 버릇에 따르지 말고 마음의 자루를 꽉 잡아 쥐어야만 놓고 거두는 일이 마음대로 될 것이다. 그래야만 놓아도 방일(放逸)하지 않고 거두어도 고적하지 않을 것이다.

# 51

눈 위에 밝은 달 비치면 마음이 문득 맑아지고, 봄바람 부드러운 기운을 만나면 뜻도 부드러워진다. 자연의 조화와 사람의 마음이 한데 어울려 틈이 없음이여!

當雪夜月天하면 心境이 便爾澄徹하고 遇春風和氣하면 意界가 亦自沖融하나니 造化人心이 混合無間이니라.(후 92)

**풀이**

사람을 작은 우주라 부른다. 우주의 한 분신이기에 사람은 그 우주의 모든 작용을 줄여서 지니고 있다. 그러므로 만물의 변화는 그대로 사람의 몸과 마음에 조응하여 자연과 인간은 구별이 없어진다. 맑고 밝은 것을 보면 마음도 맑아지고, 따뜻하고 부드러운 것을 만나면 뜻도 부드러워진다. 자연에 풍우 상설(風雨霜雪)이 있듯이 사람의 마음에는 희로 애락(喜怒哀樂)이 있지 않은가.

# 52

글은 졸(拙)함으로써 나아가며 도(道)는 졸(拙)함으로써 이루어지나니 이 졸(拙) 자 하나에 무한한 뜻이 있다. 복숭아꽃 핀 마을에 개가 짖고 뽕나무 사이에 닭이 운다 함은 이 얼마나 순박한가. 그러나 차가운 못에 달이 비치고 고목에 까마귀 우짖는다 함은 교묘하기는 하지만 문득 쓸쓸하고 가벼운 기상이 있음을 느끼게 된다.

文以拙進하고  道以拙成하나니  一拙字有無限意味니라.  如桃源犬吠와  桑間鷄鳴이 何等淳厖고. 至於寒潭之月과 古木之鴉하여는 工巧中에 便覺有衰颯氣象矣로다.(후 93)

**풀이**

글과 도(道)와 사람은 능란한 것보다 졸(拙)한 것을 높게 친다. 능한 것은 속되기 쉽고 꾸민 것은 생기가 없기 때문이다. 개와 닭은 사람 사는 곳에 있는 것이거늘, 신선 사는 도원(桃源)에 개가 짖고 닭이 운다는 것은 얼마나 순박하고 진솔한가. 이에 비하면 차가운 못에 달이 비치고 고목에 까마귀가 우짖는다는 것은 교묘하기는 하지만 너무 쓸쓸하다.

# 53

은자(隱者)의 맑은 흥취는 유유 자적에 있다. 그러므로 술
은 권하지 않음으로써 기쁨을 삼고, 바둑은 다투지 않음으
로써 이김을 삼으며, 젓대는 구멍 없음이 좋다 하고, 거문
고는 줄 없음을 높다 하며, 모임은 기약 없음으로써 참되
고, 손은 마중과 배웅 없음으로써 편안함을 삼는도다. 만약
일단 겉치레에 사로잡히고 형식에 얽매인다면 문득 속세의
고해에 떨어지고 말리라.

幽人淸事는 總在自適이라. 故로 酒以不勸으로 爲歡하고 棋以不爭
으로 爲勝하며 笛以無腔으로 爲適하고 琴以無絃으로 爲高하며 會
以不期約으로 爲眞率하고 客以不迎送으로 爲坦夷하나니 苦一牽
文泥迹하면 便落塵世苦海矣리라.(후 96)

**풀이**

숨어서 사는 사람은 남과 이해 득실을 따질 일이 없으니 무슨 형
식적인 굴레에 얽매일 까닭이 없다. 진실한 마음 그대로면 족할 뿐
형식을 차리는 것이 번거롭고 폐스럽고 욕되고 거짓되기가 쉽기
때문이다. 제 마음과 제 분수에 맡겨서 자연에 융합하는 것이 은자
의 맑은 흥취이다.

# 54

바람과 꽃의 산뜻함이며 눈과 달의 맑음은 오직 고요한 이가 그 주인이 되고, 물과 나무의 번성함과 메마름이며 대나무와 돌의 자람과 사라짐은 다만 한가로운 이가 그 권리를 잡는도다.

風花之瀟洒와 雪月之空淸은 唯靜者爲之主요 水木之榮枯와 竹石之消長은 獨閑者操其權이니라.(후 100)

**풀이**

풍화 설월(風花雪月)의 깨끗하고 맑은 맛은 아무나 보고 듣고 느낄 수 있건만 사람마다 그 맛을 느끼는 것은 아니니, 오직 마음 고요한 이만이 그 임자가 된다. 수목 죽석(水木竹石)의 무성하고 메마름 또한 사람마다 보고 느낄 수 있건만 속된 일에 바쁜 사람은 볼 겨를이 없으니, 마음 한가로운 이가 홀로 제 것처럼 즐긴다.

# 55

시골 늙은이는 닭고기 안주에 막걸리를 이야기하면 흔연히 기뻐하나 고급 요리는 모르며, 무명 두루마기나 베잠방이를 말하면 좋아하되 비단옷은 잘 알지 못한다. 그 천성이 오롯하므로 그 욕심이 담박한 것이니 이야말로 인생의 으뜸가는 경지로다.

田夫野叟는 語以黃鷄白酒하면 則欣然喜하되 問以鼎食하면 則不知하고, 語以縕袍短褐하면 則油然樂하되 問以袞服하면 則不識하나니라. 其天全故로 其欲淡이니 此是人生第一個境界니라.(후 101)

**풀이**

마음이 맑아 욕심이 적으면 오래 산다는 말이 있다. 욕심이 적은 것이 복이라면 시골 사람보다 더 복된 이가 있으랴. 막걸리 한 잔에 닭 한 마리면 침을 삼키며 기뻐하지만 귀한 술과 고급 요리는 아예 모르고, 무명 두루마기나 베잠방이면 족하니 벼슬아치가 입는 비단옷 따위는 알 까닭이 없다. 분수에 편안하고 족함을 아는 것, 이 어찌 인생 제일의 자리가 아니랴.

# 56

산중에 살면 가슴 속이 맑고 시원해서 만나는 사물마다 재미가 있다. 외로운 구름과 들판의 두루미를 보면 속세를 초월한 듯하고, 바위 틈에 흐르는 샘물을 만나면 티끌 생각이 씻기는 듯하며, 늙은 전나무와 차가운 매화를 어루만지면 굳센 절개가 일어서고, 모래밭 갈매기와 깊은 산 사슴을 벗 삼으면 마음의 번거로움을 문득 잊는도다. 그러나 만일 한 번 속세로 뛰어들면 비록 외물과 상관하지 않을지라도 이 몸이 부질없이 되고 말리라.

山居하면 胸次淸洒하여 觸物皆有佳思하나니 見孤雲野鶴에 而起超絶之想하고 遇石澗流泉에 而動澡雪之思하며 撫老檜寒梅에 而勁節挺立하고 侶沙鷗麋鹿에 而機心頓忘이나, 若一走入塵寰하면 無論物不相關이나 卽此身亦屬贅旒矣리라.(후 106)

**풀이**

산 속에 살면 가슴 속이 맑아진다. 보고 듣는 것이 다 환히 비치는 지라 어느 것 하나 공부 아님이 없다. 조촐히 떠가는 흰 구름이나 들 가운데 서 있는 두루미를 보고는 속세를 초월한 느낌을 일으키고, 돌 틈을 흐르는 샘물 소리를 들으면 더러움을 씻어 버릴 생각이 움직이며, 전나무와 매화의 절개를 배우고, 갈매기와 사슴의 평화스러움을 사랑하게 된다. 만일 이 산 속을 떠나 한 번 시끄러운 저자에 들어가면 비록 외계의 사물과 접촉을 끊더라도 제 몸이 한낱 혹이 아니면 면류관의 구슬처럼 되고 말리라. 췌(贅)는 혹이요, 류(旒)는 면(冕) 곧 면류관(冕旒冠)에 붙은 구슬 장식이다.

# 57

홍이 때를 따라 일어나 맨발로 풀밭을 거니노라면 들새도 겁내지 않고 벗이 되누나. 경치가 마음에 들어 떨어지는 꽃 아래 옷깃을 헤치고 우두커니 앉으면 흰 구름도 말없이 곁에 와서 머무누나.

興逐時來면 芳草中에 徹履間行하나니 野鳥도 忘機時作伴이로다.
景與心會면 落花下에 披襟兀坐하나니 白雲이 無語漫相留로다.
(후 107)

**풀이**

홍이 나면 맨발로 풀밭을 거닌다. 들새도 때로는 사람을 겁내지 않고 함께 논다. 경치가 아주 마음에 들 적에는 꽃잎이 보슬비처럼 속삭이며 떨어지는 나무 그늘 아래 옷깃을 헤치고 앉기도 한다. 그때사 흰 구름도 말없이 곁에 와서 머무른다. 유유 자적! 자연을 참으로 아는 멋이다.

# 58

마음이 쉬면 문득 달이 뜨고 바람이 부나니 사람 사는 데가 반드시 고해(苦海)만은 아니로다. 마음이 멀면 수레 먼지와 말발굽 소리가 절로 없나니 어찌 산 속을 그리워함이 병될 것까지야 있으리.

機息時에 便有月到風來하나니 不必苦海人世로다. 心遠處에 自無車塵馬迹이거늘 何須疸疾丘山이리요.(후 110)

**풀이**

시끄러운 마음을 잠재우고 나면 어둠 속에 달이 떠오르고 잔잔한 물 위에 산들바람이 불어온다. 사람 사는 세상을 왜 하필 고해(苦海)라 하는가. 답답한 마음을 훤하게 틔워 놓으면 번거로운 저자에도 수레가 일으키는 먼지와 말발굽 소리가 없다. 무엇 때문에 굳이 깊은 산골 찾고 싶은 마음이 병까지 되랴.

# 59

비 갠 뒤에 산빛을 보면 경치가 문득 새로움을 깨닫게 되고, 밤 고요할 때에 종소리를 들으면 그 울림이 한결 맑고 높아라.

雨餘에 觀山色하면 景象이 便覺新姸하고 夜靜에 聽鍾聲이면 音響이 尤爲淸越이니라.(후 112)

**풀이**

비 갠 뒤에 산을 바라보면 빛이 새롭고 햇살도 더욱 눈부시다. 밤이 깊어서 종소리를 들으면 소리가 한결 맑을 뿐 아니라 밤이 더욱 고요해진다. 정신을 맑고 조용하게 지니면 평범한 곳에서 경이가 나타나고 일상에서 보고 듣는 것이 항상 새로운 법이다.

# 60

높은 데 오르면 사람의 마음이 넓어지고, 흐름에 임하면 사람의 뜻이 멀어진다. 눈비 오는 밤에 책을 읽으면 사람의 정신이 맑아지고, 언덕에 올라 휘파람 불면 사람의 흥이 높아진다.

登高하면 使人心曠하고 臨流하면 使人意遠하며 讀書於雨雪之夜하면 使人神淸하고 舒嘯於丘阜之巓하면 使人興邁니라.(후 113)

**풀이**

마음이 답답하거든 높은 곳에 올라서 탁 트인 경치를 보라. 강기슭에 나아가 바다로 흘러가는 물길을 보라. 눈비 오는 밤에 홀로 앉아 책을 읽으면 밝아지는 정신! 언덕에 올라서 휘파람 길게 불면 솟아오르는 흥! 이만하면 범속(凡俗)을 초월하는 맛 알 듯도 하구나.

# 61

마음이 넓으면 만 종(鍾)의 녹(祿)도 질그릇 같고, 마음이
좁으면 한 올의 머리카락도 수레바퀴 같도다.

心曠이면 則萬鍾도 如瓦缶하고 心隘면 則一髮도 似車輪이니라.
(후 114)


**풀이**

여기서 종(鍾)은 부피의 단위로 여섯 섬 너 말을 이르니, 만 종은
많은 녹이라는 뜻이다. 와부(瓦缶)는 흙으로 만든 그릇이나 항아리
를 말한다. 마음이 탁 트이면 많은 녹도 질그릇 조각처럼 하찮아
보이고, 마음이 좁으면 머리카락 한 오라기도 수레바퀴처럼 크고
무겁게 느껴진다. 공명도 뜬구름으로 보고 목숨도 새털처럼 가벼이
알자면 먼저 마음이 탁 트여야 한다.

# 62

바람과 달과 꽃과 버들이 없으면 자연의 조화는 이루어지지 않고, 정욕과 기호가 없으면 마음의 바탕은 이루어지지 않는다. 다만 내가 주체가 되어 외물을 부리고 외물의 지배를 받지 않는다면 정욕과 기호도 천기(天機) 아님이 없고 세속의 정도 곧 진리의 경지가 되리라.

無風月花柳면 不成造化하고 無情欲嗜好면 不成心體하나니 只以我轉物하고 不以物役我면 則嗜慾이 莫非天機요 塵情도 則是理境矣리라.(후 115)

## 풀이

만물은 모두 조물주의 조화로 이루어진 것이며, 정욕과 기호도 마음의 바탕을 구성하는 요소이다. 풀 한 포기와 바람 한 줄기가 만나 자연의 조화를 빚듯이, 정욕과 기호가 없으면 마음이라고 할 것이 없을 터이다. 다만 내가 마음의 주인이 되어 사물을 부릴 수 있으면 정욕과 기호도 천기(天機)요, 세속의 정리(情理) 속에서도 깨달음을 얻게 되리라.

# 63

마음은 흔히 움직임으로써 참을 잃는다. 만약 한 생각도 일으키지 않아 맑은 물처럼 고요히 앉아 있으면 구름이 일어나매 유연하게 함께 가고 빗방울이 떨어지매 서늘하게 같이 맑아지며 새가 지저귀매 흔연히 느끼는 바 있고 꽃이 지매 소연(瀟然)히 스스로 얻는 바 있을 터이니, 어느 곳인들 진경(眞境) 아니며 어느 것엔들 진기(眞機) 없으리.

人心은 多從動處에 失眞하나니 若一念不生하고 澄然靜坐하면 雲興而悠然共逝하고 雨滴而冷然俱淸하며 鳥啼而欣然有會하고 花落而瀟然自得하리니 何地가 非眞境이며 何物에 非眞機리요.
(후 118)

**풀이**

사람의 마음은 흔들려서 진실을 잃는 수가 많다. 한 생각도 일으키지 않고 고요히 앉아 있으면, 마음이 구름과 함께 유연히 떠가고 빗방울과 같이 맑아질 것이며 새가 지저귀면 알 듯하고 꽃이 져도 스스로 고개 끄덕이는 바 있을 것이다. 흔들리지 않는 마음이라야 참된 이치를 알리니, 흔들리는 마음은 부질없이 바빠도 얻는 것은 하나 없다. 마음이 흔들리지 않으면 모든 것에서 깨달음을 얻고 진정한 작용을 볼 것이다.

## 64

귀는 회오리바람이 골짜기에 메아리를 던짐과 같아서 지나
간 뒤에 머무르지 않게 하면 시비가 함께 물러가리라. 마음
은 밝은 달이 못에 비침과 같아서 텅 비어 잡힘이 없으면
물아(物我)를 다 잊으리라.

耳根은 似颷谷投響하여 過而不留하면 則是非俱謝하고 心境은 如
月池浸色하여 空而不著하면 則物我兩忘이니라.(후 120)

**풀이**

우리의 귀를 빈 골짜기와 같이 하여 바람이 메아리를 던져도 지나
간 뒤에는 머무르지 않게 하면 시비가 함께 물러가리라. 우리의 마
음을 못물과 같이 하여 달이 그림자를 던져도 그 빛이 아무런 자
취도 남김이 없게 하면 자타(自他)를 다 잊으리라. 주는 마음은 달
이나 메아리같이, 받는 마음은 못물이나 골짜기같이 맑게 비워 두
면 시비와 물아를 모두 잊는 경지에 들 것이다.

# 65

세상 사람들은 영리(榮利)에 얽매여 걸핏하면 티끌 세상이니 고생 바다니 하고 뇌지만, 구름은 희고 산은 푸르며 냇물은 흘러가고 돌은 서며 새의 웃음을 꽃이 맞이하고 나무꾼 노래에 골짜기가 화답하는 줄은 모른다. 세상은 티끌이 아니요 바다도 괴로움이 아니건만, 저희가 스스로 그 마음을 티끌과 괴로움으로 만들 따름이다.

世人은 爲榮利纏縛하여 動曰塵世苦海라 하고 不知雲白山靑하고 川行石立하며 花迎鳥笑하고 谷答樵謳하나니 世亦不塵이요 海亦不苦로되 彼自塵苦其心爾니라.(후 121)

**풀이**

옛날에 어떤 참선하는 중이 고승(高僧) 앞에 나아가 "대체 해탈은 어떻게 하는 것입니까?" 하고 물으니 고승이 "누가 너를 묶더냐?" 하고 되물었다는 이야기가 있다. 세상 사람들은 제 몸이 부질없는 공명(功名)과 이욕(利欲)에 묶인 줄은 모르고 걸핏하면 더러운 세상이니 괴로운 세상이니 하며 탄식할 뿐, 맑고 깨끗한 천지의 본바탕과 그 속에서 누리는 소박한 삶의 보람을 모른다. 세상이 더러운 것이 아니요 바다가 괴로운 것이 아니건만, 저희가 스스로 그 마음을 더럽히고 괴롭힐 따름이구나.

# 66

꽃은 반쯤 핀 것을 보고 술은 조금만 취하도록 마시면 이 가운데 참말 아름다운 멋이 있다. 만약 꽃이 활짝 피고 술이 흠씬 취함에 이르면 문득 추악한 지경에 들고 마니, 가득 찬 곳에 있는 이는 마땅히 생각할지어다.

花看半開하고 酒飮微醉하면 此中에 大有佳趣니라. 若至爛漫酕醄하면 便成惡境矣하나니 履盈滿者는 宜思之니라.(후 122)

**풀이**

꽃은 활짝 피면 시들고 떨어질 날이 멀지 않다. 술은 흠뻑 취하면 몸에 해롭고 주정을 하기 쉽다. 높고 넉넉한 자리에 있어서 넘치기 쉬운 이는 마땅히 삼가야 하리라. 모도(酕醄)는 지나치게 취하는 것을 말한다.

# 67

산나물은 가꾸지 않아도 절로 자라고 들새는 기르지 않아
도 절로 살건만 그 맛이 다 향기롭고 맑다. 우리도 능히 세
상의 법도에 물들지 않으면 그 맛이 높고 멀어 각별하지
않으랴.

山肴는 不受世間灌漑하고 野禽은 不受世間豢養이로되 其味皆香
而且冽하나니 吾人이 能不爲世法所點染이면 其臭味不迥然別乎
아.(후 123)

**풀이**

자연의 솜씨야말로 신품(神品)을 낳는다. 사람의 손으로 가꾸지 않
고 기르지 않아도 그 맵시와 향기와 맛이 뛰어나다. 사람도 세상이
만든 틀에 얽매이지 않고 천성을 잘 지켜 나가면 그 품격이 속세
와 멀리 떨어져 각별할 것이다.

## 68

좋은 차만 구하려 하지 않으니 찻주전자 마르는 일이 없고, 훌륭한 술만 찾으려 하지 않으니 술동이가 비는 일이 없구나. 꾸밈 없는 거문고는 줄이 없어도 항상 고르고 짧은 젓대는 구멍이 없어도 항상 즐기니, 비록 복희씨(伏羲氏)는 뛰어넘기 어려워도 가히 죽림칠현(竹林七賢)과는 벗할 수 있으리라.

茶不求精하니 而壺亦不燥하고 酒不求冽하니 而樽亦不空하며 素琴無絃이나 而常調하고 短笛無腔이나 而自適하나니 縱難超越羲皇이나 亦可匹儔嵇阮이니라.(후 133)

**풀이**

좋은 차를 구하지 못해 찻주전자에 먼지를 앉히기보다는 조금 질이 떨어지는 차라도 구해 항상 끓이는 것이 나으며, 훌륭한 술을 찾다 못해 술항아리를 비워 두기보다는 덜 좋은 술이라도 담아 두고 때때로 기울이는 맛이 나을 것이다. 장식 없는 거문고에 줄은 없으나 자주 가락을 고르고 짧은 피리에 구멍은 없으나 스스로 즐기면, 태평한 마음이 옛날 복희씨에게는 미치지 못할지라도 혜강(嵇康)과 완적(阮籍) 같은 죽림칠현 정도는 벗할 수 있을 것이다.

# 도의 마음
## (道心)

# 1

짙거나 기름지거나 맵거나 단 것은 참다운 맛이 아니니 참
다운 맛은 오직 담담할 뿐. 신비스럽거나 기이하거나 우뚝
하거나 아주 다른 것은 지인(至人)이 아니니 지인은 다만
평범할 뿐.

醲肥辛甘이 非眞味니 眞味는 只是淡이며, 神奇卓異는 非至人이니
至人은 只是常이니라.(전 7)

**풀이**

아무리 단 꿀이라도 사흘만 먹으면 댓진 내가 난다. 나물 한 점 없
이 고기만 사흘을 먹으면 그 맛도 싫어지리라. 그러나 밥맛은 언제
나 같은·것, 배고플 때 먹으면 밥이 도리어 꿀맛 같다. 이와 같이
참맛은 언제나 변함없이 담담한 맛 속에 있다. 마찬가지로 신기한
재주를 가진 사람이나 유별나고 이상한 행동을 하는 사람은 참다
운 인격자가 아니다. 그런 사람 중에는 세상을 홀려서 속이는 이가
많으니, 지인(至人)은 평범하게 살면서도 도(道)를 놓치지 않는 사
람이다.

# 2

천지는 고요하여 움직이지 않되 그 기(氣)의 작용은 조금도 쉬지 않으며, 해와 달은 밤낮으로 바삐 달리건만 그 밝음은 만고에 변하지 않는다. 그러므로 군자는 한가로울 때에 다급함에 대비하는 마음이 필요하고, 바쁜 마당에 느긋한 맛을 지녀야 한다.

天地는 寂然不動이로되 而氣機는 無息少停하며 日月은 晝夜奔馳로되 而貞明은 萬古不易이니라. 故로 君子는 閒時에 要有喫緊的心思하며 忙處에 要有悠閒的趣味니라.(전 8)

**풀이**

천지는 움직이지 않는 듯하나 그 기의 작용은 조금도 쉬지 않으니, 그 품안에서 만물을 기른다. 세월은 밤낮으로 달리건만 제 법칙을 조금도 어김이 없으니, 옛날이 지금의 거울이 된다. 이는 모두 고요한 가운데 움직임이 있고, 변하는 가운데 변하지 않는 이치가 있음을 가르쳐 준다. 이러한 우주의 대도(大道)는 그대로 인간의 대도가 되는지라, 고요할 때일수록 마음은 바쁘게 움직여야 하고 바쁜 곳에서는 도리어 한가로운 마음을 지녀야 한다.

# 3

밤 깊어 사람 소리 가라앉은 뒤에 홀로 앉아 마음을 관찰
하면 비로소 망상이 사라지고 진실만 오롯함을 깨닫게 되
나니, 매양 이 가운데서 큰 즐거움을 얻노라. 이미 진실이
나타남을 느끼면서도 망상에서 벗어나기 어려움을 깨닫는
다면 또한 이 가운데서 큰 부끄러움을 얻으리라.

夜深人靜에　獨坐觀心하면　始覺妄窮而眞獨露하나니　每於此中에
得大機趣니라.　旣覺眞現而妄難逃하면　又於此中에　得大慚忸이니
라.(전 9)

**풀이**

진심(眞心)과 망심(妄心)은 전혀 다른 것이 아니니 본디 일심(一心)
이 있을 따름이다. 갠 하늘에 떠 있는 달과 같이 교교하여 한 점
구름도 걸림이 없음을 진심이라 하고, 그 달을 가리는 구름이나 안
개를 망심이라 하는 것은 한낱 비유일 뿐이다. 차라리 맑은 달이
진심이요, 흐린 달을 망심이라 하는 것이 옳다. 물이 거울처럼 맑
아 삼라 만상(森羅萬象)을 비추는 경지가 진심이요, 바람이 불고 물
결이 일어 배를 뒤집는 것과 같은 때가 망심이다. 그러나 물과 물
결이 무엇이 얼마나 다르겠는가. 다만 성인(聖人)의 마음은 못물과
같이 고요하여 항상 맑으나, 범부(凡夫)의 마음은 외계의 사물에

부딪혀 망동(妄動)하기 쉬운지라 항상 흐린 것이 다르다. 밤 깊고 사람 잠들어 고요할 때는 외계의 시끄러움이 잠잘 때라 진심이 나타나기 쉽지만, 사람살이의 온갖 번거로움은 망심을 온전히 벗어 버리고 진심을 붙잡아 지키기 어렵게 만든다. 오랫동안의 버릇이 단번에야 없어지겠는가. 진망(眞妄)이 둘 아닌 줄 아는 그 즐거움과 알면서도 못 깨닫는 것을 부끄러워하는 마음이 먼저 필요하다.

# 4

이욕(利欲)이라 하여 모두 마음을 해치는 것이 아니라 독단(獨斷)이 곧 마음을 해치는 벌레이며, 여색(女色)이 반드시 도(道)를 막는 것이 아니라 총명(聰明)이 곧 도를 막는 울타리가 된다.

利欲이 未盡害心이라 我見이 乃害心之蟊賊이요 聲色이 未必障道라 聰明이 乃障道之藩屛이니라.(전 34)

**풀이**

이익을 탐하는 마음이 참된 마음을 흐린다 하나 진심을 흐리는 장본은 이욕이 아니라 아견(我見)이다. 아견은 불교에서 이르는 정지(正智)·정견(正見)의 반대되는 말이니 아집과 독단의 견식(見識)을 이른다. 모적(蟊賊)의 모(蟊)는 『시전(詩傳)』에 나오는 말로서 식물의 해충이라는 뜻이다. 도의 장애가 되는 것은 여색이라 하지만 여색이 반드시 도를 막는 것은 아니다. 그보다 오히려 총명이 도를 가로막기 일쑤이니 설익은 총명은 도의 장해물이 된다. 성색(聲色)은 좋은 소리와 좋은 빛깔이라는 뜻이니 여색(女色)이라는 말이요, 번병(藩屛)은 울타리나 담 같은 장애물을 일컫는다.

# 5

사람마다 하나의 큰 자비(慈悲)가 있으니 유마(維摩)와 도회(屠劊)가 두 마음이 아니요, 곳곳마다 한 가지 참된 취미가 있으니 금전(金殿)과 모옥(茅屋)이 다름이 없도다. 다만 욕심이 덮이고 정에 가려서 눈앞에 한 번 어긋나면 지척이 천 리가 된다.

人人이 有個大慈悲하니 維摩屠劊가 無二心也요 處處에 有種眞趣味하니 金屋茅簷이 非兩地也니라. 只是欲蔽情封하여 當面錯過면 使咫尺千里矣니라.(전 54)

**풀이**

어떤 사람이든지 저마다 자비심이 있다. 유명한 유마 거사이거나 소 잡는 백정이거나 죄인의 목을 베는 사람일지라도 그 마음은 하나이니 조금도 다름이 없다. 어디를 가나 가는 곳마다 일종의 참다운 취미가 있으니 금으로 꾸민 집과 짚을 얹은 집도 거기에 상응하는 맛이 있을 뿐이요 그 장소에 차별이 있는 것은 아니다. 다만 욕심에 가리고 사사로운 정에 갇혀 눈앞에 당하여 조금이라도 어긋나면 그 조그마한 거리가 문득 천 리나 동떨어진 것이 되고 만다.
　유마 거사는 옛날 인도의 대덕(大德)이다. 거사(居士)는 출가하여 중이 되지 않고 집에서 수행하는 사람을 가리키는 말이요, 대덕(大

德)은 도가 높은 사람을 일컫는 말이다. 지척의 지(咫)는 여덟 치이
고 척(尺)은 한 자를 이르니 매우 짧은 거리를 말한다.

# 6

사람마다 마음 속에 한 권의 참 문장이 있건만 옛사람의 하찮은 몇 마디 때문에 모두 묻혀 있고, 사람마다 마음 속에 한 가락의 참 풍류가 있되 세속의 요염한 가무(歌舞) 때문에 모두 막혀 있구나. 그러므로 학자는 모름지기 외물(外物)을 쓸어 내고 본래 있는 그 마음을 찾아야 비로소 참보람이 있으리라.

人心에 有一部眞文章이로되 都被殘編斷簡封錮了하며 有一部眞鼓吹로되 都被妖歌艶舞湮沒了하나니 學者는 須掃除外物하고 直覓本來라야 纔有個眞受用이리라.(전 57)

**풀이**

먼저 자신의 가슴 안에 있는 참문장을 읽으라. 옛사람의 하찮은 몇 마디 때문에 가려 있는 그 훌륭한 책을 읽으라. 그리고 자신의 마음 속에서 울려 나오는 참된 음악을 들으라. 세속의 요사스러운 노래와 어지러운 춤 때문에 막혀 있는 그 높은 풍류를 들으라. 그 문장과 음악을 보고 듣기 위해서 모름지기 외물(外物)을 쓸어 내고 바로 본래 마음 자리로 들어가라. 거기에 소담스러운 빛이 있으리라.

## 7

기기(敧器)는 가득 차면 엎질러지고 박만(撲滿)은 비면 온
전하다. 그러므로 군자는 차라리 무(無)에 살지언정 유(有)
에 살지 않으며, 이지러진 곳에 처할지언정 오롯한 곳에 처
하지 않는다.


敧器는 以滿覆하고 撲滿은 以空全이니라. 故로 君子는 寧居無이
언정 不居有하며 寧處缺이언정 不處完이니라.(전 63)


**풀이**

기기(敧器)는 유좌(宥坐)의 기(器)라고도 한다. 속이 비면 기울어지
고 물을 반쯤 담으면 똑바로 서며 가득 담으면 넘어져서 쏟아지는
그릇이다. 그러므로 옛날에는 군자의 옆에 두어 모자라지도 지나치
지도 않게 마음을 단속하는 상징으로 삼았다. 『공자가어(孔子家語)』
에 "유좌(宥坐)의 기(器), 허(虛)하면 기울어지고 넣으면 바르고 가
득 차면 엎어진다. 훌륭한 임금은 이로써 지계(至誡)를 삼으니 그
러므로 항상 이것을 왼쪽에 둔다."는 이야기가 있다.
  박만(撲滿)은 옛날의 벙어리 저금통이다. 나무나 흙으로 만드는
데 위에 좁은 구멍 하나만 있어 그리로 돈을 넣어서 모아 두었다
가 꽉 차면 깨뜨리는 것이다. 그러므로 이것은 속이 가득 차지 않
았을 때라야 안전하다.

이 두 가지 물건의 이치를 비유로 들어서 군자가 무(無)의 경지와 부족한 곳에 처할지언정 유(有)의 경지와 완전한 곳에 처하지 않는 도리를 깨우친 것이다.

# 8

귀와 눈으로 듣고 보는 것은 바깥 도적이며 정욕과 의식은
안의 도적이라. 다만 마음의 주인이 맑게 깨어 흐리지 않고
뚜렷이 중당(中堂)에 홀로 앉아 있으면 도적이 문득 변하여
집안 사람이 되리라.

耳目見聞은 爲外賊이요 情欲意識은 爲內賊이니 只是主人翁이 惺
惺不昧하여 獨坐中堂이면 賊便化爲家人矣리라.(전 79)

**풀이**

훔친 놈보다 잃은 놈이 더 죄가 많다는 속담이 있다. 제 실수로 잃
고는 남을 이 사람 저 사람 의심하는 것을 경계하는 말이다. 도적
이 훔치러 들어가서 먼저 뒷간에 들어가 보고 뒷간이 깨끗하면 그
냥 나간다는 말이 있다. 가장 방심하기 쉬운 뒷간까지 깨끗할 정도
이면 다른 것은 더 빈틈이 없으리라는 뜻이다. 집의 주인처럼 사람
의 임자 되는 마음의 줏대가 항상 깨어 지키고 있으면 안팎 도적
을 걱정할 까닭이 없으리라.

# 9

고요한 가운데 생각이 맑고 투철하면 마음의 참바탕을 보며 한가로운 가운데 기상이 조용하면 마음의 참기틀을 알며 담박한 가운데 취미가 평온하면 마음의 참맛을 얻으리니, 마음을 관찰하고 도를 터득하는 데에는 이 셋만한 것이 없다.

靜中에 念慮澄徹이면 見心之眞體하고 閑中에 氣象從容이면 識心之眞機하며 淡中에 意趣冲夷면 得心之眞味하나니 觀心證道에는 無如此三者니라.(전 87)

**풀이**

고요할 때에 생각이 맑게 가라앉으면 마음의 바탕을 볼 것이요 한가할 때에 기상이 조용하면 마음의 오묘한 움직임을 알 것이며 담박한 가운데 취미가 깨끗하고 평안하면 마음의 참다운 맛을 알 것이니, 마음을 관찰하고 도를 체험하는 길은 이 셋보다 나은 것이 없다. 고요하면 움직이기 쉽고 한가하면 초조하기 쉽고 담박하면 화려하고 싶은 것이 사람의 상정(常情)이니, 이 상정이 망심(妄心)의 장본이다.

# *10*

고요한 곳에서 고요한 마음을 지키는 것은 참다운 고요함이 아니니, 소란한 곳에서 고요함을 지킬 수 있어야 천성(天性)의 참다운 경지를 얻으리라. 즐거운 곳에서 즐거운 마음을 지니는 것은 참다운 즐거움이 아니니, 괴로운 곳에서 즐거운 마음을 얻을 수 있어야 마음의 참다운 기미를 보리라.

靜中靜은 非眞靜이니 動處에 靜得來라야 纔是性天之眞이요 樂處樂은 非眞樂이니 苦中에 樂得來라야 纔見心體之眞機니라.(전 88)

**풀이**

고요한 속에서 몸과 마음이 고요하기는 쉬운 일이니 이것은 참고요함이 아니다. 움직이고 시끄러운 곳에서 고요함을 맛볼 줄 알아야 이것이 천성(天性)의 진실경(眞實境)이니 참고요함이다. "대은(大隱)은 시항(市巷)에 숨는다."는 옛말이 있다. 깊은 산골에 숨어 살기는 어렵지 않지만 시끄러운 저자에 숨어 살기는 쉽지 않은 까닭이다. 절간에 앉아서 도를 닦는다 하지만 그 사람이 어지러운 거리에 나오면 어떻게 될 것인가. 시끄럽고 어려운 고비에 처해 보지 않고는 과연 그 사람이 참고요함을 체득한 사람인지 아닌지를 모른다. 즐거운 자리에서 즐거워하는 것이야 누가 못하겠는가, 이것은 참즐

거움이 아니다. 괴롭고 아픈 속에서 얻는 즐거움만이 마음의 참묘
미를 아는 까닭이다. 이것이 참즐거움이다. '고위락(苦爲樂)'이라는
말이 있다. 괴로움이 따로 있고 즐거움이 따로 있는 것이 아니라,
한 생각 문득 돌리면 괴로움이 그대로 즐거움이 된다는 말이다. 모
든 괴로움이 다 즐거움이 되는 멋이 해탈경(解脫境)에 있다.

# *11*

천지 만물을 거짓 자취로 본다면 부귀 공명은 말할 것 없고 몸뚱이도 빌려 가진 것이고, 천지 만물을 참된 경지로 본다면 부모 형제로부터 만물에 이르기까지 나와 일체 아님이 없으리로다. 사람이 능히 이를 간파하고 체득한다면 가히 천하의 짐을 맡을 것이며 아울러 세간의 속박에서 벗어날 것이다.

以幻迹言하면 無論功名富貴요 卽肢體도 亦屬委形이라 以眞境言하면 無論父母兄弟요 卽萬物이 皆吾一體라 人能看得破하고 認得眞하면 纔可任天下之負擔하고 亦可脫世間之韁鎖니라.(전 103)

**풀이**

환적(幻迹)이란 실제로 있는 것이 아니고 도깨비처럼 거짓으로 나타난 형적(形迹)이다. 위형(委形)은 위탁(委托)된 형체이니 빌려 가진 형체라는 뜻이다. 『장자』에 "내 몸은 천지의 위형(委形)"이라는 말이 있다. 강쇄(韁鎖)의 강(韁)은 오랏줄이요, 쇄(鎖)는 고랑쇠이다. 합하여 결박이라는 뜻이니 명성과 이욕에 대한 집착을 비유한 것이다.

가현(假現)의 현상계(現象界)로 말하면 부귀 공명은 물론 이 몸도 천지로부터 잠시 빌린 것에 불과하다. 그러나 본진(本眞)의 실체계

(實體界)에서 말하면 부모 형제는 물론 초목 토석(草木土石)도 나와 한몸이다. 천지 동근(天地同根) 만물 일체(萬物一體)라는 이 도리를 간파하면 일시 동인(一視同仁)의 마음이 여기에서 일어나니 가히 천하의 대임(大任)을 맡을 수 있을 것이요, 만물 몽환(萬物夢幻)의 실상을 깨달으면 세상의 헛된 명성과 이욕의 속박에서 벗어나 유유 자적할 수 있을 것이다.

# 12

천지는 만고에 있지만 이 몸은 다시 얻지 못하나니 인생은 다만 백 년이라 이 날이 가장 가 버리기 쉽도다. 다행히 그 사이에 태어난 사람은 삶의 즐거움을 몰라서도 안 되고, 헛되이 사는 근심을 품지 않아서도 안 되리라.

天地는 有萬古나 此身은 不再得이요 人生은 只百年이나 此日이 最易過니라. 幸生其間者는 不可不知有生之樂하고 亦不可不懷虛生之憂니라.(전 107)

**풀이**

천지는 처음도 끝도 없으니 항상 있지만 사람의 목숨이야 어디 그런가. 한 번 가면 그뿐인 이 인생은 길어야 백 년인데 그 백 년 가기가 눈 깜짝할 사이니 어찌한다는 말이냐. 그러나 이 총총한 세월 속에서나마 우리가 나서 살고 있으니 즐거운 일이요, 그 짧은 삶을 헛되이 보낼까 근심하지 않을 수 없음은 우리의 삶이 짧으면 짧을수록 무슨 보람이라도 남겨야 이 세상에 태어난 의의가 있고, 짧은 삶을 더 허무하게 만들지 않을 방도가 되기 때문이다.

# *13*

분노의 불길이 타오르고 욕망의 물결이 끓어오르는 때를
당하여 분명히 이것을 알며 또 분명히 알면서도 그와 같은
짓을 하니, 아는 이는 누구이며 저지르는 이는 누구인가.
이러한 점에 굳세게 마음을 돌릴 수만 있다면 사악한 마귀
도 문득 참된 마음이 될 것이라.

當怒火慾水正騰沸處하여 明明知得하며 又明明犯著하나니 知的是
誰며 犯的又是誰요 此處에 能猛然轉念이면 邪魔便爲眞君矣하리
라.(전 119)

**풀이**

분노가 불길처럼 타오르고 욕망이 가마솥의 물처럼 끓어오를 때에
누구나 그 사실을 모르지는 않는다. 문제는 분명히 알면서도 분노
와 욕망에 따라 행동하고 마는 수가 있다. 분명히 아는 것은 무엇
때문이며, 잘못을 저지르는 것은 무엇 때문일까. 이는 모두 마음의
작용에서 말미암는다. 이러할 때에 마음을 굳게 다잡아 바르게 돌
린다면 욕망과 분노도 가라앉힐 수 있다. 좋은 마음과 나쁜 마음이
둘이 아니라 같은 마음의 다른 작용임을 깨닫는다면 나쁜 마음을
누르고 좋은 마음을 지키기가 한결 수월할 것이다. 진군(眞君)은
『장자』에 나오는 말로, 마음의 본체이다.

## 14

갠 날 푸른 하늘도 문득 변하여 우레 울고 번개 치며 돌개
바람 소나기도 갑자기 밝은 달 맑은 하늘이 되니, 천기의
작용이 어찌 한결같을 수 있으리. 털끝만한 걸림 때문에 이
변화가 일어나는데 하늘이 어찌 변함이 없으리. 털끝만한
막힘 때문에 이 변화가 생기니, 사람의 마음 바탕도 마땅히
이와 같을진저.

霽日靑天도 倐變爲迅雷震電하며 疾風怒雨도 倐變爲朗月晴空하나
니 氣機何常이리요. 一毫凝滯니 太虛何常이리요. 一毫障塞이니 人
心之體도 亦當如是로다.(전 124)

**풀이**

세월이 흐르는 것은 일정한 법칙이 있지만 비바람과 맑음 밝음은
항상 일정한 것이 아니다. 터럭만한 걸림 때문에 변화가 생기는 것
이다. 갠 것 같던 하늘에서 갑자기 우레가 울고 번개가 치거나 비
바람 휘몰아치던 하늘에 씻은 듯한 달이 떠오르는 것처럼 사람의
마음도 희로 애락이 엇바뀐다. 그러나 하늘은 언제나 그 하늘이요
마음도 본바탕은 늘 하나이니, 비 지나간 뒤에 하늘이 그 전처럼
푸르듯이 희로 애락도 지나간 뒤에는 흔적을 남기지 않아야 한다.

# 15

내 몸은 하나의 작은 천지라 기뻐함과 성냄을 분별 있게
해서 잘못이 없게 하고 좋아함과 싫어함에 법도가 있게 하
면 이는 곧 천지의 법을 받아 저를 다스리는 공부가 된다.
천지는 하나의 거룩한 어버이라 백성으로 하여금 원망이
없게 하고 일체의 사물에 근심이 없게 하면 이것이 바로
화합의 기상(氣象)이다.

吾身은 一小天地也라 使喜怒不愆하고 好惡有則하면 便是燮理的
功夫요 天地는 一大父母也라 使民無怨咨하고 物無氛疹하면 亦是
敦睦的氣象이니라.(전 128)

**풀이**

우리 몸은 하나의 작은 천지, 곧 소우주이다. 우주에서 일어나고
있는 모든 조화가 다 법칙과 까닭이 있듯이 우리도 기쁨과 노여움
에 잘못이 없게 하고 좋아함과 미워함에 법칙이 있게 하면 바로
이것이 자기를 다스리는 공부가 될 것이다. 천지는 또한 우리의 위
대한 부모이니 형제 자매요 동포인 백성에게 덕을 베풀어 원망과
탄식이 없게 하고 일체의 것에 괴로움과 근심이 없게 하면 이것이
바로 세상을 돈독하고 화목하게 만드는 기상이다.

# 16

악은 그늘을 꺼리고 선은 햇볕을 꺼린다. 그러므로 드러난 악은 재앙이 적고 숨은 악은 재앙이 깊으며, 드러난 선은 공이 적고 숨은 선은 공이 크다.

惡은 忌陰하고 善은 忌陽하나니 故로 惡之顯者는 禍淺하고 而隱者는 禍深하며 善之顯者는 功少하고 而隱者는 功大니라.(전 138)

**풀이**

나쁜 일일수록 그늘에 숨기를 싫어하며 좋은 일은 표면에 나타나기를 싫어한다. 그러므로 나쁜 일이 겉으로 나타나면 그 때문에 받는 재앙도 엷지만 나쁜 일을 숨기면 그 재앙이 더 깊어진다. 이와 반대로 좋은 일은 도리어 겉으로 나타나면 그 공이 적어지고 속으로 숨으면 그 공이 더욱 커지는 법이다. 스스로 저지른 악은 밝게 드러내고 스스로 지은 선은 속에 감추라.

# 17

외로운 등불 반딧불처럼 가물거리고 만상(萬象)의 소리 가
라앉으면 우리가 비로소 편히 잠들 때로다. 새벽 꿈에서 막
깨어나매 뭇 움직임이 아직 일어나지 않았으니 우리가 비
로소 혼돈에서 빠져나올 때로다. 이 때를 틈타서 한 생각으
로 빛을 돌려 밝게 비추어 보면 비로소 이목구비가 다 질
곡이요, 정욕과 기호가 모두 마음을 병들게 하는 기계인 줄
을 알게 되리라.


一燈螢然에 萬籟無聲은 此吾人初入宴寂時也요 曉夢初醒에 群動
未起는 此吾人初出混沌處也니 乘此而一念廻光하여 炯然返照하면
始知耳目口鼻가 皆桎梏이요 而情欲嗜好가 悉機械矣리라.(전 146)


## 풀이

'만뢰(萬籟)'는 삼라 만상(森羅萬象) 일체의 소리요, '연적(宴寂)'의 연
(宴)은 편하다는 뜻이다. '혼돈(混沌)'은 천지가 아직 나누어지기 전
을 말하나 여기서는 잠에서 아직 깨어나지 못한 상태를 이른다.
'질곡(桎梏)'은 차꼬와 수갑이니 손발을 속박하는 기구이다.
　깊은 밤과 이른 새벽 먼동이 트기 전의 시간은 우리의 생각에
빛을 얻을 수 있는 좋은 때이다. 밤이 깊어 고요한 가운데 막 잠자
리에 들려고 할 때나 새벽에 잠에서 갓 깨어나 아직 일체의 분별

이 일지 않을 때를 잡아 문득 일념을 돌려 스스로의 마음을 비추면 문득 우리가 본디 갖추고 있는 밝은 지혜의 빛이 되살아날 것이다. 이에서 선악과 시비가 본디 없음을 깨달으면 여러 가지 망상과 분별을 일으키는 이목구비와 정욕과 기호 따위가 모두 심신을 속박하는 연장임을 알 수 있을 것이다.

# *18*

고기를 잡으려고 쳐 놓은 그물에 기러기가 걸리며, 사마귀가 먹이를 노리는 곳에 참새가 그 뒤를 엿보는구나. 기틀 속에 또 기틀이 있고 변고 밖에 다시 변고가 있는지라, 사람의 지혜와 솜씨를 어찌 족히 믿을 수가 있으랴.

魚網之設에 鴻則罹其中하고 螳螂之貪에 雀又乘其後하나니 機裡藏機하고 變外生變이거늘 智巧를 何足恃哉리요.(전 149)

**풀이**

고기를 잡으려고 쳐 놓은 그물에 기러기가 걸리기도 하고, 사마귀가 저보다 작은 벌레를 잡아먹으려고 노리고 있는 곳에 참새가 또 그 사마귀를 노리는 일도 있다. 세상 일이란 모두 이와 같으니 알 수 없는 조화라, 사람의 얄팍한 재주와 지혜쯤이야 족히 무엇으로 믿을 수가 있겠는가.

# *19*

물은 물결이 일지 않으면 절로 고요하고, 거울은 흐려지지 않으면 스스로 밝다. 마음도 이와 같으니 그 흐린 것을 버리면 맑음이 절로 나타날 것이요, 즐거움도 구태여 찾지 말리니 그 괴로움을 버리면 즐거움이 절로 있으리라.

水不波則自定하고 鑑不翳則自明이라. 故로 心無可淸이니 去其混之者면 而淸自現하며 樂不必尋이니 去其苦之者면 而樂自存이니라.(전 151)

**풀이**

마음을 맑게 하는 법이 어찌 따로 있을 수 있으랴. 마음 속에 풍파가 일지 않고 티끌이 끼지 않으면 마음이 절로 맑을 것이다. 즐거움을 얻는 방법이 또한 어찌 따로 있으랴. 괴로운 마음을 없애면 즐거움이 절로 있으리라. 물결이 일지 않으면 물이 잔잔하고 먼지가 앉지 않으면 거울이 절로 밝음과 마찬가지 이치가 아닌가.

# 20

한 생각으로 하늘의 금기를 범하고 한 마디 말로 천지의 조화를 깨뜨리며 한 일로써 자손의 재앙을 빚을 수가 있으니, 마땅히 간절하게 경계할지니라.

有一念而犯鬼神之禁하고　一言而傷天地之和하며　一事而釀子孫之禍者이니　最宜切戒니라.(전 152)

**풀이**

한 생각 잘못 들어 자연의 대도(大道)를 거스르고 천지 신명의 금계(禁戒)를 범하기도 한다. 또 한 마디 말 때문에 천지 자연의 조화를 깨뜨리는 수도 있으며, 작은 일 하나로 자손에게 화를 미치는 수도 있다. 그러므로 군자는 이 한 생각, 한 마디 말, 한 가지 일에 조심함으로써 몸을 그르치고 덕을 상하는 일이 없도록 애써야 한다.

# 21

시정(市井) 사람을 사귐은 산골의 늙은이를 벗함만 못하고, 권문 세가에 굽실거림은 오막살이와 친함만 못하며, 거리에 떠도는 말을 듣는 것은 나무꾼이나 소 치는 아이의 노래를 들음만 못하고, 살아 있는 사람의 부덕과 허물을 말하는 것은 옛사람의 착한 말씀과 아름다운 행실을 이야기함만 못하다.

交市人은 不如友山翁하고 謁朱門은 不如親白屋하며 聽街談巷語는 不如聞樵歌牧詠하고 談今人失德過擧는 不如述古人嘉言懿行이니라.(전 157)

**풀이**

밤낮 생각하는 것이 이익을 구하는 일에만 있는 저자 사람과 사귀는 것보다는 산중의 순박한 늙은이와 벗하는 것이 나으며, 권문 세가에 굽신거리며 들락거리느니 차라리 오막살이에 사는 가난한 사람과 친하는 것이 좋다. 거리의 뜬소문은 속되고 믿을 것이 못 되는지라 차라리 나무꾼이나 소 치는 아이의 노래를 듣는 게 낫다. 살아 있는 사람의 부덕과 그릇된 행실을 들추는 것은 부질없는 일이니, 삼가 옛사람의 훌륭한 말씀과 행실을 이야기하며 본받으라. '주문(朱門)'은 붉은 칠 올린 집이니 권문 세가(權門勢家)를 말하며,

'백옥(白屋)'은 흰 띠풀로 지붕을 덮은 집이니 가난한 오막살이를
말한다.

# 22

옛사람이 "제 집의 많은 재산은 내버려 두고 밥그릇 들고 남의 문 앞에 가서 거지 흉내 낸다."고 하였다. 또 "벼락 부자가 된 사람아, 꿈 이야기 그만두어라. 뉘 집 부엌인들 불 때면 연기 나지 않으랴!" 하였다. 하나는 스스로 가진 것에 어두움을 깨우친 것이요 하나는 가진 것을 스스로 자랑삼음을 경계한 것이니, 가히 학문의 계명(戒銘)으로 삼을지로다.

前人이 云하되 抛却自家無盡藏하고 沿門持鉢淸貧兒하라. 暴富貧兒休說夢하고 誰家竈裡火無烟이리요 하니 一箴自昧所有요 一箴自誇所有이니 可爲學問切戒니라.(전 160)

**풀이**

앞의 비유는 사람마다 본디 성인과 다름없는 바탕을 가지고 있으면서도 그것을 모르고 남에게 구걸하는 어리석음을 경계한 것이요, 뒤의 비유는 자기의 작은 재주를 믿고서 무턱대고 자랑함을 경계한 것이다. 학문을 닦는 데 적절한 잠언이다.

# 23

한때의 흥분으로 시작하는 일은 시작하자마자 곧 멈추게
되니 어찌 물러나지 않는 수레바퀴라 하랴. 감정과 재치로
얻은 깨달음은 깨닫자마자 이내 헷갈리게 되니 끝내는 늘
밝은 등불이 될 수 없으리.

憑意興作爲者는　隨作則隨止하나니　豈是不退之輪이리요.　從情識
解悟者는　有悟則有迷하나니　終非常明之燈이니라.(전 167)

**풀이**

오래 생각하고 마련한 끝에 하는 일이 아니고 한때의 흥분에 따라
시작하는 일은 이내 그만두게 되니 이는 불퇴전(不退轉)의 의지일
수 없다. 깊은 마음 공부와 수련으로 체득한 것이 아니고 스치는
감정과 의식으로 잡은 깨달음은 이내 혼미하게 되니 길이 밝아 어
둡지 않은 상명등(常明燈)이 아니다. '불퇴지륜(不退之輪)'과 '상명지
등(常明之燈)'은 다 불전(佛典)에서 나온 말로 불법(佛法)의 비유로
쓰인다.

# 24

속됨을 벗어날 수 있으면 이 곧 기인이니, 짐짓 뜻을 지어 기행을 숭상하는 이는 기인이 아니라 이상한 사람일 따름이다. 더러움에 섞이지 않으면 곧 청렴한 사람이니, 세속을 끊고 맑음을 찾는 이는 청렴한 사람이 아니라 과격한 사람일 따름이다.

能脫俗이면 便是奇니 作意尙奇者는 不爲奇而爲異하고 不合汚면 便是淸이니 絶俗求淸者는 不爲淸而爲激이니라.(전 169)

**풀이**

명리를 탐하는 범속의 경계를 벗어나면 그야말로 바로 기인이다. 공연히 기언과 기행을 일삼는 이는 기인이 아니라 괴이한 사람이 되고 만다. 더러운 세간의 욕정에 물들지 않으면 곧 청렴한 사람이다. 세상 모든 일과 담을 쌓고 청렴 결백만 구하는 이는 그저 과격한 사람으로 비치기 십상이다.

# 25

마음이 비어야 본성이 나타나니, 마음을 쉬지 않고 본성 보기를 구한다면 물결을 헤치면서 달을 찾는 것과 같으리라. 뜻이 깨끗해야 마음이 맑아지니, 뜻을 밝게 하지 않고 마음 밝기를 구한다면 거울을 찾으면서 티끌만 더하는 것과 같으리라.

心虛則性現하나니 不息心而求見性은 如撥波覓月이요 意淨則心淸하나니 不了意而求明心은 如索鏡增塵이니라.(전 171)

**풀이**

선(禪)의 궁극적인 경지는 오도(悟道)에 있다. 오도는 곧 견성(見性)이요, 견성이 곧 해탈(解脫)이다. 견성은 성(性)을 본다는 것이다. 성은 "모든 중생에게 다 불성(佛性)이 있다."는 말에서 보이는 그 성이니 만물에 통하는 바탕이다. 다시 말하면 성은 천성(天性)이자 인성(人性)이요 심성(心性)이자 불성(佛性)이다. 성을 보는 것, 성의 본질을 파악하는 것을 견성 또는 대오(大悟)라고 한다.

　견성하고자 하면 먼저 마음을 텅 비워야 한다. 선악(善惡), 시비(是非), 애증(愛憎), 취사(取捨) 따위 모든 차별과 상대의 경계를 뛰어넘어야 한다. 이러한 갖가지 망념(妄念)을 모조리 제거하고 무념무상(無念無想)의 경지에 이르면 저절로 성이 나타난다. 만일 마음은 그 차별이 복작거리는 속에서 바삐 헤매면서 견성을 구한다면 이는 마치 물결을 헤치면서 달 그림자를 찾는 것과 같다. 뜻이 맑아서 번뇌의 티끌에 더럽혀지지 않으면 마음도 절로 맑아질 것이니, 만일 뜻을 밝히지 않고 마음을 밝히려 한다면 이는 먼지를 일으키면서 거울이 밝음을 바라는 것과 같다. 마음은 성의 작용이요, 뜻은 마음의 한 작용이다. 성을 보려면 마음을 비워야 하고, 마음을 비우자면 뜻을 맑게 지녀야 한다는 것이다. 그러나 이 세 가지는 본디 따로 나누어진 것이 아니니 새삼스럽게 차례가 있을 까닭이 없다.

# 26

"쥐를 위하여 항상 밥을 남기고 부나비를 불쌍히 여겨 등불을 켜지 않는다."고 하였으니, 옛사람의 이러한 생각 머리는 곧 우리 인생이 나고 자라는 한 점 기틀이로다. 이것이 없다면 이른바 흙이나 나무로 된 형체일 뿐이리라.

爲鼠常留飯하고 憐蛾不點燈이라 하니 古人此等念頭는 是吾人一點生生之機니 無此면 便所謂土木形骸而已니라.(전 173)

**풀이**

참다운 마음의 사랑은 사람에게만 베푸는 것이 아니다. 풀과 나무, 짐승과 미물에 이르기까지 한결같이 따뜻해야 한다. 쥐가 굶을까봐 밥찌끼를 남겨 두고, 부나비가 뛰어들어 타죽는 것을 불쌍히 여겨 밤에 등불을 켜지 않는 마음이 곧 사랑이다. 옛사람의 이 같은 마음씨는 자비심의 발로이며 인류가 나서 발전하는 근본이다. 만일 이것이 없다면 사람이 흙덩이나 나무 토막과 무엇이 다르겠는가.

# 27

마음 바탕은 곧 하늘 바탕이다. 하나의 기쁜 마음은 상서로운 별이며 경사스러운 구름이요, 하나의 노여운 마음은 우레이며 쏟아지는 비요, 하나의 자비로운 마음은 부드러운 바람이며 달콤한 이슬이요, 하나의 엄한 마음은 뜨거운 햇볕이며 가을 서릿발이니, 그 어느 것인들 없어서 되랴. 다만 형편에 따라서 일어나고 스러져서 조금도 거리낌이 없어야 하니, 이와 같으면 태허(太虛)와 더불어 한몸이 되리라.

心體는 便是天體라. 一念之喜는 景星慶雲이요 一念之怒는 震雷暴雨요 一念之慈는 和風甘露요 一念之嚴은 烈日秋霜이니 何者少得이리요. 只要隨起隨滅하여 廓然無碍하나니 便與太虛同體이니라. (전 174)

**풀이**

사람은 하나의 작은 우주이다. 그러므로 마음 바탕은 저 천체와 같다. 하늘에 상서로운 별과 구름이 있듯이 마음에는 기쁨이 있고, 하늘에 진동하는 우레와 사나운 비바람이 있듯이 마음에도 노여움이 있다. 아울러 부드러운 바람과 단 이슬은 사람 마음의 자비와 같고, 뜨거운 햇볕과 차가운 서리는 사람 마음의 엄함과 같다. 이 기쁨과 성냄, 자비와 엄격함은 다 필요한 것으로 이 중에 하나라도 없어서는 안 된다. 다만 일어날 자리에 일어나고 사라질 때에 사라져서 어긋나거나 거리끼지 않도록 하는 것이 중요할 따름이다. 참으로 그렇게만 할 수 있다면 마음은 우주의 본체와 하나가 될 것이다.

# 28

일 없을 때에는 마음이 어두워지기 쉬우니 마땅히 고요한 가운데 밝음으로써 비추고, 일 있을 때에는 마음이 흩어지기 쉬우니 마땅히 밝은 가운데 고요함으로써 주인을 삼아야 하리라.

無事時에는 心易昏冥이니 宜寂寂而照以惺惺하고 有事時에는 心易奔逸이니 宜惺惺而主以寂寂하라.(전 175)

**풀이**

사람의 마음은 일 없고 한가할 때일수록 흐려지고 어두워지기 쉽다. 이러할 때에는 마땅히 고요함을 지키되 언제나 깨어 있는 밝은 지혜로 사리를 비추어 보아야 한다. 그러지 못하면 마음이 자꾸 늘어져서 일을 당하여도 날쌔게 처리할 수가 없다. 또 일이 있어 바쁠 때에는 마음이 갈팡질팡하며 흩어지기가 일쑤이다. 이러할 때에는 마땅히 밝은 지혜를 부리되 침착한 안정으로 주를 삼아야 한다. 그러지 않으면 정신을 못 차리기 쉽다. '적적(寂寂)'은 정(定)이니 마음을 한 곳에 모아 고요하게 가라앉히는 것을 말하며, '성성(惺惺)'은 혜(慧)이니 마음을 갈고 닦아 언제나 밝은 것을 말한다. 둘 다 선가(禪家)의 수행 방법이다.

# 29

욕심을 부리는 병은 고칠 수 있으나 이론을 고집하는 병은 고치기 어려우며, 사물의 장애는 없앨 수 있으나 의리에 얽매인 장애는 없애기 어렵다.

縱欲之病은 可醫나 而執理之病은 難醫요 事物之障은 可除나 而義理之障은 難除니라.(전 190)

**풀이**

욕심을 부리는 병폐는 고칠 수가 있다. 그러나 이론에 집착하여 제 주장을 굽히지 않는 병은 고치기 어렵다. 식자 우환(識字憂患)이라고 아는 것이 탈이 된다. 물질적인 장애는 쉽게 제거할 수 있지만 의리상의 장애는 좀처럼 제거하기 힘들다. 말하자면 정신적인 병폐는 고치기가 훨씬 어렵다. 욕심과 사물 때문에 빚어지는 장애는 평범한 사람의 병이요, 이론을 고집하고 의리에 얽매이는 것은 공부하는 사람의 병이다.

## 30

책을 잘 읽는 이라면 마땅히 손이 춤추고 발이 뛰는 경지
에 이르러야 하니, 바야흐로 고기를 잡으매 통발을 잊고 토
끼를 잡으매 덫을 잊음과 같으리라. 사물을 잘 살피는 이라
면 마땅히 마음이 풀리고 정신이 부드러워지는 데에 이르
러야 하니, 바야흐로 바깥에 나타난 형상에 붙잡히지 않으
리라.

善讀書者는 要讀到手舞足蹈處하나니 方不落筌蹄하고 善觀物者는
要觀到心融神洽時하나니 方不泥迹象이니라.(전 217)

**풀이**

책을 잘 읽는 사람은 기쁨에 겨워 절로 춤추는 경지에 이른다. 이
러한 사람은 바로 글 지은 이의 정신에 들어가지, 문자에 사로잡혀
그것의 천착에만 고심하지 않는다. 사물을 잘 보는 이는 마음이 융
화되고 정신이 흡족한 경지에 이른다. 사물의 진수를 얻어 그것과
혼연 일체가 되지 않으면 외부 형태에만 붙잡히고 만다. 전제(筌蹄)
는 고기 잡는 통발과 토끼 잡는 덫이다. 『장자』에 "득어망전(得魚忘
筌), 득토망제(得兎忘蹄), 득의망언(得意忘言)"이라는 말이 있다. 잡아
야 할 것은 고기나 토끼라는 뜻이지, 통발이나 덫이나 말이 아니라
는 비유이다. 적상(迹象)은 사물의 자취 즉 외형이다.

# *31*

지인(至人)이 무엇을 생각하고 무엇을 근심하리. 어리석은 사람은 아는 것이 없고 알려고 들지도 않으니 더불어 학문을 논하고 공을 세울 수도 있으리라. 재주가 어중간한 사람은 생각과 지식도 많고 억측과 시기도 많아서 함께 일하기가 어렵다.

至人은 何思何慮리요. 愚人은 不識不知라 可與論學하고 亦可與建功이로되 唯中才的人은 多一番思慮知識이라 便多一番憶度猜疑하여 事事難與下手니라.(전 219)

**풀이**

지인(至人)이란 도에 통달한 사람이니 더 무엇을 생각하고 무엇을 근심하리요. '우인(愚人)'은 본래부터 아무것도 모르니 말할 것도 없으며 생각할 것도 없으리라. 이 지인과 우인은 두 극단이지만 인위적인 것이 없고 자연 그대로인 점에서는 일치된다. 이런 사람이야 더불어 학업을 논하고 공을 세울 수도 있을 것이다. 그러나 이 양자의 중간에 선 사람은 학문도 좀 있고 지식도 약간 있으므로 만사에 지레짐작하기를 좋아하며 시기도 많아서 무슨 일이든 함께 하기 어려운 법이다.

# 32

복사꽃 오얏꽃이 아무리 고운들 어찌 푸른 저 송백(松栢)의 굳은 절개만 하랴. 배와 살구가 맛이 달아도 어찌 노란 유자와 푸른 귤의 맑은 향기를 당할 수 있으랴. 참으로 알겠도다, 고우면서 시드는 것은 맑고 오래 가는 것에 미치지 못하며, 일찍 빼어난 것은 늦게 이루어지는 것만 못함을!

桃李雖艶이나 何如松蒼栢翠之堅貞이며 梨杏雖甘이나 何如橙黃橘綠之馨冽이리요. 信乎라 濃夭不及淡久하며 早秀不如晚成也로다. (전 224)

## 풀이

복숭아꽃이나 살구꽃은 비록 곱지만 소나무나 잣나무의 변함없이 푸른 절개만은 못하다. 배나 살구가 일찍 익어 비록 달지라도 향기의 그윽함은 나중에 익는 유자나 귤만 못하다. 참으로 그렇다. 고와서 빨리 지느니 담백하여 오래가는 것이 좋으며, 젊어서 조금 뛰어나느니 늦으나마 크게 성취하는 것이 좋다.

# 33

바람 자고 물결 고요한 가운데 인생의 참경지를 보고, 맛이 담담하고 소리가 드문 곳에서 마음 자리의 본연을 안다.

風恬浪靜中에 見人生之眞境하고 味淡聲希處에 識心體之本然이니라.(전 225)

**풀이**

일이 바쁘고 마음이 시끄러운 때는 마치 바다에 풍파가 일어남과 같고, 별일없고 평온한 때는 바다에 바람이 자고 물결이 고요해진 것과 같다. 인생의 참다운 경지는 마음이 이렇게 고요해진 때에 알 수 있다. 맛난 음식과 듣기 좋은 소리에 마음이 움직일 때는 그 본바탕을 알 수 없으나, 담백한 맛과 고요한 소리에 접하였을 때는 마음의 본연을 알 수 있게 된다.

# 34

낚시질은 즐거운 일이건만 오히려 생살(生殺)의 마음이 있고, 바둑과 장기는 맑은 놀이이지만 전쟁의 마음을 일으킨다. 이로써 살펴보면 일을 기뻐함은 일을 더는 것만 못하고, 재능이 많은 것은 재주가 없어 진심을 보전함만 못함을 알 수 있도다.

釣水는 逸事也로되 尙持生殺之柄하고 奕棋는 淸戲也로되 且動戰爭之心하나니 可見喜事는 不如省事之爲適하고 多能은 不若無能之全眞이니라.(후 2)

**풀이**

낚시질은 즐거운 일이지만 죽이고 살리는 권세를 지니고 있다. 옛날에 어진 사람이 미늘 없는 낚시, 곧은 낚시 드리우던 마음을 알 수 있지 않은가. 바둑은 맑은 놀이이지만 다투는 마음이 그 안에 움직인다. 기쁨은 일을 줄이는 속에 있으니 재주가 많은 것은 무능하여 타고난 본성을 지키는 것보다 못하다.

# 35

가물거리는 등잔에 불꽃이 없고 해어진 가죽옷에 따뜻함이 없으니 이는 모두 살풍경이요, 몸은 마른 나무 같고 마음은 식은 재와 같으니 완고한 공(空)에 떨어짐을 면할 수 없으리라.

寒燈無焰하고  敝裘無溫은  總是播弄光景이요  身如槁木하고  心似死灰는  不免墮在頑空이니라.(후 14)

**풀이**

등잔불이 꺼지려 할 때면 불꽃이 없고 가죽옷이 해어지면 따뜻함이 없듯이 아무리 바탕을 닦았다 하여도 사람이 이렇게 되면 너무 맛이 없다. 몸이 고목(枯木)처럼 마르고 마음이 싸늘한 재처럼 되면 도를 깨쳤다 할지라도 이는 결국 완고한 공(空)에 떨어진 것이니 기꺼울 일이 못 된다. '완공(頑空)'은 소승 불교의 설(說)에 보이는 바와 같이 사람의 신체도 정신도 모두 공(空)하다는 무아관(無我觀)을 닦아 공적(空寂)만을 깨달음으로써 만족하는 것이다. 이를테면 공적의 관념에 사로잡힌 것을 완공이라 한다. 대승 불교에서 말하는 공은 공적만이 아니다. 색(色)이 곧 공이요 공이 곧 색이라 하여 이것을 진공 묘유(眞空妙有)라 한다. 불교에서 공적으로 돌아가라 한 것은 집착과 탐욕에서 해탈하라는 뜻이지, 바싹 마른 나무

라든가 싸늘하게 식은 잿더미처럼 되라는 뜻은 결코 아니다. 만일 완공에 떨어질 때는 물욕과 아집이 없어지고 나쁜 일은 안 할지 모르나, 동시에 활기를 잃어 구세 제민(救世濟民)할 수 없게 된다. 우주의 만상(萬象)은 그 근본을 찾으면 무일물(無一物)이어서 모두 인연(因緣)으로 화합되어 가상(假相)으로 존재하다가 인연이 다하면 흩어진다. 그러나 무일물(無一物)한 가운데 무진장(無盡藏)이 있으니 인연이 무르익으면 잎이 피고 꽃도 핀다. 만물이 하나도 저 자신이 없는 것이 공이요, 저 자신이 없지만 인연으로 뭉쳐서 뚜렷이 존재하는 것이 색이다. 그러므로 이 양면을 다 보지 않고 어느 한 면에만 집착하는 것은 정견(正見)이 아니다. 제법(諸法)과 만상(萬象)을 저 자신이 없다는 면에서만 보는 것을 완공이라 한다.

# 36

생각났을 때 곧 모든 번뇌를 쉬면 그 자리에서 바로 깨달을 수 있으나 만일 따로 쉴 곳을 찾으려 하면 아들 딸 다 결혼시키고 나서도 남은 일이 많으리라. 중과 도사가 좋다 하나 그 생각으로는 마음을 깨달을 수 없다. 옛사람이 이르기를 "이제 쉬어 버리면 곧 쉴 수 있거니와 깨달을 때를 찾으면 깨닫는 때가 없다."고 하였으니 참으로 탁견이로다.

人肯當下休면 便當下了나 若要尋個歇處면 則婚嫁雖完이나 事亦不少하나니 僧道雖好나 心亦不了니라. 前人이 云하되 如今休去면 便休去나 若覓了時하면 無了時니라 하니 見之卓矣로다. (후 15)

**풀이**

마음의 무거운 짐을 푸는 것이 해탈이다. 해탈하는 때와 자리가 따로 있는 것이 아니니 생각났을 때 곧바로 모든 번뇌를 놓아 버리라. 만일 따로 그 짐 풀 자리를 찾다 보면 만 년 가도 목적을 성취하지 못할 것이다. 중이나 도사가 되면 좋으리라 생각할지 모르나 그런 희미한 생각으로는 자기의 심성을 모두 깨달을 수가 없다. 지금 곧 휴식하면 휴식할 수 있지만, 휴식할 때를 기다리면 휴식은 영원히 없으리라는 말이 옳다.

## 37

냉정한 마음으로 열광하던 때를 돌아본 다음에야 그 열광의 분주함이 무익함을 알게 되고, 번거로움에서 한가로움으로 들어가 보고서야 한가할 때의 재미가 더욱 유장함을 깨달으리라.

從冷視熱然後에 知熱處之奔走無益하고 從冗入閑然後에 覺閑中之滋味最長하니라.(후 16)

**풀이**

홍분이 가라앉아 냉정해진 뒤에 열광하던 때를 생각하면 한때의 정열에 끌려서 분주하게 쫓아다닌 것이 무익한 일이었음을 알 것이요, 시끄러운 곳에서 한가로운 곳으로 들어가 보면 한갓짐의 재미가 각별히 유장한 줄을 알게 된다.

# 38

눈앞에 닥치는 모든 일을 족한 줄 알고 보면 그 자리가 신선의 경지로되 족한 줄 모르면 범속의 경지요, 세상에 나타나는 모든 인연은 잘 쓰면 살리는 작용을 하지만 못 쓰면 죽이는 작용을 한다.

都來眼前事는　知足者仙境이나　不知足者凡境이요　總出世上因은 善用者生機나　不善用者殺機니라.(후 21)

### 풀이

눈앞에 닥치는 모든 일에 족한 줄 아는 이는 그 자리가 곧 신선의 경지가 되고, 족한 줄 모르는 이에게는 범속의 경지가 된다. 마음이 넉넉하니 모자람이 없고 모자람이 없으니 욕망과 집착이 없을 것인즉, 이 어찌 선경(仙境)이 아니랴. 아울러 세상에서 일어나는 모든 인연은 잘 쓰면 서로 이롭지만 잘못 쓰면 서로 해로우니, 만물을 살리고 죽이는 일이 여기에서 비롯하는 수가 많다.

# *39*

권력에 따르고 세력에 붙어 사는 재앙은 몹시 참담하고 아
주 빠르지만, 고요한 데 살아 편안함을 지키는 맛은 참으로
담백하고 가장 오래간다.

趨炎附勢之禍는 甚慘亦甚速하며 棲恬守逸之味는 最淡亦最長이니
라.(후 22)

### 풀이

염(炎)과 세(勢)는 같은 말이니, 염은 세력의 성함이 불 같다는 뜻
이다. 권력과 세력 있는 사람을 붙좇음으로써 생기는 재앙은 비참
할 뿐 아니라 그 재앙이 매우 빨리 닥친다. 세력에 붙어 한때 거드
럭거리지만 그 사람이 실각하였을 때 덩달아 당하는 재앙은 그 모
두가 허세였음을 일깨워 준다. 이와 달리 고요하고 편안한 삶을 지
키는 맛은 비록 담백하지만 그 즐거움이 오래도록 이어진다.

# *40*

색욕이 불길처럼 타오를지라도 생각이 한 번 병든 때에 미치면 흥이 문득 싸늘한 재 같아지고, 명리가 엿처럼 달지라도 생각이 한 번 죽음에 이르면 맛이 문득 밀랍을 씹는 것 같아지리라. 그러므로 사람이 항상 죽음을 근심하고 병을 염려한다면 환업(幻業)을 끄고 도심(道心)을 오래 기를 수 있으리라.

色慾火熾로되 而一念及病時하면 便興似寒灰하고 名利飴甘이로되 而一想到死地하면 便味如嚼蠟하나니 故로 人常憂死慮病이면 亦可消幻業而長道心이니라.(후 24)

**풀이**

색욕이 불같이 일어날 때라도 그로 말미암아 병들 일을 생각하면 그 색욕이 문득 식을 것이요, 명리가 아무리 달다 하더라도 그로 말미암아 죽음에 이를 것을 생각하면 입맛이 싹 가시리라. 사람이 일을 당하여도 어려움을 미리 헤아리면 가히 재앙을 멀리하고 도심을 기르리라. 죽음을 근심하고 병을 염려하면 어찌 색욕과 명리에 넘침이 있으리.

# *41*

숨어 사는 숲 속에는 영화로움과 욕됨이 없고, 도의(道義)의 길 위에는 인정의 변덕이 없다.

隱逸林中에 無榮辱이요 道義路上에 無炎憶이니라.(후 27)

**풀이**

은일(隱逸)은 산림에 숨어 사는 사람이니 세상의 영화나 오욕은 은자(隱者)와는 거리가 먼 말이다. "물이 있고 뫼가 있는 곳에 영화도 없고 욕됨도 없다."는 옛글 그대로이다. 공명 정대한 도의(道義)의 길 위에는 뜨거웠다 식었다 하는 변덕이 없다. 부귀하다 하여 정을 두터이 하고 빈천하다 하여 정을 엷게 하는 것은 인의 도덕(仁義道德)으로 교제하는 사람에게는 있을 수 없는 일이다.

# 42

더위를 없앨 수는 없지만 덥다고 괴로워하는 이 마음을 없애면 몸이 항상 서늘한 누대에 있을 것이요, 가난을 쫓아 버릴 수는 없되 가난을 근심하는 그 생각을 쫓아 버리면 마음이 항상 안락한 집 속에 살게 되리라.

熱不必除나 而除此熱惱면 身常在淸凉臺上하고 窮不可遣이나 而遣此窮愁면 心常居安樂窩中이니라.(후 28)

**풀이**

인생의 괴로움은 불같이 뜨겁다 하여 열뇌라 한다. 뜨겁다 하여 그 뜨거움을 어디에고 집어 던질 수는 없고 또 그렇게 할 수도 없으니, 다만 이 뜨겁다고 괴로워하는 마음만 없애고 나면 몸은 언제나 시원한 누대에 앉은 듯할 것이다. 궁수(窮愁)는 가난을 괴로워하는 마음이다. 가난은 마음대로 보내 버릴 수 없는 것이고 구태여 보낼 필요도 없다. 다만 가난을 괴로워하는 그 시름만 버리고 나면 마음은 언제나 안락한 집에 있게 된다. '안락와(安樂窩)'의 와(窩)는 집이라는 뜻이다.

# *43*

나아가는 곳에서 문득 물러섬을 생각하면 울타리에 걸리는
재앙을 면할 것이요, 손 댈 때 문득 손 놓음을 꾀하면 호랑
이를 타는 위험에서 벗어나리라.


進步處에 便思退步하면 庶免觸藩之禍하고 著手時에 先圖放手하
면 纔脫騎虎之危니라.(후 29)


**풀이**

『역경(易經)』「대장(大壯)」에 '저양촉번(羝羊觸藩)'이라는 말이 있다.
저양이란 염소의 일종이다. 염소가 앞만 보고 가다가 울타리에 부
딪혀 뿔이 걸렸다는 말이다. 세상살이를 하려면 한 발을 내디딜 때
한 걸음 물러설 마음도 준비해야 한다. 그래야만 염소가 울타리에
뿔이 걸려 빼지도 박지도 못하는 것과 같은 어려운 경우를 면할
수 있다. 이와 마찬가지로 무슨 일이든 착수할 때는 한편으로 손을
떼려는 생각이 있어야 한다. 그렇게 하면 호랑이를 탄 것과 같은
위험에서 벗어날 수 있다. '기호지위(騎虎之危)'란 호랑이 등에 탄
사람이 내리고 싶지만 내리면 잡아먹힐 테니 내릴 수도 없고 내리
지 않을 수도 없는 어려운 지경에 있음을 뜻한다.

140

# 44

탐욕스러운 사람은 금을 나누어 주어도 옥을 얻지 못함을 한하고 공에 봉하여도 제후가 되지 못함을 원망하니, 부귀 하면서도 스스로 거지 노릇을 달게 여기는 셈이로다. 족함 을 아는 이는 명아주국도 고기와 쌀밥보다 맛있게 여기며 베도포도 여우 가죽옷보다 따뜻하게 여기니, 서민이면서도 왕공을 부러워하지 않는다.

貪得者는 分金에 恨不得玉하고 封公에 怨不受侯하여 權豪自甘乞 丐하며 知足者는 藜羹도 旨於膏梁하고 布袍도 煖於狐貉하여 編民 不讓王公이니라.(후 30)

**풀이**

탐욕에 물든 이는 금을 받고서도 다시 옥을 얻지 못함을 한스럽게 생각하고 공에 봉하여도 다시 왕후가 되지 못함을 원망스럽게 생각하니, 권문 호가(權門豪家)의 신분으로 마음은 거지 행세를 부끄러워하지 않는다. 이에 반하여 만족할 줄을 아는 사람은 명아주국도 고기와 쌀밥보다 맛있게 먹으며 삼베로 지은 도포도 여우와 담비 가죽으로 만든 옷보다 따뜻하게 생각하니, 천한 신분인 몸으로도 마음이 넉넉하기는 왕공보다 못할 바 없다. 공(公)은 봉건 시대의 다섯 작위인 공후백자남(公侯伯子男) 중 첫째요, 후(侯)는 여기서는 제후를 뜻한다. 편민(編民)은 호적에 편입된 일반 백성이라는 뜻이며, 고량(膏粱)의 고(膏)는 기름진 고기이고 양(粱)은 좋은 곡식이니 맛난 것이라는 뜻이다.

# 45

이름을 자랑하는 것이 어찌 이름에서 숨는 것만 하겠으며,
일에 익숙한 것이 어찌 일을 줄여 한가로움을 누림만 하랴.

矜名은 不若逃名趣요 練事가 何如省事閑이리요.(후 31)

**풀이**

제 이름을 세상에 자랑하며 뽐내는 것은 못난 짓이다. 자격이 있으
면서도 스스로 이름에서 벗어나는 것이 더욱 은근한 멋이다. 또 일
을 잘한다고 하여 잔뜩 벌여 놓느니 차라리 일을 줄여 한가로이
지내는 것이 현명한 노릇이다.

# 46

고요함을 즐기는 이는 흰 구름과 그윽한 바위를 보고 현묘한 진리를 깨닫고, 영화를 좇는 이는 맑은 노래와 묘한 춤을 보며 권태를 잊는다. 다만 스스로 깨달은 선비는 시끄럽고 고요함이 없으며 영화와 쇠잔이 다 없는지라, 가는 곳마다 제 마음에 맞는 즐거운 세상 아닌 데 없으리라.

嗜寂者는 觀白雲幽石而通玄하고 趨榮者는 見淸歌妙舞而忘倦하나니 唯自得之士라야 無喧寂하고 無榮枯하여 無往非自適之天이니라.(후 32)

**풀이**

고요함을 좋아하는 사람은 깊은 산에 숨어 흰 구름과 그윽한 바위를 보고 즐기며, 부귀 영화를 추구하는 사람은 고운 노래와 어여쁜 춤을 즐겁게 여긴다. 둘 다 그리 나쁘지는 않지만 자칫 극단으로 흐르기 쉬워서 편벽함을 면할 수 없다. 옳게 알고 깊이 깨달은 선비는 시끄러움과 고요함이 안중에 없고 영화와 쇠잔도 따로 없으니, 가는 곳마다 즐겁고 마음에 맞기 일쑤이다.

# 47

선종(禪宗)에서는 "배고프면 밥 먹고 곤하면 잠을 잔다." 하였고, 시지(詩旨)에는 "눈앞의 경치요, 입 끝의 말이라." 하였다. 대개 아주 높은 것은 아주 평범한 것에 깃들이고 지극히 어려운 것은 지극히 쉬운 것에서 나오니, 뜻이 있으면 도리어 멀어지고 마음에 없으면 절로 가까워진다.

禪宗에 曰饑來喫飯倦來眠이라 하고 時旨에 曰眼前景致口頭語라 하니 蓋極高는 寓於極平하고 至難은 出於至易하여 有意者는 反遠하고 無心者는 自近也니라.(후 35)

**풀이**

"배고프면 밥을 먹고 졸리면 잔다."고 하는 구는 왕양명(王陽明)의 글이니 "선종(禪宗)에서"는 마땅히 "유가(儒家)에서"라고 고쳐야 하지만 그 뜻은 유가적이기보다는 오히려 선종적이다. "밥이 오면 입을 벌리고 졸음이 오면 눈을 감는다."는 것, 이것이 선(禪)의 구경(究竟)이다. 시를 쓰는데도 무슨 규격(規格)이니 하여 말썽이 많지만 그 근본을 말하면 "눈앞의 경치, 입 끝의 말"이라는 단순한 한마디로 돌아간다. 이것이야말로 옛사람이 이른바 "깨닫고 보면 깨닫기 전과 같다."는 말과 같은 소식이다. 기괴한 행동을 하고 난해한 말을 하는 것은 결코 참으로 이루어진 것이라 할 수가 없다. 극묘한 경지는 무심히 이루어진 천진(天眞)의 유로(流露)라야 하기 때문이다. 뜻에 사로잡히면 그 목적에서 멀어지고 무심한 것은 그 자리에 절로 가까워지는 법이다.

# 48

산림은 아름다운 곳이로되 한 번 집착하면 문득 시장판이 되고, 서화(書畵)는 우아한 일이로되 한 번 탐하면 문득 장사꾼이 된다. 대개 마음이 물들지 않으면 욕계(欲界)가 곧 신선이 사는 곳이요, 마음이 붙잡히면 즐거움이 넘치는 곳도 괴로움의 바다가 된다.

山林은 是勝地나 一營戀하면 便成市朝하고 書畵는 是雅事나 一貪癡하면 便成商賈하나니 蓋心無染著이면 欲界도 是仙都요 心有係戀이면 樂境도 成苦海矣니라.(후 37)

**풀이**

아름다운 곳을 사랑할 줄 아는 것은 좋은 일이지만 경치가 탐나서 호화로운 정자를 짓고 현판을 걸어 인공 시설을 덧붙이면 그곳도 문득 저자와 다름없이 된다. 글씨와 그림을 감상하는 것은 우아한 일이지만 탐하는 마음이 일면 운치는 달아나고 장사꾼처럼 사고 파는 일만 남게 된다. 그러므로 마음에 집착이 없으면 속세에서 부대끼며 살아도 그곳이 신선 마을이요, 마음에 거리낌이 있으면 즐거움이 넘치는 곳도 괴로움의 바다를 이루고 말 것이다.

# *49*

시끄러운 때를 당하면 평소에 기억하던 것도 멍하게 다 잊어버리고, 맑고 편안한 자리에 있으면 옛날에 잊어버린 것도 또렷이 나타난다. 이로써 보면 고요한 곳과 시끄러운 곳이 조금만 엇갈려도 마음이 어둡고 밝음이 확 달라짐을 알 수 있다.

時當喧雜하면 則平日所記憶者도 皆漫然忘去하고 境在淸寧하면 則夙昔所遺忘者도 又恍爾現前하나니 可見靜躁稍分이면 昏明頓異也로다.(후 38)

**풀이**

소란한 때를 당하면 여느 때 기억하던 일도 생각나지 않지만, 고요하고 편한 자리에 있으면 옛날에 잊은 일까지도 생각나는 법이다. 달리 말하면 고요함과 시끄러움이 조금만 나뉘어도 밝고 어두움은 아주 달라지기 일쑤이다. 그러므로 마음을 항상 고요하고 맑게 지니라.

# *50*

벼슬아치 무리 속에 명아주 지팡이를 짚은 산인(山人)이 하나 섞이면 문득 공상한 분위기가 한결 더하려니와, 고기잡이와 나무꾼이 다니는 길 위에 관복 입은 벼슬아치가 하나 섞이면 문득 속된 기운만 잔뜩 보태리라. 짙은 것은 담백함만 못하고 속된 것은 우아함만 못함을 이로써 알겠구나.

袞冕行中에　著一藜杖的山人이면　便增一段高風하고　漁樵路上에 著一袞衣的朝士면　轉添許多俗氣하나니　固知濃不勝淡하고　俗不如 雅也로다.(후 40)

**풀이**

곤(袞)은 벼슬아치의 예복이고 면(冕)은 벼슬아치의 예관이니 '곤면(袞冕)'은 높은 벼슬아치를 말한다. '여장(藜杖)'은 명아주 줄기를 말려서 만든 지팡이니 은자가 짚곤 하는 것으로 흔히 청려장(青藜杖)이라 한다. 고관 대작의 행렬 속에 평복을 입고 청려장을 짚은 노인이 흰 수염을 날리며 걸어간다면 분위기가 한결 고상하게 느껴지겠지만, 고기잡이나 나무꾼이 다니는 길에 예복을 차려 입은 벼슬아치가 나타난다면 속된 기운만 잔뜩 보태는 꼴이 되기 십상이다. 이로써 짙은 것은 담백함만 못하고, 속된 것은 풍아함만 못함을 알 수 있다.

# *51*

속세를 벗어나는 길은 곧 세상을 살아가는 가운데 있으니
반드시 사람과 절교함으로써 세상에서 숨어야 하는 것은
아니며, 마음을 깨닫는 공부는 곧 마음을 다하는 속에 있으
니 반드시 욕심을 끊음으로써 마음을 식은 재처럼 만들어
야 하는 것은 아니다.

出世之道는  即在涉世中이니  不必絶人逃世하고  了心之功은  即在
盡心內이니  不必絶欲以灰心이니라.(후 41)

**풀이**

속세에서 벗어나는 길은 세상과 인연을 끊고 산중에 숨어야만 얻
을 수 있는 것이 아니요 다른 사람들과 같이 부대끼며 살아가는
속에 있다. 마음을 맑고 고요하게 가지면 세상에 살아도 세상을 벗
어날 수 있다. '요심지공(了心之功)'은 제 마음을 밝게 깨닫는 공부
를 말한다. 깨달음을 얻겠답시고 반드시 모든 정욕을 끊어 마음을
식은 재처럼 만들어야 하는 것은 아니다. 오직 마음을 다하여 노력
하는 가운데 오도(悟道)의 공부가 있다. 중속(衆俗)과 정욕(情欲)은
경계하고 끊어야 할 때가 많지만, 출세간의 길은 중속 안에 있고
마음을 깨닫는 공부는 정욕과 떨어져 있는 것이 아니다. 불이 두렵
다고 얼어 죽을 수야 없지 않은가. 불은 태워서 해를 입히기도 하

지만 알맞으면 익히고 데우는 이익도 있으니 중속과 정욕도 불과
같다. 그러므로 마음 공부하는 사람에게는 모든 것이 설법을 베풀
어 준다. 참으로 알고 보면 속악 비천(俗惡卑賤)에도 양선 고아(良善
高雅)의 맛이 깃들어 있는 법이다.

# 52

이 몸을 항상 한가한 곳에 놓아 두면 영욕과 득실, 그 어느 것이 능히 나를 어긋나게 하랴. 이 마음을 항상 고요한 속에 편히 있게 하면 시비와 이해, 그 무엇이 능히 나를 어둡게 하랴.

此身을 常放在閒處하면 榮辱得失이 誰能差遣我하며 此心을 常安在靜中하면 是非利害가 誰能瞞昧我리요.(후 42)

**풀이**

아무것도 탓하지 말라. 허물은 항상 자신에게 있다. 마음에 번거로움이 없어 하고 싶고 하기 싫은 두 마음이 서로 트이면 무엇이 능히 너를 속이며 어긋나게 할 것이냐. 영욕의 득실과 시비의 이해가 자신 속에서 일어나니 시끄러운 마음을 붙들어 고요히 가라앉히라.

# 53

글자 하나 모르더라도 시적 정서를 지닌 이는 시인의 참된
멋을 터득하고, 게송(偈頌) 한 구절 외우지 못하더라도 선
(禪)의 묘미를 지닌 이는 선교(禪敎)의 깊은 이치를 깨닫는다.

一字不識이라도　而有詩意者는　得詩家眞趣하고　一偈不參이라도
而有禪味者는　悟禪敎玄機니라.(후 47)

**풀이**

비록 배운 것이 없을지라도 시적 정서를 지니고 있는 이는 시의
참다운 멋을 아는 사람이다. 비록 게송(偈頌) 한 구절을 외우지 못
하되 선(禪)의 묘미를 느낄 줄 아는 이는 선교의 오묘한 진리를 깨
달을 수 있다. 부질없이 문자만 교묘하게 늘어놓곤 하는 이가 참다
운 시인은 아니요, 선어(禪語)만 앵무새처럼 되뇌곤 하는 이가 참
다운 선객(禪客)은 아니다. 게(偈)는 선(禪)의 묘지(妙旨)를 담은 운
문이다.

# 54

마음이 흔들리면 활 그림자도 뱀으로 보이고 누운 바위도 엎드린 범으로 보이니, 이 속에는 모두 살기(殺氣)뿐이다. 생각이 편하면 석호(石虎)도 갈매기로 삼을 수 있고 개구리 소리도 음악으로 들리니, 가는 곳마다 참된 작용을 보게 되리라.

機動的은 弓影도 疑爲蛇蝎하고 寢石도 視爲伏虎하나니 此中에 渾是殺氣요 念式的은 石虎도 可作海鷗하고 蛙聲도 可當鼓吹하나니 觸處에 俱見眞機니라.(후 48)

**풀이**

"활 그림자가 뱀으로 보인다."는 것은 『진서(晉書)』 「악광전(樂廣傳)」에 나오는 고사이다. 악광이 하남(河南)에서 벼슬살이를 할 때 손님을 맞았는데 한 번 다녀가더니 오랫동안 오지 않았다. 그 뒤 광이 까닭을 물으니 대답하기를 "전에 주시는 술을 받아 마시려 할 때 문득 술잔 속에 뱀이 있는 것을 보고 몹시 징그러운 생각이 들더니 그 술을 마시고 병이 났습니다." 하였다. 광은 그 말을 듣고 문설주 위에 걸어 둔 활이 술잔에 비쳐 뱀처럼 보였으리라 생각하였다. 그래서 전처럼 술잔을 놓고 손님에게 "술잔 속에 또 무엇이 보이오?" 하고 물었다. 손님이 "전에 본 그대로입니다." 하였다. 광은 그것이 뱀이 아니고 활 그림자임을 설명하니 그제야 손님은 깨달아 오랫동안 앓던 병이 나았다. "누운 바위를 보고 범이라 한다."는 것은 『사기(史記)』「이장군열전(李將軍列傳)」에 나오는 고사이다. 이광(李廣)이 어느 날 사냥을 하는데 덤불 속의 돌을 호랑이로 잘못 보고 활을 쏘았더니 활촉이 돌을 뚫고 들어갔다. 광이 달려와서 자세히 보니 그것은 돌이었다. 하도 신기하여 다시 활을 쏘아 보았으나 다음부터는 활촉이 돌을 뚫지 못하였다. "석호(石虎)도 갈매기로 삼을 수 있다."는 말은 『진서(晋書)』「불도징전(佛圖澄傳)」에 나오는 고사이다. 석호(石虎)는 사람의 이름이니 석륵(石勒)의 조카로 자는 계룡(季龍)이다. 세도가 당당하고 몹시 사나워서 사람들은 그를 호랑이만큼이나 무섭게 여겼다. 그런데 석호도 불도징의 높은 덕 앞에서는 감복하지 않을 수 없었다. 지도림(支都林)이 이 말을 듣고 불도징은 석호를 갈매기로 삼았다고 평하였다. 해구(海鷗)라는 말은 『열자(列子)』에 나온다. 갈매기를 좋아하는 사람이 있었는데 매일 갈매기와 함께 놀았다. 그에게는 갈매기 수백 마리가 겁 없이 모여들었다. 어느 날 그의 아버지가 갈매기를 잡아다 주면 가지고 놀겠다고 하였다. 이튿날 그는 갈매기를 잡으려고 바닷가에 나갔으나 갈매기는 하늘에서 빙빙 돌 뿐 한 마리도 내려오지 않았다. "개구리 소리로 고취(鼓吹)를 당할 수 있다."는 말은 『남사(南史)』「공규전(孔珪傳)」에 나온다. 공규는 세상 일에 관심이 없어 산림에 묻혀 살았다. 책상에 기대어 홀로 술을 마시니 아무런 잡사(雜事)도 없는지라 뜰에는 풀이 우거지고 그 속에서 개구리가 울었다. 왕안(王晏)이 찾아와 "그대는 진번(陳蕃)이 되려 하오?" 하니 규는 웃으며 대답하였다. "내 개구리 소리를 양부(兩部) 고취(鼓

吹)로 삼소이다. 어찌 진번을 본받는다 하시오." 이에 왕안이 고취를 울려 들려주다가 개구리 소리 때문에 귀가 따갑다고 하자 규가 말하였다. "내 듣기에 그대의 음악은 저 개구리 소리만 못하구려." 왕안은 얼굴에 부끄러운 빛을 감출 수 없었다. 고취(鼓吹)는 음악이라는 뜻이다.

심기가 어지러우면 사물에 흔들리기 쉬우니 활 그림자도 뱀같이 보이고 돌도 범같이 생각되어 모든 것이 자기를 노리고 있는 것처럼 보이지만, 심기가 편안하면 호랑이도 갈매기로 여길 수 있으며 개구리 소리도 음악으로 들을 수 있다는 말이다.

# 55

머리카락이 빠지고 이가 성겨지는 것은 헛된 형체의 시들
어짐에 맡겨 두라. 새의 노래와 꽃의 웃음에서 변함없는 진
리를 배우라.

髮落齒疏는 任幻形之彫謝하고 鳥吟花笑에 識自性之眞如니라.
(후 51)


**풀이**

이 세상의 모든 것은 인연으로 잠시 어울려 있는 존재이다. 눈에
보이고 손에 잡히는 이 형체는 어느 것이나 다 허무하다. 머리카락
이 빠지거나 이가 성겨지는 것은 시들고 변하는 대로 맡겨 두라.
슬퍼하여도 소용없다. 그러나 모든 것이 자체(自體)는 없으면서도
인연만 모이면 새도 노래하고 꽃도 웃는다. 이 모두 변하는 가운데
영원히 변하지 않는 것의 양상이니, 이를 알면 형체는 한편으로 진
여(眞如)의 실상임을 알게 될 것이다.

# 56

마음에 욕심이 일면 차가운 못에서도 물결이 끓어오르니 산 속에 있어도 그 고요함을 보지 못하고, 마음이 비면 무더위 속에서도 서늘함이 일어나니 저자에 있어도 그 시끄러움을 모른다.

欲其中者는 波沸寒潭하여 山林에 不見其寂하고 虛其中者는 凉生酷暑하여 朝市에 不知其喧이니라.(후 52)

**풀이**

욕심이 없는 마음은 고요한 못물과 같다. 그러나 그 마음 속에 욕심이 일면 찬 못에서 물결이 끓어오르는 것 같으니 고요한 산 속에 있어도 정적을 느끼지 못한다. 마음을 비워서 욕심을 지우면 한여름 무더위 속에서도 서늘한 기운이 절로 느껴지고, 아무리 번잡한 저자에서 살더라도 시끄러움을 모른다.

# 57

많이 지닌 이는 두터이 잃으니, 부유한 것이 가난하지만 걱정 없음만 못함을 알 수 있다. 높이 걷는 이는 빨리 쓰러지니, 고귀한 것이 천하지만 언제나 편안함만 못함을 알 수 있다.

多藏者는 厚亡하나니 故로 知富不如貧之無慮하고 高步者는 疾顚하나니 故로 知貴不如賤之常安이니라.(후53)

**풀이**

재산이 많은 사람은 그것을 지키느라고 고심하며, 또한 한꺼번에 많은 것을 잃기도 한다. 그리 보면 가난할지언정 걱정 없이 사는 쪽이 오히려 낫다. 높은 자리에 있는 사람은 그 지위를 잃을까봐 마음을 졸이며, 지위가 높을수록 실각도 빠르다. 그리 보면 지위는 없을지언정 마음 편히 지내는 쪽이 오히려 낫다.

## 58

꽃이 화분 속에 있으면 마침내 생기를 잃고 새가 조롱 속에 들면 곧 자연스러운 멋이 줄어드니, 산 속의 꽃과 새가 한데 어우러져 무늬를 이루고 마음대로 날아올라 스스로 한가롭게 즐거워함만 못하도다.

花居盆內하면 終乏生機하고 鳥入籠中하면 便減天趣하나니 不若 山間花鳥가 錯集成文하고 翶翔自若하여 自是悠然會心이니라.
(후 55)

**풀이**

화분에 심은 꽃은 아무리 고와도 생기가 없으며, 조롱에 가두어 기르는 새는 아무리 사랑스러워도 자연스러운 멋이 덜하다. 이름 없는 꽃이라도 산야에 피고, 이름 모를 새라도 숲 사이에서 지저귈 때 훨씬 조화로운 법이다. 자약(自若)은 마음대로 하는 꼴이요, 회심(會心)은 마음에 맞아 즐거움을 말한다.

# 59

세상 사람들은 오직 '나'를 지나치게 참된 줄 아는 까닭에 가지가지 기호와 번뇌가 많다. 옛사람이 "내가 있음을 또한 알지 못하거늘 어찌 물건 귀함을 알리요." 하였고, 또 "이 몸이 내가 아닌 줄 알면 번뇌가 어찌 다시 들리요." 하였으니, 참으로 옳은 말이로다.

世人이 只緣認得我字太眞이라 故로 多種種嗜好하고 種種煩惱니라. 前人이 云하되 不復知有我거늘 何知物爲貴리요 하고 又云하되 知身不是我면 煩惱更何侵이리요 하니 眞破的之言也로다.
(후 56)

**풀이**

세상 사람들은 '자기'를 너무 소중히 여겨서 무슨 일이든지 제 본위로만 생각하고 쉽사리 이기주의에 빠진다. 갖가지 기호와 번뇌가 일어나는 까닭이 바로 이 '나'에서 말미암는다. 그러나 그 '나'라는 것은 근본을 캐어 보면 아무 주체가 없는 엉터리다. 없는 것을 위하여 애쓸 필요가 없으니 '나'에 대한 집착을 버리면 다시 귀한 것이 있을 리 없고, 괴로움도 생길 까닭이 없다. 번뇌는 불교에서 쓰는 말로 인간이 욕망으로 말미암아 괴로워하는 것이다. '파적(破的)'은 과녁을 꿰뚫는다는 뜻이니 진리에 합당하다는 말이다.

# *60*

늙어서 젊음을 보면 바삐 달리고 서로 다투는 마음이 사라질 것이요, 영락하여 영화롭던 때를 떠올리면 사치스럽고 화려한 생각을 끊을 것이다.

自老視少하면 可以消奔馳角逐之心이요 自瘁視榮하면 可以絶紛華靡麗之念이니라.(후 57)

**풀이**

젊어서 혈기가 왕성할 때는 바쁘게 달리고 남과 경쟁하여 공명(功名)과 재리(財利)를 다투고 싶지만, 늙은이의 마음으로 젊음을 보면 그러고 싶은 마음이 사라질 것이다. 또 부귀한 몸이 되어 있으면 번거롭고 화려한 것을 좋아하게 되지만, 영락한 사람의 마음으로 부귀를 보면 그 생각이 다 끊어질 것이다. 인생이 얼마나 길다고 달리다가 한 세상인가. 바쁘고 악착스러운 마음은 늙음을 빨리 오게 하고 늙은 뒤에 그 해악이 나타난다. 영화는 또 얼마나 간다고 꾸미고 차리다가 한 세상 보낼 것인가. 번거롭고 사치스러운 마음은 영락을 부르고 영락한 뒤에는 그 괴로움이 더하다.

# 61

인정과 세태는 갑자기 변하는 것이니 지나치게 진실이라 생각하지 말라. 요부(堯夫)가 "옛날에 나의 것이라고 이르던 바가 이제는 도리어 저의 것이 되었으니, 알지 못하겠구나, 오늘 나의 것이 또 내일 누구의 것이 될지!" 하였으니, 사람이 항상 이렇게 본다면 문득 가슴 속의 얽매임을 풀 수 있으리라.

人情世態는 倏忽萬端이니 不宜認得太眞이니라. 堯夫가 云하되 昔日所云我도 而今却是伊하니 不知今日我인들 又屬後來誰오 하니 人常作是觀하면 便可解却胸中罥矣리라.(후 58)

**풀이**

인정과 세태는 잠깐 사이에도 변하는 것이니 지나치게 믿을 것이 못 된다. 요부가 "옛날에는 내 것이라고 하던 것도 이제는 도리어 저 사람의 것이 되었으니 지금 내 것도 나중에는 누구의 것이 될지 알 수 없다." 하였다. 모든 것을 이렇게 보면서 세상을 살아가면 가슴 속이 시원하여 털끝만큼도 걸리는 것 없이 즐겁게 살 수 있을 것이다. '요부(堯夫)'는 송나라 때의 성리학자인 소옹(邵雍)의 자로서 흔히 소강절(邵康節)이라고 부른다. '견(罥)'은 걸린다는 뜻이니 덫 또는 얽매임을 말한다.

# 62

아무리 바쁜 중에라도 한 번 냉정한 눈을 뜨고 보면 문득 숱한 노심 초사를 덜게 되리라. 아주 어려운 때라도 하나의 뜨거운 마음을 지닌다면 문득 많은 참다운 취미를 얻게 되리라.

熱鬧中에 著一冷眼이면 便省許多苦心思요 冷落處에 存一熱心이면 便得許多眞趣味니라.(후 59)

**풀이**

바쁠 때일수록 침착하고 냉정한 마음을 지니면 많은 괴로움을 덜수 있을 것이다. 아울러 어려운 지경에 처하더라도 뜨겁고 정성스러운 마음을 지니면 그런 대로 보람을 찾게 될 것이다.

# 63

안락한 경지가 있으면 고통스러운 경지도 서로 따라 일어
나고, 좋은 광경이 있으면 나쁜 광경도 있어 서로 비긴다.
다만 나물 먹고 물 마시며 벼슬 없이 사는 맛이 아늑한 보
금자리로다.

有一樂境界면 就有一不樂的相對待하고 有一好光景이면 就有一不
好的相乘除하나니 只是尋常家飯과 素位風光이 纔是個安樂的窩巢
니라.(후 60)

**풀이**

한편에 즐거운 경지가 있으면 다른 한편에는 반대로 괴로운 경지
가 따르는 법이요, 또 한편에 좋은 광경이 있으면 다른 한편에는
좋지 못한 광경이 펼쳐지는 법이다. 부귀 영화를 누리고 있으면 그
것을 지키느라고 근심 걱정이 따르는 것이 이러한 이치다. 그러므
로 된장국과 김치를 놓고 밥을 먹더라도 권세며 벼슬 따위가 없이
사는 것이 훨씬 안락한 생활이다. '와소(窩巢)'는 굴이나 둥지를 말
하니 보금자리라는 뜻이다.

# 64

이루어진 것이 반드시 무너진다는 것을 알면 이루려는 마음이 지나치게 굳지는 않을 것이고, 사는 것이 반드시 죽는다는 것을 알면 삶을 보전하려는 길에 지나치게 애쓰지는 않게 되리라.

知成之必敗면 則求成之心이 不必太堅하고 知生之必死면 則保生之道에 不必過勞니라.(후 62)

**풀이**

우주의 모든 것은 끊임없이 변한다. 이루어졌는가 하면 이내 무너지고 태어난 이상 반드시 죽는다. 이 도리를 깨달으면 성취를 구하는 마음이 지나치게 굳지는 않을 것이다. 그러므로 실패하였다고 자포 자기하지 말며 또 삶을 보전하려고 부질없이 애쓰지 않을 일이다. 진시황(秦始皇)처럼 불로 장생의 선약을 구하려 든다거나 하여 웃음거리가 되지는 말 일이다.

# 65

거우 뗏목에 오르자마자 곧 뗏목 버릴 생각을 한다면 바야
흐로 그는 일없는 도인(道人)일지나, 만일 나귀를 타고 다시
나귀를 찾는다면 마침내 깨닫지 못한 선사(禪師)가 되리라.

纔就筏하여 便思舍筏하면 方是無事道人이나 若騎驢하여 又復覓
驢면 終爲不了禪師니라.(후 71)

**풀이**

뗏는 강이나 바다를 건너기 위한 방편이요, 이미 건너고 나면 쓸데
없는 것이다. 만일 뗏만 논하느라고 강을 건너지 않거나, 건넜을지
라도 언덕에 뗏를 댄 다음 그것을 버리고 언덕에 발을 올려놓지
않는다면 뗏를 탄 목적에 어긋날 것이다. 이는 불교의 오의(奧義)
를 말한다. 불경(佛經)은 불타의 교리요, 그 교리는 해탈하기까지의
방편이니, 비유하면 번뇌 생사(煩惱生死)의 고해(苦海)를 건너기 위
한 뗏목과 같은 것이다. 만일 불경(佛經)의 문자 해석에만 정력을
소모하거나 어구에만 집착하면 일생을 바쳐도 깨닫지 못할 것이다.
그러므로 불조(佛祖)의 경론(經論)도 언덕에 닿으면 버려야 하는 뗏
처럼 여겨야 한다는 것이다. 불교에서는 또 '지월지교(指月之敎)'라
는 비유를 쓰기도 한다. 즉 불조(佛祖)의 말씀은 지혜의 달을 가리
키는 손가락과 같은 것이니, 만일 그 손가락이 가리키는 것을 보지
않고 손가락만 보고 집착한다면 깨달음의 염원은 헛수고가 될 것

이요, 따라서 불타의 본의에도 벗어난다는 것이다. 『전등록(傳燈錄)』에는 "마음이 부처임을 모르면 참으로 이는 나귀를 타고서 나귀를 찾는 셈이다." 하였고, 석가도 "일체 중생에게는 다 불성(佛性)이 있다." 하였다. 만일 자신의 마음 밖에서 부처를 찾고 진리를 구한다면, 이는 나귀를 타고 있으면서 나귀를 찾는 것과 같다는 말이다. 이 구는 불타의 교훈이란 진리의 강을 건너기 위한 뗏목과 같은 것이요, 불성(佛性)은 제 마음 속에 깃들어 있음을 비유함이니, 그 본뜻에서 벗어남을 경계하는 말이다.

# 66

권세 있는 이들은 용처럼 겨루고 영웅들은 범처럼 싸우나 냉정한 눈으로 이를 보면 개미가 비린 것에 모여들고 파리가 다투어 피를 빠는 것과 같으리라. 시비가 벌떼 일듯 하고 득실이 고슴도치 바늘 서듯 함도 냉정한 마음으로 이를 맞으면 풀무가 쇠를 녹이며 끓는 물이 눈을 녹이는 것과 같으리라.

權貴龍驤하고 英雄虎戰하나니 以冷眼視之하면 如蟻聚羶하고 如蠅競血이요 是非蜂起하고 得失蝟興하나니 以冷情當之하면 如冶化金하고 如湯消雪이니라.(후 72)

**풀이**

권세 있는 사람들은 용이 오르듯이 서로 위세를 떨치며, 영웅 호걸은 범이 싸우듯 기운 좋게 다투기 일쑤이다. 그들 당사자야 천하에 저 잘났다고 우쭐대지만, 국외자가 고금을 통관(通觀)하여 냉정하게 본다면 이는 마치 피비린 것에 모여드는 개미떼나 파리떼와 다름이 없다. 그러므로 시비가 벌떼처럼 일고 득실 문제에 부딪혀 신경이 곤두서도 거기에 휩싸여 당황하거나 흥분하지 말고 냉정한 마음으로 이를 맞으면, 마치 풀무가 쇠를 녹이며 끓는 물이 눈을 녹이는 것처럼 쉽게 해결할 수 있을 것이다.

# *67*

물욕에 얽매이면 우리의 삶이 애달픔을 깨달을 것이요, 본
성에 자적(自適)하면 우리의 삶이 즐거움을 느끼리니, 그
애달픔을 알면 속세의 정념이 당장 깨질 것이요, 그 즐거
움을 알면 성인의 경지에 절로 이르리로다.


羈鎖於物欲이면 覺吾生之可哀하고 夷猶於性眞이면 覺吾生之可樂
하리니 知其可哀면 則塵情立破하고 知其可樂이면 則聖境自臻이
니라.(후 73)


### 풀이

다 가진들 얼마나 되는 세상이랴마는 그 가운데 조그만 물욕으로
우리가 얽매여 있다. 인생의 슬프고 하잘것없음이 이다지 심한가.
그러나 한편으로 생각하면 바닷가의 모래알 같은 인생이건만 그럭
저럭 살아가니, 인생이란 또 이렇게 즐겁고도 유유한 것이다. 물욕
에 얽매이면 슬프지만, 매이지 않고 자적(自適)하면 도리어 즐거워
진다. 물욕에 얽매인 것이 슬픈 줄 알면 세속에 찌든 욕심이 그 자
리에서 꺼질 것이요, 인생이 즐거운 까닭을 알면 곧 성인의 경지가
눈앞에 나타난다.

# 68

진공(眞空)은 공(空)이 아니니, 형상(形相)에 집착하는 것도
진실이 아니고 형상을 깨뜨리는 것도 진실이 아니다. 세존
이 무엇이라 하셨나. "속세에 있거나 출가했거나 욕망을 따
르는 것도 괴로움이요 욕망을 끊는 것도 괴로움이라." 하셨
으니 우리 스스로 얼마나 수양을 잘하느냐에 달린 것이다.

眞空은 不空이니 執相도 非眞이요 破相도 亦非眞이라. 問世尊은
如何發付오. 在世出世에 徇欲이 是苦요 絶欲도 亦是苦라 하니 聽
吾儕善自修持니라.(후 78)

**풀이**

불교에 진공(眞空)과 묘유(妙有)라는 말이 있다. 진공은 과학에서
말하는 것과는 뜻이 다르니, 없는 듯하면서 실상 그 속에 있음(有)
을 말한다. 묘유는 그를 뒤집어서 있는 듯하면서 실상은 없는 것을
말한다. 이 이치를 『반야경(般若經)』에서는 "색즉시공(色卽是空) 공
즉시색(空卽是色)"이라 하였다. 색은 형상을 가지고 나타난 현상이
니 바꿔 말하면 만물은 모두 실체가 없는 것이다. 모든 것이 인연
으로 어울려서 잠시 뭉쳐 있다가 인연이 다하면 흩어져 사라진다
는 말이다. 이것을 색즉시공이라 한다. 그러나 비록 실체가 없이
인연으로 뭉쳐서 나타났다 할지라도 현재 눈앞에 있는 이상 없다

고 할 수는 없는 것이다. 이것을 공즉시색이라 한다. 그러므로 있으면서 없고 없으면서 있는 것, 이것을 진공이라 하니 진공을 공이 아니라 한 것은 바로 이 뜻이다. 따라서 형상에 집착하여 그것이 실체라고 하는 것은 진리가 아니다. 그러나 모든 형상이 실체가 없다 하여 일체를 공무(空無)라고 생각하는 것도 진리가 아니다. 다시 말하면 제상(諸相)을 비상(非相)이라고 보아도 틀리고, 제상(諸相)을 실상(實相)이라고 보아도 맞지 않는다. 석가 세존은 어떻게 말씀하셨는가. "세간에 있거나 세간을 떠났거나 욕망을 따르는 것도 고통이요, 욕망을 끊는 것도 고통"임을 설파하였다. 요는 우리가 얼마나 수양을 잘하느냐에 달렸다고 할 수 있다.

# 69

의로운 선비는 천 승을 사양하고 탐욕스러운 사람은 한 푼을 다투니, 그 인품은 하늘과 땅 차이로되 명예를 좋아하는 것도 이익을 좋아하는 것과 다름이 없다. 천자는 나라를 다스림에 생각을 괴롭히고 거지는 음식을 얻으려고 부르짖으니 그 신분은 하늘과 땅 차이로되 애타는 마음이 애타는 소리와 무엇이 다르리요.

烈士는 讓千乘하고 貪夫는 爭一文하나니 人品은 星淵也이나 而好名은 不殊好利니라. 天子는 營家國하고 乞人은 號饔飧하나 位分은 霄壤也이나 而焦思는 何異焦聲이리요.(후 79)

**풀이**

의로운 선비는 제후를 시켜 주어도 사양하지만, 욕심 많은 사람은 한 푼 돈을 놓고 다툰다. 이 두 사람의 품격은 하늘과 땅 차이만큼 크나, 열사가 명예를 좋아하는 것은 욕심쟁이가 이익을 좋아하는 것과 다를 바 없다. 임금은 한 나라를 다스리느라고 애쓰고 거지는 동냥질을 하느라고 목이 쉬도록 외친다. 신분과 위치는 그야말로 하늘과 땅 차이가 나지만, 마음을 쓰며 애태우는 것은 애타는 목소리로 동냥하는 괴로움과 다를 바 없다. 천 승(乘)은 병거(兵車) 천 대를 말하니 제후의 지위를 나타낸다. 옹손(饔飧)은 아침밥과 저녁

밥을 말하니 음식이라는 뜻이며, 성연(星淵)과 소양(霄壤)은 천지(天地)라는 뜻이다.

# 70

이즈음 사람들은 오로지 무념(無念)을 찾건만 끝내 얻지는 못한다. 다만 지나간 생각에 머무르지 말고 앞으로의 생각을 맞지 말아 그저 현재의 인연에 따라 일을 처리하면 차츰 무념의 경지로 들어가리라.

今人은 專求無念이로되 而終不可無하나니 只是前念不滯하고 後念不迎하여 但將現在的隨緣하여 打發得去하면 自然漸漸入無니라.(후 81)

**풀이**

오늘날 사람들은 무념 무상을 체득하려고 애쓰나 일어나는 생각을 끝내 없애지 못한다. 이것은 어찌 보면 당연한 일이니 사람이란 원래 목석이 아니기에 목석처럼 되기를 바라는 것은 잘못이다. 더구나 무념 무상의 경지에 들려고 애쓰는 그 자체가 무념 무상에 들어가는 것을 방해하기 일쑤이다. 다만 이전의 생각은 그대로 흘려 버리고 다음에 오는 생각에도 얽매이지 않아 현재의 인연에 따라 차근차근 일을 처리하다 보면 자연히 무념 무상의 경지에 이르게 될 것이다.

# 71

천성이 맑으면 배고플 때 밥 먹고 목마를 때 물 마시면서도 심신을 편히 지닐 수 있지만, 마음이 물욕에 잠겨 어지러우면 비록 선(禪)을 말하고 게송(偈頌)을 풀이할지라도 다 정혼(精魂)을 희롱하는 헛수고가 되리라.

性天澄徹하면 卽饑喰渴飮도 無非康濟身心이요 心地沈迷하면 縱談禪演偈라도 總是播弄精魂이니라.(후 83)

**풀이**

본성이 맑고 깨끗하면 비록 가난하게 살지언정 몸과 마음이 다 편안할 테지만, 마음이 흐리고 어지러우면 아무리 참선을 하고 게송을 읊어도 스스로 정신을 희롱할 뿐 얻는 바가 없을 것이다.

# 72

얽매임과 벗어남은 다만 제 마음 속에 있으니 깨달음을 얻으면 푸줏간과 술집도 극락 정토가 되리라. 그러지 못하면 비록 거문고와 학을 벗삼고 꽃과 풀을 가꾸어 즐김이 맑을 지라도 끝내 악마의 방해에서 놓이지 못하리라. 옛말에 "능히 쉬면 속세도 극락이 될 것이요, 깨닫지 못하면 절간도 속세가 되리라." 하였으니, 참으로 옳은 말이로다.

纏脫은 只在自心이니 心了則屠肆糟廛도 居然淨土요 不然이면 縱
一琴一鶴과 一花一卉로 嗜好雖淸이나 魔障終在니라. 語에 云하되
能休면 塵境爲眞境이요 未了면 僧家是俗家라 하니 信夫로다.
(후 88)

## 풀이

속박과 해탈은 마음에 달린 것이다. 한 번 마음을 깨달으면 푸줏간이나 술집에 있을지라도 그 자리가 극락 정토와 다름이 없다. 만일 그러지 못하다면 비록 거문고와 학을 벗삼고 꽃과 풀을 심어서 즐길지언정 악마의 방해에서 풀려날 수 없다. "능히 쉬면 속세도 극락이 되며, 만일 깨닫지 못하면 절간도 속세와 다를 것이 없다."는 말이 참으로 옳다.

# 73

자신이 사물을 부리는 이는 얻었다 하여 기뻐하지 않으며
잃어도 근심하지 않으니 대지가 모두 그의 노니는 곳이라.
사물로써 자신을 부리는 이는 역경을 미워하며 순경(順境)
을 사랑하니 털끝만한 일에도 얽매인다.

以我轉物者는 得固不喜하고 失亦不憂하여 大地盡屬逍遙하고 以
物役我者는 逆固生憎하고 順亦生愛하여 一毛便生纏縛이니라.
(후 94)

**풀이**

자기를 천지 만물의 임자로 삼고 자유로이 사물을 부리는 이는 얻
었다 하여 별로 기뻐하지 않으며, 잃었다 하여 별로 슬퍼하지 않는
다. 그러므로 드넓은 천지가 모두 그가 유유히 노니는 땅이다. 사
물의 노예가 되어 자신을 부리는 이는 어려운 환경에 처하면 그것
을 싫어하여 고민하고, 환경이 순조로우면 그것에 애착하는 나머지
괴로워하게 된다. 이러한 사람에게는 아주 작은 일도 일신을 얽어
매는 고통이 된다.

# 74

원리가 없으면 현상도 없으니 현상을 버리고 원리만 잡으려는 것은 그림자를 보내고 형체만 붙들려는 것과 같고, 마음이 없으면 외물도 없으니 외물을 버리고 마음만 두려는 것은 비린 것을 모아 놓고 쉬파리를 쫓으려는 것과 같다.

理寂則事寂하나니 遣事執理者는 似去影留形하고 心空則境空하나니 去境存心者는 如聚羶却蚋이니라.(후 95)

**풀이**

형체가 있으면 그림자가 있고, 형체가 없으면 그림자도 없다. 원리와 현상의 관계도 이와 마찬가지니 원리가 없어지면 현상도 더불어 사라진다. 현상을 버리고서 원리에 집착하는 것은 잘못이니 이야말로 그림자가 사라진 뒤에도 형체를 머무르게 하려는 것과 같다. 말하자면 원리와 현상 중에서 어느 하나에만 집착하는 식으로는 진리를 파악할 수 없다. 마음과 외물의 관계는 비린 것과 쉬파리의 관계와 다를 바 없다. 비린 것이 있는 곳에는 쉬파리가 꾄다. 마찬가지로 외물이 있어야 마음도 작용하지, 마음만 따로 있을 수는 없다.

# 75

이 몸이 태어나기 전에 어떤 모습이었을지 생각해 보고, 또 죽은 뒤에는 어떻게 될까 생각해 보라. 그러면 갖은 생각이 재처럼 싸늘해지고 본성은 고요해져서, 스스로 물외(物外)에 초연하며 상선(象先)에서 노닐 수 있으리라.

試思未生之前에 有何象貌하고 又思既死之後에 作何景色하면 則 萬念灰冷하고 一性寂然하며 自可超物外遊象先하리라.(후 97)

**풀이**

사람들이 저마다 세상에 태어나기 전에 자기가 어떤 모습이었을까를 생각해 보고 또 죽은 뒤에는 어떻게 될 것인지를 생각해 본다면 태어나기 전의 모습이 오늘의 모습과 같았으리라고 할 수 없을 것이요, 죽은 뒤에도 이 모습이 그대로 존속한다고 할 수 없을 것이다. 영웅도 미인도 다 북망산의 한 줌 흙이 될 것 아닌가. 그러니 태어나기 전과 죽은 후를 어찌 구별할 수 있으리요, 이것을 생각한다면 천만 가지 잡념은 모조리 사라지고 마음이 고요해져서, 스스로 만물 밖에 초연히 노닐 수 있을 것이다. '상선(象先)'은 『장자(莊子)』에 나오는 말인데, 천지 만물이 생기기 전의 절대 경지를 뜻한다.

# 76

병든 다음에야 건강이 보배인 줄 알며 난세에 처하고야 비로소 태평 시절이 복인 줄 아는 것은 일찍 앎이 아니로다. 복을 바라는 것이 재앙을 부르는 근본임을 알고 목숨을 탐내는 것이 죽음의 원인임을 미리 안다면 그야말로 탁견일진저.

遇病而後에 思强之爲寶하고 處亂而後에 思平之爲福은 非蚤智也니라. 倖福而先知其爲禍之本하고 貪生而先知其爲死之因이면 其卓見乎인저.(후 98)

**풀이**

병들어서야 비로소 건강이 보배인 줄 알고, 난세에 처하여서야 비로소 태평 시절이 복된 줄 아는 것은 결코 일찍 아는 것이 아니다. 복을 바라는 것이 곧 재앙을 부르는 근본임을 알고, 목숨을 탐내는 것이 곧 죽음의 원인이 됨을 미리 아는 것이 뛰어난 식견이다. '조지(蚤智)'의 조(蚤)는 조(早)와 같다.

배우는 분 바르고 연지 찍어 곱고 미운 것을 붓끝으로 그려 내지만, 이윽고 노래가 끝나고 막이 내리고 나면 곱고 미운 것이 어디 있는가. 바둑 두는 이는 앞을 다투고 뒤를 겨루어 세고 약한 것을 바둑알로 견주지만, 이윽고 판이 끝나서 바둑알을 쓸어 넣으면 세고 약한 것이 어디 있는가.

優人은 傳粉調硃하여 淸姸醜於毫端이나 俄而歌殘場罷면 姸醜何存이며 奕者는 爭先競後하여 較雌雄於著子이나 俄而局盡子收면 雌雄安在리요.(후 99)

## 풀이

배우는 연지 찍고 분을 발라서 붓끝으로 아름다움과 추함을 만들어 내지만, 노래와 연극이 끝나고 막이 내리면 그 아름다움과 추함을 찾을 길이 없다. 바둑을 두는 사람은 앞을 다투고 뒤를 겨루어 돌을 놓아 승패를 가리지만, 그 판이 끝나고 나면 승부도 끝나게 된다. 인생의 부귀 빈천과 성패도 모두 이와 같다. 조주(調硃)의 주(硃)는 연지라는 뜻이며, 가잔(歌殘)의 잔(殘)은 끝났다는 뜻이다.

# 78

마음에 망심(妄心)이 없으면 무슨 관심(觀心)이 있으랴. 석
가가 말한 마음을 본다 함은 그 장애를 더할 뿐이다. 사물
은 본래 하나이니 어찌 다시 가지런함을 기다리랴. 장자가
말한 제물(齊物)은 같은 것을 짐짓 갈라놓음이로다.

心無妄心하면  何有於觀이리요.  釋氏曰觀心者는  重增其障이니라.
物本一物이니  何待於齊리요.  莊生曰齊物者는  自剖其同이니라.
(후 102)

**풀이**

마음에 망심이 없으면 또 무슨 분별이 있으리요. 불자(佛者)는 관
심(觀心)을 말하지만 이는 그 장애를 거듭함이다. 제 눈으로 어찌
제 눈을 보리요. 만물은 비록 외형은 각기 다르나 본래는 한 가지
니 장자가 제물(齊物)을 말한 것도 이미 같은 것을 부질없이 나눈
것에 지나지 않는다. 이미 같은데 또 무엇을 가지런히 하리요.

# 79

피리와 노래 소리 한창 무르익은 곳에서 문득 스스로 옷자락을 떨치고 자리를 뜨는 것은 달인이 손을 놓고 벼랑을 오르는 것처럼 부러운 일이나, 시간이 이미 다한 때에 오히려 밤길을 쏘다니는 것은 세속 선비가 고해(苦海)에 몸을 담그는 것처럼 우스운 일이다.

笙歌正濃處에 便自拂衣長往하면 羨達人撤手懸崖하고 更漏已殘時에 猶然夜行不休하면 哎俗士沈身苦海니라.(후 103)

**풀이**

피리와 노래 소리 드높아 아직 잔치가 한창일 때에 자리를 털고 일어나는 것은 마치 달인이 벼랑에서 손을 놓음과 같아 보기에도 장쾌한 일이다. 이와 반대로 밤이 깊어 물시계의 물도 얼마 남지 않은 때에 거리를 돌아다니는 것은 속인이 하는 일이니, 스스로 몸을 고해에 빠뜨리는 것과 다름없어 웃음거리가 된다.

# 80

마음을 아직 붙들지 못하였거든 마땅히 번잡한 곳에 발길을 끊으라. 이 마음으로 하여금 욕심낼 곳을 보지 말게 하고 어지럽지 않게 하여 고요한 바탕을 맑게 할 일이로다. 마음을 이미 굳게 잡았거든 마땅히 속세에 발길을 섞으라. 이 마음으로 하여금 욕심나는 것을 보고도 어지럽지 않게 하여 마음의 원만한 작용을 길러야 하리라.

把握未定이거든 宜絶跡塵囂하여 使此心으로 不見可欲而不亂하여 以澄吾靜體하고 操持旣堅이거든 又當混跡風塵하여 使此心으로 見可欲而亦不亂하여 以養吾圓機하라.(후 104)

**풀이**

마음이 아직 충분히 가라앉지 않고 확실히 잡히지 않았을 때는 마땅히 시끄러운 도시를 떠나 한갓진 곳에서 사는 것이 좋다. 하고 싶은 것을 보지 않으며 따라서 마음도 어지럽지 않게 되니 마음 바탕을 충분히 밝게 할 수가 있을 것이다. 이렇게 수양하여 마음을 견고히 잡은 뒤에는 마땅히 번잡한 도회로 나와 활동할 것이니, 아무리 하고 싶은 바를 보아도 마음이 움직이지 않도록 너그러운 기틀을 마련해야 할 것이다.

# *81*

고요함을 좋아하고 시끄러움을 싫어하는 이는 흔히 사람을
피함으로써 조용함을 구하니, 뜻이 사람 없음에 있으면 이
는 자아에 사로잡힌 것이요 마음이 고요함에 집착하면 어
지러움의 뿌리가 되는 줄 모름이라. 어찌 사람과 나를 하나
로 보는 자리에 이르며 움직임과 고요함을 다 잊게 되는
경지에 이르리요.

喜寂厭喧者는 往往避人以求靜하나니 不知라 意在無人이면 便成
我相하고 心著於靜이면 便是動根이니 如何到得人我一視하고 動
靜兩忘的境界리요.(후105)

**풀이**

고요한 것을 좋아하고 시끄러운 것을 싫어하는 이는 흔히 사람을
피함으로써 조용함을 구하나, 사람이 없는 곳을 찾는 마음은 곧 자
아에 사로잡힌 꼴이어서 무아(無我)의 경지에는 들지 못한다. 마음
을 고요하게 가지려고 생각하는 것은 도리어 정신을 어지럽히는
근본이 되니, 나와 남을 차별하지 않고 일체를 평등으로 보아야 시
끄러움과 고요함의 대립된 경계를 다 잊을 수 있다.

# 82

사람의 복과 재앙은 다 마음에서 만들어진다. 그러므로 석가가 말하기를 "이욕(利欲)이 타오르면 이 곧 불구덩이요, 탐애(貪愛)에 빠지면 문득 고해(苦海)로다. 한 생각 청정하면 사나운 불꽃도 못이 되고, 한 마음 깨달으면 배가 저 언덕에 오른다."고 하였으니, 한 생각 조금만 달라지면 그 경계가 아주 달라지니 어찌 삼가지 않을쏘냐.

人生福境禍區는 皆念想造成이니라. 故로 釋氏云하되 利欲熾然이면 卽是火坑이요 貪愛沈溺하면 便爲苦海이나 一念淸淨하면 烈焰成池하고 一念警覺이면 船登彼岸이라 하니 念頭稍異면 境界頓殊이니 可不愼哉아.(후 108)

**풀이**

사람의 행복과 불행은 모두 마음이 만든다. 그래서 불교에서는 이욕의 마음이 타오르면 그 자리가 곧 불구덩이요, 탐애의 마음에 떨어지면 거기가 바로 고해라고 한다. 그러나 아울러 한 생각이 맑으면 불구덩이가 못물이 되고, 한 마음 진실로 깨달으면 배를 버리고 언덕에 오르는 것과 같다고도 한다. 이와 같이 사람의 복과 재앙뿐 아니라 모든 경계가 그 생각과 마음의 눈곱만한 차이로 말미암아 문득 엄청나게 달라진다. 어찌 마땅히 삼갈 일이 아니랴.

# 83

새끼줄도 톱으로 쓰면 나무가 끊어지고 물방울도 오래도록 떨어지면 돌을 뚫느니, 도(道)를 배우는 이는 모름지기 힘써 찾음을 더하라. 물이 모이면 내가 되고 참외가 익으면 꼭지가 빠지니, 도를 얻으려는 이는 모두 하늘에 맡겨야 하리라.

繩鋸木斷하고 水滴石穿하나니 學道者는 須加力索이니라. 水到渠成하고 瓜熟蒂落하나니 得道者는 一任天機니라.(후 109)

### 풀이

비록 짚으로 꼰 새끼라도 톱 삼아 나무를 켜면 나무도 끊어지는 법이요, 작은 물방울이라도 여러 해를 두고 떨어지는 자리에는 돌도 뚫어진다. 도를 배우는 이는 마땅히 이 가르침을 배워야 할 것이니 오직 정성을 기울여야 한다. 물이 모여 내가 되고 오이가 익어 꼭지가 빠지듯이 정성을 다함과 함께 하늘에 맡기면 깨달음 열릴 날이 있을 것이다.

## 84

풀과 나무는 시들었는가 하면 다시 뿌리 곁에 새싹이 돋고, 계절은 비록 얼어 붙는 겨울이라 하여도 마침내 날아오는 재 속에 봄 기운이 돌아온다. 만물을 죽이는 기운 속에서도 자라나게 하는 뜻이 언제나 주가 되나, 문득 이로써 천지의 마음을 볼 수 있다.

草木은 纔零落하면 便露萌穎於根底하고 時序는 雖凝寒이나 終回陽氣於飛灰니라. 肅殺之中에 生生之意가 常爲之主하나니 卽是可以見天地之心이니라.(후 111)

**풀이**

초목의 잎이 떨어지면 생기는 뿌리로 내려가 새싹을 마련한다. 동지부터 낮이 다시 길어지는 이치와 같다. 얼음장 속에서 봄이 움트니 조그만 양기가 마침내 만물을 소생시킨다. 만물을 얼어 붙게 하는 겨울에도 만물이 나서 자라게 하는 기운을 볼 것이니 이것이 천지의 마음이다. 비회(飛灰)는 옛날 중국에서 동지를 알려고 만든 기구로서, 대나무 통 속에 재를 넣어 동지가 되면 저절로 그 재가 날아오도록 한 것이다.

# 85

제 한 몸에 대하여 그 한 몸을 제대로 깨달은 이는 바야흐로 만물을 만물에 맡길 수 있고, 천하를 천하에 돌려주는 이는 바야흐로 속세에서 속세를 벗어날 수 있으리라.

就一身了一身者는 方能以萬物로 付萬物하고 還天下於天下者는 方能出世間於世間이니라.(후 116)

**풀이**

제 한 몸에 대하여 철저히 깨달으면 만물을 그대로 두고 볼 뿐이요, 만물을 제 것으로 하고 싶다는 사욕이 없어진다. 만물에 대하여서도 그것이 지닌 본성을 그대로 보전하도록 두어 간섭하지 않게 되기 때문이다. 마찬가지로 천하도 그 자체이지 어느 한 사람의 것이 아니다. 천하를 다스리되 천하의 의지에 맡기는 이에게는 세간이 곧 출세간이 될 것이다. 불도(佛徒)는 세간의 고뇌를 화택(火宅)이라 하여 출세간을 구하지만 이 세간을 벗어나 어디로 간다는 말인가. 좋을 것도 미울 것도 없는 경지에 이르면 현세가 그대로 낙원이니, 이것이 곧 세간을 출세간 되게 하는 것이다. 세간에서 살면서 세간을 벗어나 산다는 말이다.

# 86

사람이 지나치게 한가하면 몰래 딴 생각이 생기고, 너무 바쁘면 본성이 나타나지 않는다. 그러므로 군자는 몸과 마음에 근심을 지니지 않을 수 없으며, 풍월(風月)의 멋도 즐기지 않을 수 없다.

人生은 太閑則別念竊生하고 太忙則眞性不現하니 故로 士君子는 不可不抱身心之憂하고 亦不可不耽風月之趣니라.(후 117)

**풀이**

사람의 마음은 변덕이 많으니 심원 의마(心猿意馬)란 이를 두고 이름이다. 오 분 동안이나마 한 생각만 하기도 쉬운 일이 아니다. 원숭이처럼 까불고 말처럼 달리는 것이 사람 마음이다. 더구나 한가하면 갖은 망념이 잇달아 일어난다. 소인이 한가하면 나쁜 짓을 한다는 말도 같은 뜻이다. 그러므로 사람은 너무 한가한 곳에 떨어져서는 안 된다. 그러나 분주히 달리고 변덕 많은 마음은 한 곳에 침착히 매어 두지 않으면 안 된다. 너무 한가해도 병이요 너무 바빠도 병이니, 너무 바쁘면 본성이 가려지기 때문이다. 그러므로 군자는 심신에 대하여 항상 근심하며, 풍월의 멋도 누릴 줄 알아야 한다. 걱정이 있어야 한중(閑中)의 망념을 제어할 것이요, 멋을 아는 마음만이 망중(忙中)의 여유를 주는 까닭이다.

# 87

자식이 태어날 때는 그 어머니가 위험하고 전대에 돈이 쌓이면 도둑이 엿보니 어느 기쁨이 근심 아니랴. 가난하면 아껴 쓰고 병들면 몸을 보살필 것이니 어느 근심이 기쁨 아니랴. 그러므로 달인은 마땅히 순경과 역경을 하나로 보며, 기쁨과 슬픔을 다 잊는다.

子生而母危하고 錢積而盜窺하니 可喜가 非憂也리요. 貧可以節用하고 病可而保身하니 可憂가 非喜也리요. 故로 達人은 當順逆一視하며 而欣戚兩忘이니라.(후 119)

**풀이**

자식 낳는 기쁨이 어떠하랴만 낳기까지는 그 어머니가 위험하고, 돈을 모으는 것이 기분 좋지만 도둑이 엿보는 법이다. 아무리 기쁜 일이라도 그 반면에는 근심이 있다는 말이다. 그러나 가난은 절약으로 보충하고 병은 양생(養生)으로 보전할 수 있으니, 무슨 괴로움 속에도 기쁨은 있다는 말이다. 그러므로 달인은 순경(順境)과 역경(逆境)을 한 가지로 보고 기쁨과 슬픔을 다 잊는다.

꽃을 가꾸고 대를 심으며 학을 바라보고 물고기를 구경하
더라도 스스로 마음에 일단의 얻음이 있어야 한다. 만일 헛
되이 그 광경에만 반하여 그 때의 화려함만 맛본다면, 우
리 유가(儒家)의 구이지학(口耳之學)이요 불가(佛家)의 완공
(頑空)일 뿐이니, 어찌 아름다운 멋이 있으리.

栽花種竹하고 玩鶴觀魚하되 又要有段自得處니 若徒留連光景하여
玩弄物華하면 亦吾儒之口耳요 釋氏之頑空而已니 有何佳趣리요.
(후 124)

**풀이**

꽃을 가꾸고 대를 심으며 학을 벗하고 고기를 보는 것은 겉으로만
보아도 운치 있는 일이지만, 참으로 그 맛을 알자면 거기서 일단의
스스로 체득한 바가 있어야 한다. 만약 부질없이 눈앞의 광경에만
탐닉하고 화려한 외면만 완상한다면, 그것은 유가에서 말하는 구이
지학(口耳之學)이나 불가에서 말하는 완공(頑空)일 따름이다. 그러니
무슨 참맛을 알겠는가. 구이지학은 마음으로 깨달아 몸으로 실행에
옮기지 않고 귀로 들은 것을 그저 입으로만 주워 섬기는 학문을
말한다. 「양자방언(楊子方言)」에 "소인의 학문은 귀로 들어와 입으
로 나간다. 입과 귀의 사이는 네 치뿐이니 어찌 일곱 자의 몸을 아

름답게 할 수 있으랴." 하였다. 완공은 소승 불교의 학자들이 진공 묘유(眞空妙有)의 진리를 깨닫지 못하고 일체가 공이라고만 생각하는 것을 이른다.

# 89

산림의 선비는 청빈하게 살지만 그윽한 멋이 절로 넉넉하며, 들판의 농부는 거칠고 소박하지만 천진스러움이 넘친다. 만약 한 번 몸을 잃어 시정의 거간꾼이 된다면, 이는 차라리 구렁텅이에 굴러 떨어져 죽을지언정 끝까지 몸과 마음이 맑음만 못하다.

山林之士는 淸苦而逸趣自饒하고 農野之夫는 鄙略而天眞渾具하니 若一失身市井駔儈면 不若轉士溝壑이로되 神骨猶淸이리라.( 후125)

**풀이**

산림에 숨어 사는 선비는 비록 가난에 시달리지만 높은 취미가 스스로 넉넉하며, 들에서 일하는 농부는 비록 거칠고 단순하되 천진과 난만을 고스란히 갖추고 있다. 그들이 만일 시정의 장사꾼 사이에 몸을 던지면 이는 오히려 구렁텅이에 떨어져 죽어도 몸과 마음이 끝까지 깨끗함만 못할 것이니, 시정은 곧 시궁창과 같아 몸과 마음을 더럽히는 까닭이다.

# 90

분수에 맞지 않는 복과 까닭 없는 얻음은 조물주의 낚시
미끼가 아니면 사람 사는 세상의 함정이다. 이곳에서 눈을
높이 두지 않으면 그 꾐에 빠지지 않을 이 적으리라.

非分之福과 無故之獲은 非造物之釣餌면 卽人世之機阱이니 此處
에 著眼不高면 鮮不墮彼術中矣리라.(후 126)

**풀이**

분수에 맞지 않는 복과 까닭 없는 수확은 받아서 누리지 말라. 이
는 조물주의 시험이 아니면 인간 세상의 함정이기 때문이다. 맛있
는 미끼와 힘 안 드는 거둠은 재앙과 실패의 바탕이니, 이를 당하
여 높이 안목을 두지 않으면 그 술수에 빠지기 쉬울 것이다.

# *91*

인생은 본디 한낱 꼭두각시 놀음이니, 모름지기 그 밑뿌리를 손에 쥐고 있어야 한다. 한 가닥 줄도 헝클어짐이 없어 감고 펴는 것이 자유로워야 움직이고 멈춤이 나에게 있으니 털끝만큼도 남의 간섭을 받지 않으면 문득 이 마당을 벗어날 수 있으리라.

人生은 原是一傀儡이니 只要根蒂在手니라. 一線不亂하여 卷舒自由하고 行止在我하여 一毫도 不受他人提掇이라야 便超出此場中矣리라.(후 127)

**풀이**

인생은 어찌 보면 꼭두각시 놀음에 지나지 않는다. 그러므로 꼭두각시를 놀리는 실마리의 근본을 제 손으로 꼭 잡아야 한다. 그 한 가닥의 실도 어지럽히지 않고 감고 펴는 것이나 가고 멈추는 것을 제 뜻대로 하여 남의 간섭을 받지 않으면, 그 사람은 이 인생이라는 놀이 마당에서 자유로워질 수 있을 것이다.

## 92

한 가지 이로움이 있으면 한 가지 해로움이 생기니, 천하는 일 없음으로써 복을 삼는다. 옛사람의 시에 "그대에게 권하노니 제후로 봉해지는 일을 말하지 말라, 한 장수가 공을 이룸에는 만 사람의 뼈가 마른다." 하였으며, 또 "천하가 언제나 태평스럽기만 하다면 칼이야 갑 속에서 천 년을 썩어도 아깝지 않다." 하였다. 비록 웅장한 마음과 용맹한 기상이 있을지라도 모르는 결에 얼음처럼 사라지리라.

一事起하면 則一害生하니 故로 天下는 常以無事로 爲福이니라. 讀前人詩에 云하되 勸君莫話封侯事하라 一將功成萬骨枯니라 하고 又云하되 天下常令萬事平이면 匣中不惜千年死라 하니 雖有雄心猛氣나 不覺化爲氷霰矣리라.(후 128)

**풀이**

한 가지 이로움이 있으면 한 가지 해로움이 따르고 얻는 것이 있으면 잃는 것도 생기는 법이다. 그래서 천하에는 아무 일 없는 것보다 더 큰 행복이 없다. 옛사람의 시에 "공을 세워 제후에 봉해진 것을 말하지 말라, 한 장수가 공을 이루기까지는 만 사람의 뼈가 마른다."고 하였다. 또 "천하가 항상 일 없이 태평하면 내사 갑 속에서 천 년을 녹슬다가 죽어도 서럽지 않다."는 시도 있다. 갑은

칼집이다. 이 뜻을 알면 비록 웅장한 마음과 용맹한 기상이 있을지
라도 저도 모르는 사이에 얼음이나 싸락눈 녹듯 할 것이다.

# 93

음탕한 아낙이 도리어 여승이 되고 세상사에 열중하던 사람도 격해지면 승려가 되는 수 있으니, 깨끗한 불문(佛門)이 늘 음사(淫邪)의 소굴 됨이 이와 같도다.

淫奔之婦도 矯而爲尼하고 熱中之人도 激而入道하나니 淸淨之門이 常爲婬邪淵藪也가 如此로다.(후 129)

**풀이**

음란한 여인이 그 구극에 이르러 음욕을 끊는 여승이 되는 수도 있고, 세상사에 열중하던 사람도 다 집어치우고 마침내 승려가 되는 수도 있다. 청정의 문인 절에 도리어 사음(邪淫)의 비구니와 승려가 많은 것이 이 때문이다. 모든 것은 그 극단에 이르러 아주 반대되는 자리에 통하는 이치가 이것이다. 연(淵)은 못이니 고기가 모이는 곳이요, 수(藪)는 숲이니 짐승이 모이는 곳이다. "연수(淵藪)"는 곧 소굴이라는 뜻이다.

# 94

물결이 하늘에 닿으매 배 안에 있는 이들은 두려움을 몰라도 배 밖의 사람들은 마음이 서늘해지고, 미치광이가 날뛸 때 자리에 같이 있는 사람들은 경계할 줄 모르나 자리 밖에 있는 이들은 혀를 찬다. 그러므로 군자는 비록 몸이 일하는 중일지라도 마음만은 일 밖에 벗어나 있어야 한다.

波浪이 兼天하면 舟中은 不如懼로되 而舟外者寒心하고 猖狂이 罵座하면 席上은 不知警이로되 而席外者咋舌하나니 故로 君子는 身雖在事中이나 心要超事外也니라.(후 130)

**풀이**

파도가 심할 때는 배 안에 타고 있는 사람보다 배 밖에서 보는 이가 더 마음이 서늘해지고, 심하게 날뛰는 사람에 대하여 같은 자리에 있는 이는 함께 취하여 모르지만 구경하는 사람이 도리어 혀를 차며 얼굴을 찌푸린다. 그러므로 군자는 일을 하는 중일지라도 마음만은 일 밖에 두어 냉정함을 잃지 말아야 한다.

## 95

인생은 일 분을 덜면 곧 일 분을 초탈한다. 만일 사귐을 덜면 문득 시끄러움을 면하고, 말을 덜면 허물이 적어지고, 생각을 덜면 정신이 소모되지 않고, 총명을 덜면 혼돈이 완전해질 것이다. 저들이 날로 덜기를 구하지 않고 날로 더함을 찾는 것은 이 인생을 얽매는 짓이다.

人生이 減省一分하면 便超脫一分하나니 如交遊減하면 便免紛擾하고 言語減하면 便寡愆尤하며 思慮減하면 則精神不耗하고 聰明減하면 則混沌可完이니 彼不求日減하고 而求日增者는 眞桎梏此生哉인저.(후 131)

**풀이**

사람은 살아가면서 무슨 일이든지 덜면 덜수록 그만큼 세상살이에서 초탈하게 된다. 사귐을 덜면 시끄러움을 면할 것이요, 말을 덜면 과실이 적어질 것이며, 생각을 덜면 정신이 소모되지 않으며, 총명을 덜면 전일한 본성을 완성할 수 있다. 그런데도 모든 일을 덜려 하지 않고 날마다 더 늘이는 사람은 참으로 자신의 삶을 속박하는 셈이다.

# *96*

천지 운행의 추위와 더위는 피하기 쉬우나 인간 세상의 뜨거움과 차가움은 제거하기 어려우며, 인간 세상의 뜨거움과 차가움은 제거하기 쉬우나 내 마음의 얼음과 숯불은 버리기 어렵구나. 이 마음 속의 얼음과 숯불을 버릴 수만 있다면 가슴에 화기 가득하여 가는 곳마다 절로 봄바람이 불리라.

天運之寒暑는 易避로되 人世之炎凉은 難除하고 人世之炎凉은 易除로되 吾心之氷炭은 難去니 去得此中之氷炭하면 則滿腔皆和氣하여 自隨地有春風矣리라.(후 132)

## 풀이

천지의 기후가 운행하여 생기는 추위와 더위는 피할 수 있지만 인생의 염량 세태(炎凉世態)는 제거하기 어렵다. 그러나 이보다 더욱 힘든 것은 제 마음 속의 얼음과 숯불, 즉 변덕을 없애는 일이다. 이것만 없애고 나면 가슴에 화기가 가득하여 어디를 가도 봄바람이 불 것이다.

## 97

불가의 수연(隨緣)과 유가의 소위(素位), 이 넉 자는 바다를 건너는 부낭(浮囊)이다. 대개 세상길은 아득한지라 일념으로 완전을 구하면 만 갈래 실마리가 분분히 일어나니, 경우에 따라 편하게 살면 가는 곳마다 얻지 못함이 없으리라.

釋氏隨緣과　吾儒素位四字는　是渡海的浮囊이라　蓋世路茫茫하여 一念求全하면　則萬緒紛起하나니　隨遇而安하면　則無入不得矣리라.(후 134)

**풀이**

불교에서는 수연(隨緣)이라 하여 이 세상 모든 일은 인연에 의하여 생긴다고 말한다. 빈부와 귀천도 인연으로 말미암아 이루어지는 것이니 처신도 그 인연을 따라서 하는 것이 좋다. 자기 뜻대로 되는 것이 아닌 셈이다. 또 유교에는 소위(素位)라는 말이 있으니, 『예기(禮記)』에 "군자는 그 자리를 지키매 딴 곳을 돌아보지 않는다."고 하였다. 즉 자기의 본분을 지켜 남의 지위 따위를 넘보지 않는다는 말이다. 불가의 수연과 유가의 소위, 이 두 가지는 인생 항해에 필요한 부낭과 같다. 요컨대 제 본분을 지켜 그 위치를 거스르지 않고 경우에 따라 편안히 살면 가는 곳마다 안심 입명(安心立命)을 얻을 수 있을 것이다.

# 수신과 성찰
## (修省)

# 1

도덕을 지키는 이는 한때만 적막할 뿐이지만, 권세를 붙좇는 이는 만고에 처량하다. 달인(達人)은 사물 밖의 사물을 관찰하고 몸 뒤의 몸을 생각하니, 차라리 한때의 적막을 겪을지언정 만고에 처량함을 취하지 말라.

棲守道德者는 寂寞一時하고 依阿權勢者는 凄凉萬古니라. 達人은 觀物外之物하고 想身後之身하니 寧受一時之寂寞이언정 毋取萬古之凄凉하라.(전 1)

**풀이**

도덕을 지키며 산다는 것은 그 평생이 불우하고 적막하기 쉽다. 그러나 기나긴 역사의 흐름에서 볼 때 인생은 지극히 짧은 한때이다. 예부터 도를 위하여 겪은 고난과 박해가 크고 많을수록 성현들은 더욱 영롱한 빛을 남긴 것이다. 권세에 아부하고 불의와 타협하는 사람은 화려한 생활을 하다가 높은 지위에서 평생을 마치기도 한다. 그러나 그 일생이 또 지극히 짧은 한때이니 죽고 나면 부질없을 따름이다. 그렇게 살다 죽어 보아야 그 이름만 만고에 처량할 뿐이다. 그러므로 훌륭한 사람은 눈앞의 재물과 공명보다는 영원한 진리와 사후의 이름에 뜻을 두니, 도덕을 지켜 평생을 적막하게 살지언정 한때의 부귀를 탐내어 만고에 오명을 남기지 말 일이다.

# 2

귀 속에 늘 귀에 거슬리는 말을 듣고 마음 속에 늘 마음에 거리끼는 일을 지니면 이야말로 곧 덕성을 함양하고 행실을 닦는 숫돌이 되리라. 만약 말마다 귀에 즐겁고 일마다 마음에 들면 이는 곧 제 목숨을 비틀어서 짐독(鴆毒) 속에 파묻는 셈이 되리라.

耳中에  常聞逆耳之言하고  心中에  常有拂心之事면  纔是進德修行 的砥石이니  若言言悅耳하고  事事快心이면  便把此生하여  埋在鴆 毒中矣리라.(전 5)

**풀이**

양약은 입에 쓰고 충언은 귀에 거슬린다는 옛말이 있다. 쓰다고 뱉고 거슬린다고 물리치면 약 들어오는 길을 막는 셈이니 병이 났을 때 방도를 찾기 어렵다. 어려움을 모르고 자란 사람은 세상 물정에 어두워서 마침내 스스로 파멸을 초래하는 법이다. 귀에 거슬리는 말과 뜻대로 안 되는 일이 옆에 있어야 수양이 된다는 말이다. '짐독(鴆毒)'은 짐이라는 새가 가지고 있는 독이다. 전설에 의하면 그 새의 날개가 술잔을 스치기만 하여도 그 속의 술을 마신 이는 이내 죽는다고 한다.

# 3

사나운 바람과 성난 비에는 새들도 근심하고, 갠 날씨와 밝
은 바람에는 풀과 나무도 기뻐한다. 가히 보리로다, 천지에
는 하루도 온화한 기운이 없어서는 안 되며 인심에는 하
루도 기쁨이 없어서는 안 된다는 것을.

疾風怒雨에는 禽鳥戚戚하고 霽日光風에는 草木欣欣하나니 可見
天地에 不可一日無和氣요 人心에 不可一日無喜神이니라.(전 6)

**풀이**

세상의 많은 일은 마음가짐에 따라 달리 보인다. 슬프게 보면 모두
슬픔거리요, 웃으며 바라보면 모두 웃음거리다. 괴롭고 즐겁고 밉
고 고운 것이 다 제 마음에서 비롯한다는 말이다. 날씨가 좋으면
풀과 나무와 짐승도 기뻐하는데 하물며 사람이야 더 말하여 무엇
하랴. 한 사람의 마음이 화평하면 옆의 사람까지도 부드러워지니
팔자는 길들이기 나름이라고, 즐겁게 살려거든 먼저 웃으며 사는
마음을 기를 일이다.

# 4

명아주로 국 끓여 먹고 비름으로 창자를 채우는 사람 중에는 얼음처럼 맑고 구슬처럼 깨끗한 이가 많지만, 비단옷을 입고 쌀밥을 먹는 사람 중에는 종처럼 굽신거리는 것을 달게 여기는 이가 많다. 무릇 지조는 담박함으로써 밝아지고, 절개는 기름지고 달콤한 맛을 좇다가 잃게 된다.

藜口莧腸者는　多氷淸玉潔하고　袞衣玉食者는　甘婢膝奴顔하나니
蓋志以澹泊明하고　而節從肥甘喪也니라.(전 11)

### 풀이

예부터 참다운 선비에게는 눈에 보이지 않는 재보가 있으니 '어디 가면 빈천(貧賤)이야 못 얻으랴.' 하는 곧은 마음이 그것이다. 옛 시조에 "백발을 공명이런들 사람마다 다툴지니 나 같은 우졸(愚拙)이야 바라도 못 보리라."는 구절이 있는데, 백발을 얻으려고 다투는 사람이 없듯이 빈천을 시기하는 사람도 없기 때문이다. 남이 다 싫어하는 빈천을 마지막 밑천으로 자랑하는 사람에게서 비로소 공명 정대와 청렴 강직이 나오는 법이다. 그러므로 빈천을 두려워하는 이는 겉으로는 버티어도 실상은 비루한 사람이니, 달팽이 더듬이만한 공명과 고기 비늘이며 갈비 맛에 연연하여 떠날 줄을 모를 뿐 아니라 그 까닭으로 종처럼 허리를 굽히는 일도 마다하지 않는

다. 진실로 지조는 담박한 데서 밝고 낮은 곳에 떨치는 것이요, 절개는 기름지고 달콤한 맛 때문에 잃게 되고 높은 자리에서 때가 묻음을 알아야 할 것이다.

# 5

생전의 심지는 활짝 열어 너그럽게 하여서 사람들에게 불평의 탄식을 없게 하여야 하며, 사후의 혜택은 길이 이어지게 하여 사람들에게 모자라다는 느낌을 없게 하여야 한다.

生前的心地는　要放得寬하여　使人無不平之歎하고　身後的惠澤은 要流得久하여　使人有不匱之思니라.(전 12)

**풀이**

공명한 사람은 항상 간담을 헤쳐 놓고 사는 법이다. 그 사람에게 비밀이 있을 까닭이 없기 때문이다. 또 사람의 마음 한구석은 항상 비워 두어야 한다. 거기에 현자와 우자, 선인과 악인을 차별하지 않고 들어앉힐 자리를 마련하기 위함이다. 생전의 마음 바탕은 너그럽게 열어 놓아 사람들의 불평을 사지 말라. 죽은 뒤에 끼칠 혜택은 길이 이어지도록 힘쓰라. 사후의 혜택이란 물질에만 국한된 것이 아니요 정신의 선각도 포함된다.

# 6

사람됨이 뛰어나서 높고 큰 일은 하지 못할망정 세속의 정에서 벗어날 수 있다면 이내 명류(名流)에 들 것이요, 학문을 닦아 남달리 공부를 많이 하지는 못할망정 물욕을 덜 수 있다면 이내 성인의 경지를 넘어서리라.

作人이 無甚高遠事業이라도 擺脫得俗情이면 便入名流요 硏學이
無甚增益工夫라도 減除得物累면 便超聖境이니라.(전 14)

**풀이**

사람은 명문 이욕(名聞利欲)을 바라는 속정(俗情)에 사로잡혀서 정신을 못 차린다. 속정이란 얼마나 괴로운 것이기에 이것만 벗어던지면 명류(名流)가 된단 말인가. 고원한 사업도 저마다 하기 힘든 일인데 속정을 제거함은 더 어려운 일임을 알아야 할 것이다. 물욕의 누를 벗어 던지는 공부, 그 공부가 바로 성학(聖學)이 아니냐! 선인이 열지 못한 경지가 아니라 선인이 밟고 간 자취 그대로를 밟아도 스스로 얻을 수 있는 안락경(安樂境)이 거기 따로 있으리라.

# 7

세상을 뒤덮는 공로도 뽐낼 긍(矜) 자 하나를 못 당하고, 하늘에 가득 찬 허물도 뉘우칠 회(悔) 자 하나를 못 당한다.

蓋世功勞라도 當不得一個矜字요 彌天罪過라도 當不得一個悔字니라.(전 18)

**풀이**

공로를 자랑하는 마음이 생기면 그 훈공(勳功)은 물거품이 되고 만다. 이 세상의 모든 사업은 크면 클수록 혼자 힘만으로는 안 되는 법인데, 모든 것이 제 힘만으로 된 것처럼 뽐낸다면 자랑 때문에 그 완전한 훈공이 깨질 것이다. 공업(功業)을 이룩한 사람들아, 이 '긍(矜)' 자를 삼가라. 어떠한 죄악도 진심으로 뉘우치고 개과하면 그 죄업은 사라진다. 선악도 그 근본은 일심(一心)이다. 그 한 마음이 악을 뉘우친다는 것은 선심으로 돌아간 까닭이라, 참회로 죄악은 소멸되는 것이다. 죄지은 사람들아, 이 '회(悔)' 자를 믿으라.

# 8

일마다 얼마쯤 여유를 두어 다하지 않은 뜻을 남기면 문득
조물주도 나를 미워하지 못할 것이요, 귀신도 나를 해치지
못하리라. 만약 일마다 반드시 가득 차기를 바라고 공마다
반드시 완전하기를 바라는 사람은 안에서 변고가 생기지
않으면 밖의 근심이라도 불러들이게 되리라.

事事에 留個有餘不盡的意思하면 便造物도 不能忌我하고 鬼神도
不能損我하리니 若業必求滿하고 功必求盈者는 不生內變이면 必
召外憂하느니라.(전 20)

**풀이**

무슨 일이든 가득 차면 넘치고, 넘치면 기우는 것이 정해진 이치
다. 항상 일을 남겨 두어 미진한 뜻이 있어야 이를 비로소 원만(圓
滿)이라 할 것이니, 문자 그대로 원만은 결함이 생기기 직전의 상
태이기 때문이다. 가득 찰 것 같으면 비록 넘치거나 기울지는 않는
다 해도 그 때문에 항상 위태로운 법이다. 이를 조물주가 시기하고
귀신이 방해한다고 이른다. 가득 채우려다 보면 안팎으로 문제가
따르기 일쑤이다. 그러므로 얼마쯤 여유 있는 태도를 지님으로써
내우(內憂)와 외환(外患)을 자초할 소지를 만들지 말라는 뜻이다.

# 9

굼벵이는 몹시 더럽건만 변하여 매미가 되어 가을 바람에 이슬을 마시고, 썩은 풀은 빛이 없거늘 화하여 개똥벌레가 되어 여름 달밤에 빛을 낸다. 조촐함은 항상 더러움에서 나오고, 밝음은 매양 어둠에서 생겨남을 알 수 있다.

糞蟲은 至穢나 變爲蟬하여 而飮露於秋風하고 腐草는 無光이나 化爲螢하여 而耀采於夏月하나니 固知潔常自汚出하고 明每從晦生也니라.(전 24)

**풀이**

분충(糞蟲)은 더러운 벌레라는 뜻이지 구더기라는 말이 아니다. 『예기(禮記)』의 「월령(月令)」에는 "여름철의 달빛과 썩은 풀이 화하여 반딧불이 된다." 하였으니, 옛사람은 거름 더미가 변하여 개똥벌레가 된다고 믿었다. 개똥벌레의 알이 거름 속에 있었으면 과히 망발은 아니다. 더러운 흙 속에서 자란 굼벵이가 매미가 되고 썩은 풀 속에서 반딧불이 나오듯이, 깨끗함은 매양 더러움에서 나오고 밝음은 항상 어둠 속에서 생긴다는 말이다. 흙탕물 위에 핀 연꽃도 이와 다르지 않다. 그래서 불교는 연꽃을 이상의 상징으로 본다.

# 10

뽐내는 것과 건방진 것은 객기 아님이 없으니, 이 객기를 굴복시켜 물리친 뒤에야 정기(正氣)가 피어나리라. 정욕과 분별은 다 망심(妄心)에 속하는 것이니, 이 망심을 소멸시켜 없앤 뒤에야 진심(眞心)이 나타나리라.

矜高倨傲는 無非客氣이니 降伏得客氣下而後에 正氣伸하고 情欲意識은 盡屬妄心이니 消殺得妄心盡而後에 眞心現이니라.(전 25)

**풀이**

사람의 본래적이고 생득적인 마음은 우주 본체와 합일하는 공명정대하고 순수한 것이니, 이것이 바로 진심이며 정기이다. 그러나 온갖 물욕에 가려지고 더럽혀져서 뽐냄이나 건방짐 같은 객쩍은 기운과 욕정이나 이해 타산 같은 망상이 생기는 것이다. 정기가 객기를 눌러 이기고 진심이 망심을 덮어 없애면 그 사람이 곧 군자가 아닐까.

# 11

배부른 다음에 음식을 생각하면 맛이 있고 없음의 구별이 사라지고, 색을 쓴 다음에 음사(淫事)를 생각하면 사내 계집의 좋고 나쁨이 다 끊어진다. 그러므로 사람이 항상 일 뒤에 뉘우칠 것을 헤아림으로써 일 앞의 어리석음을 깨뜨리면 그 본성이 바로잡힐 것이요, 움직임이 바르지 않음이 없으리라.

飽後思味하면 則濃淡之境이 都消하며 色後想淫하면 則男女之見이 盡絶이니라. 故로 人이 常以事後之悔悟로 破臨事之癡迷하면 則性定而動無不正이니라.(전 26)

**풀이**

배불리 먹고 나면 맛있는 음식도 입에 당기지 않고, 방사 뒤에 음욕을 생각하면 이성에 대한 관념이 없어진다. 쾌락을 탐한 뒤의 흥미는 참으로 적막한 것이기 때문이다. 어찌 식욕과 성욕만이 그러하랴. 욕정이 다 그렇다. 그러므로 사람은 항상 그 일이 끝난 다음에 일어날 후회하는 마음을 지녀서 어리석은 방황을 미리 막아야 한다. 매사에 이와 같이 앞을 통찰하는 본심이 깨어 있으면 무슨 일이든지 틀림이 없을 것이다.

# *12*

근심과 부지런함은 아름다운 덕이지만 너무 고뇌하면 본연의 성정을 즐겁게 할 수가 없다. 맑고 깨끗한 것은 고상한 기풍이지만 지나치게 팍팍하면 사람을 건지고 사물을 이롭게 할 수가 없다.

憂勤은 是美德이나 太苦則無以適性怡情하고 澹泊은 是高風이나 太枯則無以濟人利物이니라.(전 29)

**풀이**

근심과 부지런함은 아름다운 덕이지만 그것이 지나쳐서 고행으로만 끝나면 본성을 너무 구속하여 즐거움을 누리지 못하게 되니 근심과 부지런함에도 어느 정도 여유를 지녀야 한다. 마음이 맑고 욕심이 적음은 높은 경계지만 너무 고담(枯淡)하면 일상 생활에서 남과 서로 도우며 함께 사는 힘이 줄어드는 법이다. 어려움 속에서 정성을 다하여 즐거움을 찾고 더러움 속에서 같이 살면서 스스로 때묻지 않는 것이 바람직하다는 말이다. 화광 동진(和光同塵)의 묘경(妙境)이 이것이다.

# 13

부귀한 집은 너그럽고 후하여야 하거늘 도리어 각박함은 곧 부귀하면서도 그 행실을 가난하고 천하게 함이니 어찌 능히 복을 받으리요. 총명한 사람은 거두고 감추어야 하거늘 도리어 자랑함은 곧 총명하면서도 어리석고 어두운 병폐에 빠져 있음이니 어찌 실패하지 않으리요.

富貴家는 宜寬厚이거늘 而反忌刻이면 是는 富貴而貧賤其行矣니 如何能享이리요. 聰明人은 宜斂藏이거늘 而反炫耀면 是는 聰明而愚懵其疾矣니 如何不敗리요.(전 31)

## 풀이

넉넉한 사람은 마땅히 너그러워야 할 터인데 도리어 가난한 사람보다 더 각박하게 구는 것을 흔히 본다. 이는 그가 부귀하면서도 행실은 구차하게 하는 것이니 어찌 복을 받을 수 있겠는가. 똑똑한 사람일수록 그 재주를 거두고 감추어야 하는 법이거늘 오히려 어리석은 사람보다 더 드러내어 설치는 경우를 흔히 본다. 이는 총명하면서도 삼가지 않는 병폐에 물든 까닭이니 어찌 실패하지 않겠는가.

# *14*

낮은 데 있어 본 뒤에야 높은 곳 오르는 일이 위험한 줄 알
게 되고, 어두운 데 있어 본 뒤에야 밝은 곳 향함이 눈부신
줄 알게 되며, 고요함을 지녀 본 뒤에야 움직이기 좋아함이
부질없음을 알게 되고, 침묵을 닦아 본 뒤에야 말 많음이
시끄러운 줄 알게 된다.


居卑而後에  知登高之爲危하고  處晦而後에  知向明之太露하며  守
靜而後에  知好動之過勞하고  養默而後에  知多言之爲躁니라.
(전 32)


**풀이**

낮은 데 있으면 떨어질 위험이 없고, 어두운 데 있으면 눈이 부실
까닭이 없으며, 고요히 살면 부질없는 노고가 없을 것이요, 말이
없으면 실언이 있을 리 없다. 높은 데 올라 봐야 낮은 곳이 편함을
알 것이요, 말 많이 한 뒤에 침묵이 금임을 안다는 말이다. 그러므
로 높은 데서는 스스로 낮추어야 하고, 말 많은 때에는 말을 절제
해야 한다. 그러나 사후의 뉘우침을 미리 깨닫는 것이 더 좋은지
라, 낮고 어둡고 고요하고 말없음이 진미인 줄 알라는 뜻이다.

# 15

부귀 공명의 마음을 다 놓아 버려야 범속의 자리를 벗어날 것이요, 인의 도덕의 마음을 다 털어 버려야 비로소 성현의 자리에 들어갈 수 있으리라.

放得功名富貴之心下라야  便可脫凡이요  放得道德仁義之心下라야
纔可入聖이니라.(전 33)

**풀이**

만 권의 경전을 읽거나 십 년 동안 수행을 한다 하여 탈속이 되는 것은 아니다. 부귀 공명의 마음을 다 놓아 버리면 하루아침에 범속을 벗어나리라. 경전의 자구나 주해하고 장광설을 늘어놓는다 하여 성현을 아는 것이 아니다. 인의 도덕의 마음을 다 털어 버리면 그 자리가 곧 그대로 성현의 경지가 된다.

# *16*

차라리 우직을 지키고 총명을 내침으로써 약간의 정기가 깃들게 하여 천지에 돌릴지로다. 차라리 화려함을 사양하고 담담함을 달게 여김으로써 하나의 깨끗한 이름을 건곤(乾坤)에 남길지로다.

寧守渾噩而黜聰明하여  留些正氣還天地하고  寧謝紛華而甘澹泊하여  遺個淸名在乾坤이니라.(전 37)

**풀이**

'혼악(渾噩)'은 혼혼 악악(渾渾噩噩)의 준말로서 「양자법언(揚子法言)」에 나온다. 그 주에 따르면 혼혼은 박략(朴略)하여 알기 어려운 것, 악악은 명직(明直)한 것이다. 다시 말하면 혼악은 박략 명직(朴略明直)이니 소박하여 꾸밈이 없다는 말이다. 여기서 '총명'이라 함은 영리 경박(怜悧輕薄)을 이른다. 천지의 정기는 박눌 과묵(朴訥寡默)한 곳에 있고 영리 경박한 곳에서는 사라진다. 그러므로 차라리 박눌을 지키고 총명을 물리쳐서 천지의 정기를 이 몸 안에 간직했다가 죽어서 천지에 돌리자는 것이다. '분화(紛華)'는 분분한 화려함이니 이 속에서는 사람의 마음이 산만해지고 때묻기 쉽다. 그러므로 청렴 결백한 이름을 천지에 남기고 싶은 사람은 마땅히 분화를 떠나서 담박한 가운데 일생을 보내라는 것이다.

# 17

악마를 항복시키려는 사람은 먼저 자신의 마음을 항복받으라. 마음이 항복하면 뭇악마가 곧 물러나리라. 길 안 든 마음을 제어하려면 먼저 자신의 객기를 제어하라. 객기가 가라앉으면 날뛰는 마음이 침입하지 못하리라.

降魔者는 先降自心하라. 心伏則群魔退廳하리라. 馭橫者는 先馭此氣하라. 氣平則外橫不侵하리라.(전 38)

**풀이**

도둑은 집 안에 있다. 너를 괴롭히는 악마는 너의 마음 속에 있으니 그 악마를 항복시키려거든 그 마음부터 항복받으라. 그러면 뭇악마가 함께 물러가리라. 길들지 않은 마음을 다스리려거든 먼저 마음 속의 객기를 바로잡으라. 객기가 가라앉으면 날뛰는 바깥 기운이 덤벼들지 못할 것이다.

# *18*

욕정에 관계된 일은 비록 쉽사리 즐길 수 있을지언정 조금도 손끝에 물들이지 말라. 일단 손끝에 적시면 이내 만 길 벼랑으로 떨어지리라. 도리에 관계된 일은 그 어려움을 꺼리어 조금이라도 물러서지 말라. 일단 물러서면 문득 천산이 가로막힌 듯 멀어지리라.

欲路上事는 毋樂其便하여 而姑爲染指하라. 一染指면 便深入萬仞하리라. 理路上事는 毋憚其難하여 而稍爲退步하라. 一退步면 便遠隔千山하리라.(전 40)

**풀이**

욕정의 길은 가기가 쉬울 뿐 아니라 그 유혹이 꿀보다 더 달다. 그 쉽고 달콤함에 반하여 함부로 맛보지 말라, 자칫 천 길 낭떠러지로 떨어진다. 도의의 길은 험하고 그 괴로움이 소태보다 쓰다. 이해하기 어렵고 실행이 어렵다 하여 그것을 꺼려 물러나서는 안 된다. 물러서다 보면 어느새 천산이 앞을 가로막으리라. 만 길 벼랑에서 떨어지고 천산이 막힌 곳까지 밀려나와 다시 옛 자리로 돌아가기가 어찌 쉬우랴. 능히 그럴 만한 사람이 몇이나 되겠는가.

# *19*

마음이 두터운 사람은 자신에게도 후하고 남에게도 후하여 곳곳을 모두 두텁게 하며, 마음이 담박한 사람은 자신에게도 박하고 남에게도 박하여 일마다 담박하게 한다. 그러므로 군자는 일상의 기호가 지나치게 두텁거나 담박해서는 못쓰며 지나치게 고적해서도 못쓴다.

念頭濃者는 自待厚하고 待人亦厚하여 處處皆濃이요 念頭淡者는 自待薄하고 待人亦薄하여 事事皆淡이니라. 故로 君子는 居常嗜好에 不可太濃艶하며 亦不可太枯寂이니라.(전 41)

**풀이**

마음이 두터운 사람은 의식주를 비롯한 모든 일에서 저에게나 남에게 함께 후덕하고 면밀하다. 이와 반대로 마음이 담박한 사람은 모든 것에 박하고 무심하기 쉽다. 후덕은 좋지만 농후가 병이요, 담박은 좋으나 무심이 병이다. 군자는 항상 즐기고 좋아하되 한 곳에 집착하지 않고 편협을 피하는 법이니 지나친 농염(濃艶)과 고담(枯淡)을 다 취하지 않는다.

# 20

저쪽이 부(富)를 들고 나오면 나는 인(仁)을 들고 나가고 저쪽이 지위를 들고 나오면 나는 의를 들고 나가니, 군자는 본디 임금이나 재상에게 농락당하지 않는다. 사람이 힘을 모으면 하늘도 이기며 뜻을 하나로 모으면 기질도 움직이는지라, 군자는 조물주의 틀 속에 갇히지 않는다.

彼富면 我仁이요 彼爵이면 我義니 君子는 固不爲君相所牢籠이니라. 人定이면 勝天하며 志一이면 動氣하나니 君子는 亦不受造物之陶鑄니라.(전 42)


**풀이**

상대가 금전으로 대하면 군자는 인격으로 대할 것이요, 상대가 지위로 대하면 군자는 의리로 대할 것이다. 그러므로 군자는 예부터 임금이나 정승이 농락하지 못한다. 뜻을 한 곳에 모으면 기질까지도 바꿀 수 있으니 사람의 힘을 굳건히 합치면 하늘도 이길 수 있다. 그러므로 군자는 조물주에게도 농락당하지 않으니 그 틀 속에서만 만들어지는 것이 아니다. '인정 승천(人定勝天)'은 지성 감천(至誠感天)의 다른 표현이다.

# 21

학문 하는 사람은 마땅히 정신을 가다듬어 한 길에 모아야 한다. 만일 덕을 닦으면서 뜻을 일의 성공이나 이름 내는 것에만 둔다면 결코 참된 경지에 이르지는 못할 것이요, 책을 읽으면서 읊조리는 재미나 풍류에만 감흥을 일으킨다면 결코 핵심에는 이르지 못할 것이다.

學者는 要收拾精神하여 倂歸一路니 如修德에 而留意於事功名譽하면 必無實諧며 讀書에 而奇興於吟咏風雅하면 定不深心이니라.
(전 44)

**풀이**

마음을 한 곳으로 모으는 것이 모든 공부의 바탕이다. 학문에 뜻을 두고도 마음이 항상 공명에만 팔려 있으면 그 바람에 덕이 달아날 것이니 학문의 깊은 조예(造詣)를 바랄 수 없을 것이다. 책을 읽으매 그 바닥에 깔린 이치를 알려 들지 않고 그저 읊조리는 재미나 풍류에만 맛을 붙인다면 그 바람에 도가 흐트러질 것이니 학문의 핵심에 이르지는 못할 것이다. 공명(功名)과 풍아(風雅)는 공부하는 이의 부수입이 될지언정 본업이어서는 안 된다.

# 22

덕을 기르고 도를 닦는 데에는 얼마쯤 목석 같은 마음을 지녀야 하나니, 만약 일단 탐내고 부러워하는 마음이 생기면 이내 욕심의 땅으로 내닫게 되리라. 세상을 건지고 나라를 꾸리는 데에는 얼마쯤 구름이나 물 같은 취미를 지녀야 하나니, 만약 일단 탐내고 집착하는 마음이 일면 이내 위험한 곳으로 떨어지고 말리라.

進德修道에는 要個木石的念頭니 若一有欣羨이면 便趨欲境이니라.
濟世經邦에는 要段雲水的趣味니 若一有貪著이면 便墮危機니라.
(전 46)

**풀이**

도를 닦고 덕을 기르는 동안은 마음을 목석처럼 지녀야 한다. 일단 부러워하는 마음이 생기면 이내 이욕의 마당으로 달아나기 때문이다. 세상을 구제하고 나라를 경영해야 할 자리에 오르면 물이나 구름처럼 담담함을 지켜야 한다. 일단 집착하는 마음이 생기면 문득 위기에 떨어지기 쉬운 까닭이다. 수도자에게 명리(名利)는 달콤한 유혹이니 목석 같은 집념이 필요하고, 위정자에게 지위에 대한 연착(戀着)도 달콤한 유혹이니 운수(雲水) 같은 자적이 필요하다.

# 23

착한 사람은 몸가짐이 안락하고 상서로움은 말할 나위 없거니와 잠자는 동안의 정신까지 온화하지 않음이 없으나, 몹쓸 사람은 하는 짓이 거칠고 사나움은 말할 나위 없거니와 목소리와 웃으며 하는 말에조차 살벌한 기운이 섞여 있다.

吉人은 無論作用安祥이요 則夢寐神魂도 無非和氣이나. 凶人은 無論行事狼戾요 則聲音笑語도 渾是殺機니라.(전 47)

**풀이**

다 같은 물을 마시되 소가 마시면 우유가 되고 뱀이 마시면 독이 된다는 말이 불경에 있다. 같은 세상살이에도 착한 사람은 꿈이나 생시 모두 온화한 기운으로 차서 몸가짐이 편안해 보이고, 악한 사람은 목소리와 웃음에조차 살벌한 기운이 섞여 하는 짓이 모두 사나워 보인다. 어찌 조심하지 않을 수 있으랴. 길인과 흉인의 경계는 지극히 얇은 것이다. 마음가짐 하나로 천 리나 경지에 차이가 난다.

# 24

간장이 병들면 앞을 볼 수 없게 되고 신장이 병들면 소리를 들을 수 없게 되니, 병은 사람이 볼 수 없는 곳에 들지만 반드시 사람이 볼 수 있는 곳에 나타난다. 그러므로 군자는 밝은 곳에서 죄를 얻지 않으려면 먼저 어두운 곳에서 죄를 짓지 말아야 할 것이다.

肝受病이면 則目不能視하고 腎受病이면 則耳不能聽하나니 病은 受於人所不見이나 必發於人所共見이니라. 故로 君子는 欲無得罪 於昭昭거든 先無得罪於冥冥이니라.(전 48)

### 풀이

음양 오행설(陰陽五行說)에 따르면 사람의 오장(五臟)은 감각 기관에 연결되어 있어서 내장에 병이 들면 겉으로 드러난다. 즉 간(肝)은 눈에, 폐(肺)는 코에, 심장(心臟)은 혀에, 비장(脾臟)은 입에, 신장(腎臟)은 귀에 연결되어 있다. 오장에 병이 들면 뱃속에서 생기는 일이므로 사람들이 모르지만 결국 감각 기관을 통해 밖으로 드러나 장애를 일으킨다. 따라서 사람들은 그것을 보고 어디가 나쁜지를 알게 된다. 마찬가지로 아무리 남이 모르는 곳에서 저지른 잘못이더라도 오래지 않아 밝게 드러나게 된다. 그러므로 여러 사람 앞에서 죄를 얻지 않으려면 모름지기 홀로 있을 때 삼가야 한다.

# 25

복은 일 적은 것보다 더한 복이 없고 화는 마음 쓸 일 많은 것보다 더한 화가 없으니, 오직 일에 시달려 본 사람이라야 바야흐로 일 적은 것이 복됨을 알고 오직 마음이 평안한 사람이라야 비로소 마음 쓸 일 많은 것이 화가 됨을 알리라.

福莫福於少事하고 禍莫禍於多心하나니 唯苦事者라야 方知少事之爲福하고 唯平心者라야 始知多心之爲禍니라.(전 49)

**풀이**

부질없는 일을 많이 만들지 말라. 일 적은 복보다 더 큰 복이 없기 때문이다. 마음 시끄러운 일을 많이 장만하지 말라. 마음 시끄러운 것보다 더 큰 화가 없는 까닭이다. 일 적은 복은 일에 시달린 사람만이 알고 마음 쓸 일 많은 화는 마음이 평안한 사람만이 아는 법이다. 그러나 일이 적어 편하다고 해서 다 복된 것은 아니고, 마음 시끄럽다고 옳은 일을 하는 사람까지 다 화를 입는 것이 아닌 줄도 알아야 한다.

# 26

마음 바탕이 조촐하여야 비로소 책을 읽어 옛것을 배울 수
있으리라. 그러지 않으면 한 가지 착한 일을 보아도 이를
훔쳐서 제 욕심을 채울 것이요, 한 마디 착한 말을 들어도
이를 빌려서 제 단점을 감출 것이니, 이 어찌 원수에게 무
기를 빌려 주고 도둑에게 양식을 대어 주는 것이 아니랴.

心地乾淨이라야 方可讀書學古니라. 不然이면 見一善行에 竊以濟
私하고 聞一善言에 假以覆短하리니 是는 又藉寇兵而齎盜糧이니
라.(전 54)

**풀이**

책을 읽을 때에는 옛사람의 마음을 배워야지, 좋은 일이나 좋은 말
만 흉내내고 빌리며 훔칠 생각을 해서는 못쓴다. 이는 마음 바탕이
깨끗하지 못한 까닭이니, 책을 읽어 인격을 닦는 것이 아니고 제
자랑과 제 단점 감추기에만 급급한 것이다. 이런 마음으로 책을 읽
으면 외적에게 병기를 내어 주는 셈이요, 도적에게 식량을 대어 주
는 꼴이 될 것이다.

# 27

사치스러운 사람은 부유해도 만족하지 못하니, 어찌 검소한 사람의 가난하면서도 여유 있음만 하랴. 능란한 사람은 수고하고도 원망을 불러들이니, 어찌 서투른 사람이 한갓 지면서도 천진스러움을 지킴만 하랴.

奢者는 富而不足이니 何如儉者의 貧而有餘리요. 能者는 勞而府怨이니 何如拙者의 逸而全眞이리요.(전 55)

**풀이**

사치에는 한도가 없으니 사치하려고 들면 아무리 부자라도 밤낮이 모자랄 것이다. 검소한 사람이 가난하면서도 여유를 잃지 않는 것과 비교하면 어느 쪽이 낫겠는가. 능란한 사람은 애써 일하고도 원망을 한몸에 모은다. 서투른 탓에 한가로우면서도 천진스러움을 지킬 수 있는 것과 비교하면 어느 쪽이 낫겠는가. 위만 쳐다보고 살면 마음 족할 날이 하루도 없을 것이요, 일을 아무리 잘해도 한 가지만 어긋나면 백 가지 공이 모두 원망으로 바뀌는 법이다.

# 28

책을 읽어도 성현을 보지 못한다면 글이나 베껴 내는 사람이 될 것이고, 벼슬자리에 있으면서도 백성을 자식처럼 사랑하지 않는다면 관을 쓴 도둑이 될 것이며, 학문을 가르치되 몸소 실천에 나서지 않는다면 구두선(口頭禪)이 될 것이고, 사업을 세우고도 덕을 심으려 생각하지 않는다면 눈앞의 한때 꽃이 되고 말리라.

讀書하되 不見聖賢이면 爲鉛槧傭이요 居官에 不愛子民이면 爲衣冠盜요 講學에 不尙躬行이면 爲口頭禪이요 立業에 不思種德이면 爲眼前花니라.(전 56)

**풀이**

책을 읽어도 성현의 도를 체득하지 못하면 아무리 읽은들 무슨 소용이 있는가. 벼슬자리에 앉아 백성을 사랑하지 않고 제 욕심만 채운다면 그는 관을 쓴 도둑과 다를 바 없어서 마침내 훔치는 일까지 자행할 것이다. 입으로 학문을 말하면서 제대로 실천하지 않으면 공염불일 뿐이다. 뜻을 세우고도 덕을 심을 줄 모르는 이는 눈앞의 한때 꽃을 볼 수 있을 따름이다. 외형에 휩쓸릴 것이 아니라 실질을 중요하게 여길 일이다.

# 29

괴로운 마음 가운데 항상 마음을 기쁘게 하는 멋을 얻으며,
뜻대로 되는 즈음에 문득 뜻을 잃는 슬픔이 생긴다.

苦心中에 常得悅心之趣하고 得意時에 便生失意之悲니라.(전 58)

**풀이**

즐거운 마음은 괴로운 마음 속에 있다. 괴롭다고 희망을 버려서는
안 된다. 실의의 슬픔은 득의한 가운데 있다. 성공하였다고 노력을
게을리 하여서는 안 된다. 괴로움이 다하면 즐거움이 오고, 기쁨이
다하면 슬픔이 온다. 무슨 일이든 뜻대로 되지 않는다고 실망할 것
도 없고, 뜻대로 잘 풀린다고 기고 만장할 것도 없다.

# 30

부귀와 명예가 도덕으로부터 온 것은 수풀 속의 꽃과 같아서 절로 자라나서 흐드러질 것이고, 공적으로부터 온 것은 화분이나 화단 속의 꽃과 같아서 문득 옮겨지기도 하고 뽑히거나 피어나기도 한다. 만약 권력으로써 얻은 것이면 꽃병 속의 꽃과 같아서 뿌리가 없으니, 그 시드는 것을 가히 서서 기다릴 수 있으리라.

富貴名譽의 自道德來者는 如山林中花하여 自是舒徐繁衍하고 自功業來者는 如盆檻中花하여 便有遷徙廢興이니라. 若以權力得者는 如瓶鉢中花하여 其根不植이니 其萎를 可立而待矣리라.(전 59)

**풀이**

같은 부귀 공명일지라도 그것을 얻게 된 연유에 따라 누림에 차이가 있다. 꽃에 비겨 말한다면 도덕으로 얻은 것이 가장 오래가니 그 꽃은 자연에 뿌리를 박은 까닭이요, 공적으로 얻은 것이 다음으로 오래가니 그 꽃은 인공으로 가꾼 까닭이요, 권력으로 얻은 것이 가장 일찍 시드니 그 꽃은 잠시 꺾어다 꽂은 까닭이다. 들에 심은 꽃과 화단에 심은 꽃과 꽃병에 꽂은 꽃이 어찌 같을 수 있으리요.

# *31*

봄이 와서 시절이 화창하면 꽃은 한결 곱게 피어나고 새도 몇 마디 고운 목청을 울린다. 선비가 다행히 두각을 나타내어 따뜻하고 배부르게 살면서도 좋은 말을 세우고 좋은 일을 할 생각이 없다면, 비록 이 세상에서 백 년을 살지언정 마치 하루도 살지 않은 것과 같으리라.

春至時和하면 花尙鋪一段好色하고 鳥且囀幾句好音하나니 士君子가 幸列頭角하고 復遇溫飽하되 不思立好言行好事면 雖是在世百年이라도 恰似未生一日이니라.(전 60)

**풀이**

봄이 오면 꽃도 아름답게 피고 새도 목청을 가다듬는다. 하물며 사람으로 태어나 선비라는 이름으로 두각을 나란히 했을 뿐 아니라, 주리고 헐벗지 않았으니 어찌 드문 복이라 하지 않겠는가. 마땅히 분발하여 학문을 갈고 덕을 닦으면 좋은 사업을 이룰 것이나, 그러지 않으면 사람으로 태어난 보람이 무엇이며 선비의 이름이 욕되지 아니하랴. 백 년을 살아도 하루를 사는 것보다 못해서는 안 될 것이다.

# 32

진실한 청렴에는 청렴이라는 이름조차 없으니, 이름을 내려는 것은 바로 탐욕스러운 까닭이다. 참으로 큰 재주에는 교묘한 기술이 없으니, 기교를 부리는 것은 곧 졸렬한 까닭이다.

眞廉은 無廉名이니 立名者는 正所以爲貪이요 大巧는 無巧術이니 用術者는 乃所以爲拙이니라.(전 62)

**풀이**

참으로 청렴한 사람은 청렴하다고 자랑하지 않는지라 청렴하다고 이름이 날 리 없다. 이름을 드날린 사람은 어찌 보면 이름을 탐한 것이다. 이와 마찬가지로 참으로 큰 재주꾼은 교묘한 꾀를 부리지 않는다. 기교에 의지하는 것은 졸렬한 까닭이다. 무엇이든 지극한 것은 스스로 갖추어질 뿐, 이름을 얹거나 잔재주로 가려 보아야 헛일이라는 말이다.

# 33

명리를 탐하는 마음을 뿌리뽑지 못한 이는 비록 천 승(千乘)을 가벼이 알고 한 바가지 물을 달게 여길지라도 실상은 세속의 정에 떨어진 것이요, 객기가 온전히 사라지지 않은 이는 비록 사해에 은혜를 베풀고 만세에 이익을 끼칠지라도 마침내 값 없는 재주에 그치리라.

名根未拔者는  縱輕千乘甘一瓢라도  總墮塵情하고  客氣未融者는 雖澤四海利萬世라도  終爲剩技니라.(전 64)

**풀이**

명리를 탐하는 마음이 아직 남은 사람은 비록 겉으로는 왕후의 부귀를 가벼이 알고 한 그릇의 밥과 한 바가지의 물로써 족한 척하여도 본심은 세속의 정에 빠져 있는 것이며, 객기가 아직 덜 녹은 사람은 비록 곳곳에 은혜를 베풀고 오래 이익을 끼쳐도 그것은 쓸데없는 재주에 지나지 않는다. 옛날에 주(周)나라에서는 병거(兵車)의 수로 지위를 나타냈는데 천자는 만 승(萬乘)이었고 제후는 천 승(千乘)이었다. 일표(一瓢)는 『논어(論語)』의 '일단사 일표음(一簞食一瓢飮)'에서 딴 것이다.

# 34

마음 바탕이 밝으면 어두운 방 안에도 푸른 하늘이 있고,
생각 머리가 어두우면 환한 낮에도 악귀가 나타난다.

心體光明하면 暗室中에도 有靑天하며 念頭暗昧하면 白日下에도
生厲鬼니라.(전 65)

**풀이**

밝은 마음에 한 점의 잡념도 먼지를 일으키지 않으면 어두운 방
안에 있을지라도 푸른 하늘이 열릴 것이요, 마음 자리에 망상이 가
득하면 환한 낮에 눈을 뜨고 있을지라도 악귀가 나타나곤 한다.

# 35

사람들은 이름 있고 지위 있음만 즐거운 줄 알고 이름 없고 지위 없는 즐거움이 참된 즐거움인 줄은 모른다. 사람들은 주리고 추운 것만 근심인 줄 알고 주리지 않고 춥지 않은 근심이 더욱 심한 줄은 모른다.

人知名位爲樂하고 不知無名無位之樂이 爲最眞하며 人知饑寒爲憂하고 不知不饑不寒之憂가 爲更甚이니라.(전 66)

**풀이**

명성과 지위가 즐거움인 줄 아는 것은 나타나는 권세의 호기(豪氣)를 두고 말함이지만, 알고 보면 그 이면에는 수고스러운 마음과 곤욕이 감추어져 있게 마련이다. 거기에 비하면 치란(治亂)의 고달픔을 모르고 올라가고 내쫓기는 것을 모르며 법에 걸리고 옥에 간힐 뿐 아니라 목숨까지 달아나는 일은 더구나 모르는, 명성 없고 지위 없는 즐거움이 얼마나 좋은가. 도둑맞지 않는 비결은 훔쳐 갈 것이 없게 하는 것이 제일이라더니 돈 있는 사람이 악착같이 더 모으려는 근심이 어찌 주리고 추운 사람의 근심보다 작을 수가 있으랴. 남의 밥에 든 콩이 굵어 보이는 것도 흔한 심보지만, 누더기 이불일망정 잠자리는 제 집이 가장 편한 것도 사실이다.

# 36

악한 일을 하면서도 남이 알까 두려워하면 그 악 속에 오히려 선의 길이 있고, 착한 일을 하면서도 남이 알아주기를 성급히 바라면 그 선 속에 악의 뿌리가 있다.

爲惡而畏人知는 惡中에 猶有善路요 爲善而急人知는 善處에 卽是惡根이니라.(전 67)

**풀이**

악을 저지르고서 그것이 남에게 알려질까 두려워하는 것은 아직 얼마쯤 양심이 남아 있기 때문이니 악하면서도 선으로 향할 길이 있으나, 선한 일을 하였다 하여 곧 그것을 남이 알아줬으면 하고 바라는 것은 그 마음 속에 벌써 악의 뿌리가 숨어 있는 것이다. 이와 같은 위선은 경계해야 마땅하다.

# 37

하늘의 기틀은 헤아릴 수가 없어서 억눌렀다가는 펴게 하
고 펴게 하였다가는 억누르니, 이 모두 영웅을 우롱하고 호
걸을 거꾸러뜨리는 짓이다. 그러나 군자는 천운이 역으로
와도 다만 순리로 맞으며, 편안하게 살 때에 위험을 생각하
는지라 하늘도 그 재주를 부릴 수가 없다.

天之機緘은 不測하여 抑而伸하고 伸而抑하나니 皆是播弄英雄하
고 顚倒豪傑矣니라. 君子는 只是逆來順受하고 居安思危하여 天亦
無所用其伎倆矣니라.(전 68)

**풀이**

함(緘)은 봉한다는 뜻이니 바깥에서 볼 수 없는 작용을 기함(機緘)
이라 말한다. 하늘의 조화야말로 인간의 지혜로는 헤아릴 길이 없
다. 처음에는 억눌러서 갖은 고생을 시키다가 뒤에는 펴서 부귀 공
명을 주기도 하고, 반대로 처음에는 펴서 영화를 주다가도 나중에
는 억눌러서 영락하게도 만든다. 참으로 하늘은 영웅을 장난감처럼
주무르고 호걸을 엎어지고 고꾸라지게 한다. 한(漢)나라 패공(沛公)
이 뱃사공으로서 일어나 천하를 통일한 것은 처음에는 눌렀다가
나중에 편 것이요, 프랑스의 나폴레옹이 황제의 자리로부터 외딴
섬에 귀양을 간 것은 처음에 폈다가 나중에는 억누른 것이 아닌가.

그러므로 군자는 천운(天運)이 역경으로 몰면 그것에 순종함으로써
받아들이고, 평안 무사할 때에는 위난이 닥칠 것을 미리 생각하고
대비하니 하늘도 그 교묘한 재주를 부릴 수가 없다.

## 38

성질이 조급한 사람은 타는 불과 같아서 보는 것마다 태워 버리고, 남에게 은혜 베풀기를 즐기지 않는 이는 얼음과 같이 차서 닥치는 것마다 얼려 죽이며, 기질이 따분하고 고집 있는 사람은 흐르지 않는 물이나 썩은 나무와 같아 생기가 없다. 이들은 모두 공적을 세우기 어렵고 길이 복을 누리기 어렵다.

燥性者는 火熾하여 遇物則焚하고 寡恩者는 氷淸하여 逢物必殺하며 凝滯固執者는 如死水腐木하여 生機已絶이니 俱難建功業而延福祉니라.(전 69)

**풀이**

성미가 너무 급하면 타오르는 불길 같아서 닥치는 일마다 태워 버린다. 너무 찬 사람은 남에게 은혜 베풀 줄을 모르는지라 만나는 것마다 얼려 죽인다. 기질이 옹색한 사람은 썩은 물이나 죽은 나무와 같아서 생기가 없다. 이 셋은 모두 공적을 이룩하기 어렵게 만들고 행복을 길이 누릴 수 없게 만든다. 너무 뜨겁지도 말고 차갑지도 말며 막히지도 말아야 비로소 원만한 사람이 될 것이다.

# 39

행복은 마음대로 구할 수 없으니 스스로 즐거운 정신을 길러 복을 부르는 바탕으로 삼을 따름이요, 재앙도 마음대로 피할 수 없으니 남을 해치는 마음을 없앰으로써 재앙을 멀리하는 방도로 삼을 따름이다.

福不可徼니 養喜神하여 以爲召福之本而已요 禍不可避니 去殺機하여 以爲遠禍之方而已니라.(전 70)

**풀이**

행복이란 구한다고 그 때마다 구할 수 있는 것은 아니다. 다만 마음을 편안하게 가짐으로써 행복이 와서 앉을 바탕을 마련하는 것이 행복을 구하는 방법이다. 재앙도 피하려고 해서 마음대로 피할 수 있는 것이 아니다. 오직 살기를 없앰으로써 재앙을 멀리하는 수밖에 없다. 복은 살벌한 자리에 오지 않고 재앙은 온화한 곳에 머무르지 않기 때문이다.

# 40

천지의 기운은 따뜻하면 낳아서 기르고 차면 시들어 죽게 한다. 그러므로 성질이 깨끗하고 차가운 사람은 받아서 누리는 것도 박할 것이니, 오직 화기 있고 마음이 따뜻한 사람이라야 그 복이 두터우며 그 은택(恩澤)도 오래가리라.

天地之氣는 暖則生하고 寒則殺하니 故로 性氣淸冷者는 受享亦凉薄이니 唯和氣熱心之人은 其福亦厚하고 其澤亦長이니라.(전 72)

**풀이**

자연의 이치를 보라. 날씨가 따뜻하면 초목에 물이 오르고 잎이 나면 꽃이 피고 열매가 열리지만, 날씨가 추워지면 잎이 지고 모든 것이 시들지 않는가. 사람의 성질도 차가우면 받아들이는 것이 모두 차고 메마르며, 심정이 따뜻하고 부드러운 사람은 누리는 복이 두텁고 베푸는 은택(恩澤)도 장구하다.

# *41*

천리(天理)의 길은 아주 넓어서 조금이라도 마음을 여기에 두면 가슴 속이 문득 커지고 밝아짐을 깨닫게 되나, 인욕 (人欲)의 길은 매우 좁아서 조금이라도 여기에 발을 들이면 눈앞이 모두 가시덤불과 진흙탕이 되고 만다.

天理路上은 甚寬하여 稍游心이라도 胸中이 便覺廣大宏朗하고 人欲路上은 甚窄하여 纔寄迹이라도 眼前이 俱是荊棘泥塗니라.
(전 73)

**풀이**

천리(天理)의 길은 하늘같이 넓고 커서 마음을 조금만 여기에 두어도 답답한 가슴이 문득 탁 트여서 밝아짐을 깨달을 수 있다. 인욕 (人欲)의 길은 험하고 좁아서 잠깐만 마음을 여기에 들여놓아도 눈앞이 캄캄하여 모두 가시밭과 진흙탕이 된다. 정대(正大)한 마음을 쓰면 어둠 속에도 항상 밝은 빛이 있고, 사욕에 마음이 매이면 분명한 일에도 눈이 어두워진다는 말이다.

# 42

괴로움과 즐거움을 섞어 맛보아 고락이 서로 연마(練磨)하여 이룬 행복이라야 그 행복이 비로소 오래가며, 의심과 믿음을 서로 참작한 다음에 이룬 지식이라야 그 지식이 비로소 참된 법이다.

一苦一樂을 相磨練하여 練極而成福者라야 其福始久하고 一疑一信을 相參勘하여 勘極而成知者라야 其如始眞이니라.(전 74)

**풀이**

괴로움을 모르는 즐거움은 참즐거움이 아니다. 괴로움을 맛보아 그 속에서 즐거움을 찾는 것, 괴로움과 즐거움이 서로 갈고 닦은 나머지 이룬 행복이야말로 참행복이라서 비로소 오래간다. 의심하여 보지 않은 믿음은 참믿음이 아니다. 의심한 나머지 믿는 것, 의혹과 신념이 서로 살펴서 이룬 지식이라야 비로소 참지식이 된다.

# 43

마음은 비어 있지 않으면 안 되니 비어 있어야 정의와 진리가 거기 와서 살 것이요, 마음은 차 있지 않으면 안 되니 차 있어야 물욕이 거기에 들어오지 못한다.

心不可不虛일지니 虛則義理來居하며 心不可不實일지니 實則物欲不入이니라.(전 75)

### 풀이

물욕과 사념(邪念)이 없는 것을 공허라 하고, 정의와 진리가 가득 찬 것을 충실(充實)이라 한다. 마음을 비워야 한다는 것은 물욕과 사념을 털어 버리라는 말이니, 그래야만 그 자리에 의리가 들어와 앉는 법이다. 마음을 가득 채워야 한다는 것은 정의와 진리로 채우라는 말이니, 그래야만 거기에 욕념이 들어앉을 자리가 없다.

# 44

수레를 뒤집는 사나운 말도 길들이면 부릴 수 있으며, 마구 튀는 쇳물도 마침내 틀 속에 부을 수 있다. 사람이 하는 일 없이 놀기만 하고 분발하지 않으면 평생 아무런 진보도 없으리라. 진백사(陳白沙)가 "사람됨이 병 많음은 그리 부끄럽지 않으나 일생토록 병 없음이 나의 근심이다." 하였으니 참으로 옳은 말이다.

泛駕之馬도 可就驅馳요 躍冶之金도 終歸型範이니 只一優游不振하면 便終身無個進步니라. 白沙云하되 爲人多病未足羞나 一生無病是吾憂라 하니 眞確論也로다.(전 77)

**풀이**

사나운 말도 길들이면 부릴 수 있고 끓어 넘치는 쇳물도 잘 다루면 틀에 넣을 수 있으니, 아무리 못된 사람이라도 분발하여 단련하면 쓰임이 있지 않겠는가. 일찍 단념하거나 너무 자비(自卑)하여 일생을 흥뚱항뚱거리고 놀기만 하면 마침내 아무런 진보도 없을 것이다. 사람이 병 많은 것은 천품(天稟)이 허약하여 그렇겠지만 일생토록 인생에 대한 번민이 없는 것은 얼마나 부끄럽고 슬픈 일인가. 범가지마(泛駕之馬)는 수레를 엎는 말이라는 뜻이요, 약야지금(躍冶之金)은 도가니에 녹여서 주형에 넣기 힘든 쇠라는 뜻이니

『장자』에 나오는 말이다. 백사(白沙)는 명(明)나라 때의 학자 진헌장(陳獻章)을 일컬으며 호는 석재(石齋), 자는 공보(公甫)이다. 백사(白沙)에 은거하며 학문을 강론하였으므로 문인(門人)들이 백사 선생이라 하였다.

# 45

사람이 일단 사사로운 이익을 탐내는 마음이 생기면, 문득 강한 기운이 꺾여 나약해지고 슬기가 막혀 어두워지며 너그러운 마음이 변하여 가혹해지고 조촐한 뜻이 더러워져서 일생의 인품을 깨뜨리고 만다. 그래서 옛사람들은 탐내지 않는 것을 보배로 삼았으니, 일세를 초월한 까닭이 여기에 있다.

人只一念貪私면 便銷剛爲柔하고 塞智爲昏하며 變恩爲慘하고 染潔爲汚하여 壞了一生人品하나니 故로 古人은 以不貪爲寶하니 所以度越一世니라.(전 78)

**풀이**

사람이 일단 이기의 탐욕에 집착하면, 강직한 기운도 녹아 유약해지고 밝은 지혜도 흐려지며 은애(恩愛)도 변하여 가혹해지고 결백도 때가 묻어 더러워져서 이로 말미암아 한평생의 인품이 무너지고 만다. 그러므로 옛사람들은 탐내지 않는 마음을 보배로 삼았다. 한 세상을 초월하는 힘은 사사로운 이익을 탐내지 않는 것에서 비롯된다.

# 46

기상은 높고 넓어야 하나 허술하거나 거칠어서는 안 되고, 생각은 빈틈이 없어야 하나 잘게 굴어서는 안 된다. 취미는 깨끗하고 맑아야 하나 치우치거나 메말라서는 안 되고, 지조를 지킴에는 엄하고 밝아야 하나 과격해서는 안 된다.

氣象은 要高曠而不可疎狂하고 心思는 要縝密而不可瑣屑하며 趣味는 要冲淡而不可偏枯하고 操守는 要嚴明而不可激烈이니라.
(전 81)

**풀이**

사람의 기상은 마땅히 높고 넓어야 하지만 허술하거나 거칠어서는 안 되며, 생각은 마땅히 치밀해야 하지만 자잘해서는 못쓰며, 취미는 깨끗하고 맑아야 하지만 편벽되고 메말라서는 안 되며, 지조는 엄정해야 하지만 과격해서는 안 된다. 고광(高曠)은 소광(疎狂)으로 빠져들기 쉽고, 면밀(綿密)은 쇄설(瑣屑)에 빠지기 쉬우며, 충담(冲淡)은 고적(枯寂)에 떨어지기 쉽고, 엄명(嚴明)은 격렬(激烈)에 휩쓸리기 쉬우므로 그 위험한 점을 경계한 것이다.

# 47

청렴하면서도 너그럽고 어질면서도 결단을 잘하며 총명하면서도 너무 살피지 않고 강직하면서도 지나치게 따지지 않는다면, 이를 일컬어 꿀 발라도 달지 않고 바다 물건이라도 짜지 않다 하리니 비로소 이것이 아름다운 덕이 되리라.

淸能有容하고  仁能善斷하며  明不傷察하고  直不過矯면  是謂蜜餞不甛이요  海味不鹹이니  纔是懿德이니라.(전 83)

**풀이**

청렴한 사람은 더러운 것을 못 견디는지라 오탁(汚濁)을 포용하기 힘들며, 어진 사람은 우유(優柔)해서 결단력이 모자란다. 총명한 사람은 지나치게 살피고, 강직한 사람은 가리고 따지기를 좋아한다. 그러므로 청렴하면서도 포용의 도량이 있고 인자하면서도 결단의 힘이 있으며 총명하면서도 부드럽고 강직하면서도 너그러우면, 이는 중용을 갖춘 인품이니 마치 꿀 바른 음식이 달지 않고 해물이 짜지 않은 것과 같은 격이다.

# 48

가난한 집도 깨끗이 땅을 쓸고 가난한 여자도 깨끗이 머리를 빗으면 비록 겉모양새가 빼어나지는 못할지라도 기품이 절로 풍아(風雅)하리로다. 선비가 한때 곤궁함과 쓸쓸함을 당한들 어찌 문득 스스로 뜻을 잃고 늘어질쏘냐.

貧家도 淨拂地하고 貧女도 淨梳頭하면 景色은 雖不艶麗나 氣度는 自是風雅니라.  士君子는  一當窮愁寥落이나  奈何輒自廢弛哉리요. (전 84)


**풀이**

오막살이 집도 깨끗이 쓸고 닦으면 그런대로 멋스러운 구석이 있고, 가난한 집 여자라도 머리 빗어 다듬으면 옷과 화장이 빼어나지는 않아도 그런대로 품격이 있다. 겉모양새가 요염하고 화려해야만 멋이 아니니 아담한 품격이 있으면 족하다. 하물며 선비가 궁해져서 쓸쓸한 지경에 떨어질지언정 어찌 그대로 자포 자기하고 말 것인가.

# 49

한가할 때에 헛되이 시간을 보내지 않으면 바쁜 데에 쓸모가 있고, 고요할 때에 공적(空寂)에 떨어지지 않으면 움직이는 데에 쓸모가 있으며, 어두울 때에 속이고 숨기지 않으면 밝은 데에 쓸모가 있으리라.

閑中에 不放過면 忙處에 有受用하고 靜中에 不落空이면 動處에 有受用하며 暗中에 不欺隱이면 明處에 有受用이니라.(전 85)

**풀이**

목마를 때 샘을 파는 것은 때늦은 행동이다. 한가할 때에 헛되이 세월을 보내지 않고 무엇이든 준비하면 바쁜 때에 반드시 쓸 곳이 생긴다. 움츠리는 것은 펼 뜻이라는 말도 있거니와 사람은 불우할 때에 절로 한가하고 그 한가할 때에 무슨 공부라도 쌓아서 자기의 포부와 경륜으로 때를 기다려야 한다. 고요할 때에 망상에 빠지지 않고 능력을 키워 두면 움직일 때에 반드시 도움이 된다. 어두운 곳에서 숨기거나 속이지 않고 당당하게 행동하면 밝은 곳에 나와 신망을 얻을 것이다.

# 50

한 생각이 문득 일어나 욕망의 길로 향하는 낌새가 느껴지
면 곧 이성의 길을 따르도록 잡아당기라. 일어나매 이내 깨
닫고 깨달으매 이내 돌려야 하니, 이것이 곧 재앙을 돌려
서 복으로 삼고 죽음에서 일으켜 삶으로 돌리는 열쇠이다.
진실로 가볍고 쉽게 흘려 버리지 말아야 할 것이다.

念頭起處에  纔覺向欲路上去면  便挽從理路上來하라.  一起便覺하
고  一覺便轉이니  此是轉禍爲福하고  起死回生的關頭니  切莫輕易
放過니라.(전 86)

**풀이**

무슨 생각이 일어날 때 그것이 사욕 쪽으로 가는 듯하면 곧 붙잡
아서 도리 쪽으로 오게 하라. 생각이 일어나면 이내 어느 방향으로
가는지 깨닫고, 깨달으면 그 자리에서 붙잡아 돌리라. 이렇게 하면
재앙을 돌이켜 복이 되게 하고 죽으려는 것을 일으켜 삶으로 돌리
는 방도를 알게 되리니, 진실로 쉽고 가볍게 여겨 지나쳐서는 안
될 것이다.

# 51

자신을 바쳐 일하기로 하였으면 그 일에 의심을 두지 말라. 의심으로 거리끼면 이미 버린 이기(利己)의 마음 때문에 부끄러움이 많으리라. 남에게 무엇을 베풀었으면 그 보답을 따지지 말라. 보답을 따지면 앞에 베푼 바 그 마음까지 그르치게 되리라.

舍己거든 毋處其疑하라. 處其疑하면 卽所舍之志多愧矣리라. 施人이거든 毋責其報하라. 責其報하면 倂所施之心俱非矣리라.(전 89)

**풀이**

좋은 일인 줄 알고 헌신적으로 일을 맡았으면, 그 일이 자기에게 이로운지 불리한지를 다시 의심하지 말라. 의심하고 주저하면 신명을 바치기로 한 처음의 뜻이 부끄러워지고 만다. 남에게 무슨 좋은 일을 베풀었거든 나중에라도 보답을 바라지 말라. 보답을 바라면 처음의 착한 마음까지 그르치고 만다.

# 52

하늘이 나에게 복을 박하게 준다면 나는 내 덕을 두텁게 하여 이를 맞이하고, 하늘이 나의 몸을 수고롭게 한다면 나는 내 마음을 편안하게 하여 이를 보완하며, 하늘이 나의 경우를 곤궁하게 만든다면 나는 내 도를 이룩하여 이를 통하게 할 것이니 이와 같으면 하늘인들 나를 어찌하랴.

天薄我以福이면 吾厚吾德以迓之하고 天勞我以形이면 吾逸吾心以補之하고 天阨我以遇면 吾亨吾道以通之리니 天且我奈何哉리요. (전 90)

**풀이**

하늘이 나에게 복을 박하게 준다면 나는 덕을 더 두터이 쌓아 다시 기다릴 것이다. 하늘이 나의 육신을 괴롭힌다면 나는 마음을 편하게 가져 그 손실을 메울 것이다. 하늘이 나에게 나쁜 환경을 준다면 나는 도를 이룩하여 막힌 길을 뚫을 것이다. 이렇게 마음을 가지면 하늘이 아무리 모진들 나를 어떻게 하겠는가.

# 53

곧은 선비는 행복을 구하는 마음이 없는지라 하늘이 그 마음 없는 곳을 찾아 속마음을 열어 주고, 음흉한 사람은 재앙을 피하려고만 애쓰는지라 하늘이 그 애쓰는 마음에 재앙을 내려 그 넋을 빼앗는다. 가히 볼지라, 하늘의 기미와 권능이 가장 신묘함을. 사람의 지혜와 기교가 무슨 보람이 있으랴.

貞士는 無心徼福이라 天卽就無心處하여 牖其衷하고 憸人은 著意避禍라 天卽就著意中하여 奪其魄하나니 可見天之機權最神이니 人之智巧何益이리요.(전 91)

**풀이**

지조를 지키는 선비는 행복을 구하는 마음이 없기 때문에 하늘은 그 무심함을 향하여 속마음을 열어 준다. 엉큼한 사람은 늘 재앙을 피하는 데 뜻을 두기 때문에 하늘은 그 피하려고 애쓰는 마음을 혼내 준다. 이로 미루어 보면 하늘의 크나큰 작용과 권능은 사람의 잔꾀와 재주로는 어쩔 수 없음을 알게 된다.

# 54

기녀일지라도 늘그막에 지아비를 따른다면 한세상 분 냄새
가 거리낌이 없을 것이요, 열녀일지라도 머리털 센 다음에
정조를 잃는다면 반평생의 수절이 아랑곳없으리라. 속담에
"사람을 보려면 다만 그 삶의 후반을 보라." 하였으니 참으
로 명언이다.

聲妓도 晩景從良하면 一世之胭花無碍하고 貞婦도 白頭失守하면
半生之淸苦俱非니라. 語에 云하되 看人에 只看後半截하라 하니
眞名言也로다.(전 92)

**풀이**

양(良)은 양인(良人)이니 지아비라는 뜻이다. 창부라도 만년에 한
남편을 좇으면 한평생 화류계 분 냄새가 큰 허물이 되지 않고, 수
절하던 여자라도 머리가 셀 즈음에 정조를 잃으면 그 동안 어렵게
수절한 것이 물거품으로 돌아갈 것이다. 앞의 기생은 처음은 나빴
으나 뒤가 좋았으니 좋고, 뒤의 열녀는 처음은 좋았으나 뒤가 나빴
으니 나쁘다는 말이다. 그러므로 사람을 보려거든 그의 후반생을
보라는 것이다. 죽을 때와 곳을 잘 고른 것 하나만으로 일생의 허
물도 묻히고 훌륭한 이름을 남긴 사람이 많다.

# 55

평민이라도 기꺼이 덕을 심고 은혜를 베풀면 문득 벼슬 없는 재상이 되고, 사대부라도 헛되이 권세를 탐내고 총애를 팔면 마침내 벼슬 있는 거지가 된다.

平民도 肯種德施惠하면 便是無位的公相이요 士夫도 徒貪權市寵하면 竟成有爵的乞人이리라.(전 93)

**풀이**

마음 나라에서는 덕 높은 사람이 가장 높고 권력 자랑하는 사람이 거지이다. 평민이라도 덕을 쌓고 은혜를 베풀면 이는 곧 지위 없는 재상이요, 비록 사대부라도 권세를 탐내고 총애나 사고 팔면 이는 곧 벼슬 있는 거지가 된다는 말이다.

# 56

군자로서 선을 속인다면 소인이 마음대로 악을 저지르는 것과 다를 바 없고, 군자로서 절개를 바꾼다면 소인이 스스로 새로워지는 것만도 못하리라.

君子而詐善이면 無異小人之肆惡이요 君子而改節이면 不及小人之自新이니라.(전 95)

**풀이**

군자가 위선을 행하는 것은 소인이 악을 저지르는 것과 다를 바가 없다. 더구나 군자가 변절을 한다면 이것은 소인이 개과 천선하는 것만도 못하다.

# 57

역경에 있으면 몸의 주위가 모두 침이요 약이라 모르는 사
이에 절조와 행실을 닦게 되고, 순경에 있으면 눈앞이 모두
칼과 창이라 기름을 녹이고 뼈를 깎아도 알지 못한다.

居逆境中이면  周身이  皆鍼砭藥石이라  砥節礪行而不覺하고  處順
境內면  眼前이  盡兵刃戈矛라  銷膏靡骨而不知니라.(전 99)


**풀이**

사람은 불우할 때 참공부를 한다. 주위에서 부닥치는 모든 괴롭고
아프고 서러운 것이 그대로 침과 약이 되기 때문이니, 모르는 동안
에 자기를 반성하고 단련하게 된다. 반면에 좋은 환경에 있으면 타
락하기 쉽다. 주위에 있는 모든 즐겁고 달콤하고 반가운 것이 그대
로 칼과 창이 되기 때문이니, 알지 못하는 사이에 해이해지고 속이
비게 된다.

## 58

부귀한 집안에서 자라난 사람은 욕심이 사나운 불길 같고 권세가 세찬 불꽃 같다. 만일 조금이라도 맑고 서늘한 기운을 띠지 않으면 그 불꽃이 남을 태우는 데 이르지는 않을지라도 반드시 자신을 태우고 말리라.

生長富貴叢中的은 嗜欲如猛火하고 權勢似烈焰이라 若不帶些淸冷氣味하면 其火焰이 不至焚人이나 必將自爍矣리라.(전 100)

**풀이**

부유하고 귀하게 자란 사람은 재력과 권력을 기준으로 매사를 판단하기 쉽다. 그러므로 욕심을 추구하는 마음이 사나운 불길 같고, 권세를 휘두를 때는 세찬 불길 같을 때가 많다. 이런 사람은 자신을 반성하고 욕심을 억누를 줄 아는 맑고 서늘한 기운을 지니지 않으면, 남을 파탄에 빠뜨리거나 스스로 파멸하고 말 것이다. 부귀하게 자란 사람은 항상 이 점을 마음에 새기고 삼가야 할 것이다.

# 59

사람의 마음이 한결같이 진실하면 서리도 내리게 할 수 있고 성벽도 무너뜨릴 수 있으며 쇠와 돌도 뚫을 수 있다. 그러나 거짓되고 망령된 사람은 꼴만 갖추었을 뿐 진짜 임자는 이미 망한지라, 남을 대하면 면목이 가증스럽고 홀로 있으면 제 모습과 그림자가 스스로 부끄러울 것이다.

人心一眞은 便霜可飛하고 城可隕하며 金石可貫이나 若僞妄之人은 形骸徒具나 眞宰已亡이라 對人則面目可憎하고 獨居則形影自媿니라.(전 101)

**풀이**

사람의 진심에서 나오는 일념은 천지 신명도 감동케 하는 힘이 있으니, 오뉴월에 서리를 내리게 할 수도 있고 견고한 성벽도 무너뜨릴 수 있으며 쇠와 돌도 뚫을 수 있다. 오월에 서리가 내린다는 것은 『회남자(淮南子)』에 나오는 추연(鄒衍)의 고사에서 비롯한다. 추연이 충성을 다하여 연왕(燕王)을 섬겼으나 주위의 참소로 말미암아 옥에 갇히게 되었다. 이에 추연이 하늘을 우러러 통곡하니 오월인데 하늘에서 서리가 내렸다고 한다.

성벽을 무너뜨린다는 것은 『고금주(古今注)』에 나오는 기량(杞梁)의 처와 관련된 고사에서 비롯한다. 기량이 싸움터에 나가서 죽자 그의 처가 슬피 울며 탄식하니 하늘도 감동하여 도성이 저절로 무너졌다고 한다. 쇠와 돌도 뚫는다는 말은 주자(朱子)의 시에 나온다. "양기가 일어나는 곳에 쇠와 돌도 뚫을 수 있으니 정신을 하나로 모으면 이루지 못할 일이 없다."는 구절이 그것이다. 그러나 거짓되고 망령된 사람은 이와 반대로 겉만 비슷할 뿐 진심은 이미 망한 상태이다. 그러므로 하늘을 감동시키기는커녕 남이 보면 그 얼굴이 밉고 홀로 생각해 보아도 제 모습과 그림자조차 부끄러울 따름이다. 진실이란 얼마나 고귀한 것인가.

# 60

문장을 공부하여 지극한 경지에 이르면 별다른 기발함이 있는 것이 아니라 다만 알맞을 뿐이고, 인품을 도야하여 지극한 경지에 이르면 별다른 기이함이 있는 것이 아니라 다만 본연일 뿐이다.

文章이 做到極處하면 無有他奇라 只是恰好요 人品이 做到極處하면 無有他異라 只是本然이니라.(전 102)

**풀이**

문장을 공부하여 지극한 경지에 이르면 별나고 기묘한 재주가 필요 없음을 알 것이다. 다만 생각과 표현이 알맞으면 그만이기 때문이다. 인품도 수양하여 지극한 경지에 이르면 이상함이 없는 것이다. 오직 본래 그대로가 최고 경지이기 때문이다.

# 61

입에 맛있는 음식은 모두 창자를 곯게 하고 뼈를 썩게 하는 나쁜 약이니 반쯤 배가 부를 때 멈추어야 재앙이 없고, 마음에 즐거운 일은 모두 몸을 망치고 덕을 잃게 하는 촉매이니 반쯤 기분이 좋을 때 그쳐야 후회가 없으리라.

爽口之味는 皆爛腸腐骨之藥이니 五分이면 便無殃이요 快心之事는 悉敗身喪德之媒이니 五分이면 便無悔니라.(전 104)

**풀이**

입에 달콤한 음식과 마음에 즐거운 일에는 이끌리기 쉽고 빠져들기 일쑤이다. 그러다 보면 몸을 망치고 덕을 상하게 되는 수가 많다. 돌이켜 보면 배불리 잔뜩 먹지 않으면 탈이 없을 것이니 늘 조심할 일이다. 맛있는 음식을 먹다 말고 즐거운 일을 반쯤에서 그만두기란 쉬운 노릇이 아니다. 달콤한 음식과 즐거운 일을 마약이라고 생각하는 것도 한 가지 방법이다. 마약은 많이 먹으면 중독되고 몸을 망치지만, 조금 쓰면 경우에 따라 약이 되는 수도 있기 때문이다.

# 62

남의 작은 허물을 꾸짖지 말고 남의 비밀을 드러내지 말며 남의 지난 잘못을 생각지 말라. 이 셋으로써 덕을 기르고 해를 멀리할 수 있다.

不責人小過하고 不發人陰私하며 不念人舊惡하라. 三者는 可以養德하고 亦可遠害니라.(전 105)

**풀이**

허물 없는 사람이 없으면서도 남의 흉 안 보는 사람도 없다. 남의 작은 허물을 뒤져 내어 꾸짖지 말라. 감추는 일 없는 사람이 없으면서도 남의 비밀을 폭로하기 좋아하는 것은 무슨 못된 버릇이랴. 남의 사사로운 일을 들추어내지 말라. 좋은 점이 아무것도 없으면 이 세상에서 살 수 없다. 그 사람과 사귐을 계속하려거든 그 사람의 지난 잘못을 다시 생각지 말라. 덕이란 별다른 게 아니다. 이 세 가지만 지키면 스스로 덕을 심을 뿐 아니라 소인의 해를 멀리할 수 있을 것이다.

# 63

선비는 몸가짐을 가벼이 하여서는 안 되니 가벼이 하면 곧 외계의 사물에 흔들려서 한가롭고 침착한 맛이 없어진다. 마음씀은 무겁게 하면 안 되니 무겁게 하면 내부의 사물에 얽매여서 시원하고 활발한 작용이 없어진다.

士君子는 持身不可輕이라. 輕則物能撓我하여 而無悠閑鎭定之趣이며 用意不可重이니 重則我爲物泥하여 而無瀟灑活潑之機니라. (전 106)

**풀이**

선비는 먼저 몸가짐에 신중해야 한다. 몸가짐을 경솔히 하면 사물에 휘둘려서 안한 진중(安閑鎭重)한 맛이 없어질 것이다. 선비는 마음씀이 청신(淸新)해야 한다. 용의(用意)를 무겁게 하면 뜻에 사로잡혀서 서늘하고 활발한 맛이 없어지기 때문이다.

# 64

원망은 덕으로 말미암아 나타나니 남으로 하여금 나를 덕 있다고 여기게 하기보다는 덕과 원망을 둘 다 잊게 하는 것이 나으며, 원수는 은혜로 말미암아 생기니 남으로 하여금 은혜를 알게 하기보다 은혜와 원수를 둘 다 없애는 것이 낫다.

怨因德彰이라 故로 使人德我로 不若德怨之兩忘이요 仇因恩立이라 故로 使人知恩으로 不若恩仇之俱泯이니라.(전 108)

**풀이**

한쪽에 덕을 심으면 한쪽에는 원망을 사는 수가 많다. 그러므로 원망은 덕으로 인하여 나타난다고 하였으니, 남으로 하여금 나를 덕 있는 사람이라고 고맙게 생각하도록 만들기보다는 덕과 원망 둘 다 잊어버리게 하는 것이 좋다. 원수는 은혜 때문에 생긴다는 말은 원망은 덕으로 인하여 나타난다는 것과 같은 뜻이다.

# 65

늙어서 나는 병은 모두 젊을 적에 부른 것이며, 쇠퇴한 뒤의 재앙은 모두 융성할 때에 지은 것이다. 그러므로 군자는 젊고 왕성할 때에 더욱 조심한다.

老來疾病은 都是壯時招的이요 衰後罪孼은 都是巢時作的이니 故로 持盈履滿을 君子尤兢兢焉하느니라.(전 109)

**풀이**

허약한 듯하던 사람이 오래 살고 늘그막에 건강하며, 건장한 듯하던 사람이 일찍 죽거나 늙어서 병으로 고생하는 것은 세상에서 흔히 보는 일이다. 약하기 때문에 일찍부터 몸을 돌본 보람으로 깨끗이 늙은 것이요, 튼튼한 것만 믿고 젊을 때 몸을 함부로 쓰다가 늙어서 그 해를 입는 것이다. 건강만 그런 것이 아니다. 잘살던 사람이 하루아침에 기울기 시작하여 걷잡을 수 없게 되는 것도 그 까닭이 모두 잘살 때 지은 허물에서 말미암는다. 그러므로 사람은 기운이 한창일 때나 가운(家運)이 트일 때 더욱 조심해야 한다.

# 66

사사로운 은혜를 파는 것은 공론을 붙드는 것만 못하고, 새 동무를 만드는 것은 옛 동무와 정을 두터이 하는 것만 못하며, 드날리는 명성을 세우는 것은 숨은 공덕을 심는 것만 못하고, 기이한 절개를 떠받드는 것은 행동을 삼가서 허물이 없도록 하는 것만 못하다.

市私恩은 不如扶公議요 結新知는 不如敦舊好요 立榮名은 不如種隱德이요 尚奇節은 不如謹庸行이니라.(전 110)

**풀이**

사사로운 인정에 끌려서 베푼 은혜는 떳떳하지 못할 뿐 아니라 혜택을 받지 못한 사람으로부터는 원망을 사기 쉬우니, 그럴 바에야 공명 정대한 정론을 견지하는 것이 훨씬 낫다. 우정은 묵을수록 좋고 시련은 겪을수록 탄탄해진다. 오랜 벗이라야 서로 장점과 단점을 알아 그야말로 사랑하면서도 그 단점을 알고, 미워하면서도 그 장점을 아는 사이가 될 것이다. 새로 동무를 사귀려면 시일이 걸리고 그 사람의 됨됨이를 알기가 어렵다. 차라리 오랜 동무와 정을 두터이 하는 편이 더 낫다. 한때뿐이지만 음덕(陰德)은 오래간다. 뛰어난 일을 하려 들기보다 일상 생활에서 행동을 삼가는 것이 오히려 낫다.

# 67

쓸쓸한 광경은 무르익은 속에 있고 자라나는 낌새는 스러지는 속에 있다. 그러므로 군자는 편안할 때에 마땅히 한 마음을 잡음으로써 후환을 생각할 것이요, 변고를 맞아 마땅히 백 번을 참더라도 성공을 도모하여야 한다.

衰颯的景象은 就在巢滿中하고 發生的機緘은 即在零落內니라. 故로 君子는 居安에는 宜操一心以慮患하며 處變에는 當堅百忍以圖成이니라.(전 117)

**풀이**

무성한 잎을 보고는 소슬한 낙엽을 생각하라. 눈 속에 얼어붙은 풀을 헤치면 봄소식이 먼저 깃드는 법이다. 쓸쓸한 기상은 영락한 뒤에 비로소 나타나는 것이 아니라 번성할 때에 스미는 것이요, 생생한 움직임은 도리어 영락한 속에서 자라기 때문이다. 그러므로 이 이치를 아는 이는 처지가 좋을 때 한결 조심하여 환난을 멀리하며, 힘든 상황에서도 온갖 어려움을 견디고 참아서 최후의 성공을 도모한다.

## 68

진기한 것을 보고 놀라워하고 이상한 것을 보고 즐기는 사람에게는 원대한 식견이 없으며, 괴롭게 절개를 지키면서 홀로 행하는 사람에게는 영원한 지조가 없다.

驚奇喜異者는 無遠大之識이요 苦節獨行者는 非恒久之操일지니라.(전 118)

**풀이**

진기한 것을 보고 경탄(驚歎)하고 이상한 것을 보고 좋아하는 이에게는 원대한 식견이 없다. 위대한 것은 평범한 법이요, 따라서 우리가 좋아하고 섬겨야 할 것은 기묘 진이(奇妙珍異)한 데 있지 않기 때문이다. 고통스럽게 절개를 지키면서 세상을 등지고 홀로 살아가는 사람 중에는 훌륭한 이가 없지 않다. 그러나 홀로 지조를 지키기는 무척 어려우며, 특별한 경우에나 우리에게 교훈을 줄 수 있다. 영원한 절개는 차라리 세상 사람들과 부대끼며 살아가는 속에서 생기는 까닭이다.

# 69

마음이 어둡고 산란할 때에는 가다듬을 줄 알아야 하고, 마음이 긴장되고 딱딱할 때에는 풀어 버릴 줄 알아야 한다. 그러지 않으면 어두운 마음은 고칠지라도 흔들리는 마음에 다시 병들기 쉽다.

念頭昏散處에는 要知提醒하고 念頭喫緊時에는 要知放下니라. 不然이면 恐去昏昏之病이라도 又來憧憧之擾矣니라.(전 123)

## 풀이

제성(提醒)은 끌어올려 깨어나게 한다는 뜻이니 정신을 차리게 한다는 것이요, 동동(憧憧)은 오락가락한다는 말이니 뜻을 정하지 못한 마음이다. 마음이란 어두울 때에는 밝게 하고 흐트러질 때에는 가다듬으며 딱딱한 곳에서는 부드럽게 하고 팽팽한 자리에서는 늦추어야 한다. 그러지 않고 외곬으로만 가면 답답한 것을 바로잡는다는 것이 흔들림으로 가게 되고, 흐트러진 것을 다잡는다는 것이 딱딱함에 이르기 십상이다.

# 70

사사로운 정을 이기고 욕심을 억제함에는 그것이 무엇임을
빨리 알지 않으면 누르는 힘을 기르기가 쉽지 않다고 하는
이도 있고, 아무리 안다고 한들 참는 힘이 모자란다고 하는
이도 있다. 대개 지식은 악마를 비추는 한 알의 밝은 구슬
이요, 의지는 악마를 베어 죽이는 한 자루의 지혜로운 칼이
니 둘 다 없어서는 안 될 것이다.

勝私制欲之功은 有曰識不무면 力不易者하고 有曰識得破라도 忍
不過者니 蓋識은 是一顆照魔的明珠요 力은 是一把斬魔的慧劍이
니 兩不可少也니라.(전 125)

**풀이**

사사로운 정과 욕심을 누르는 데 사욕(私欲)이 무엇임을 아는 지식
이 중요하냐 그 사욕을 인내로써 극복하는 의지가 중요하냐 하는
문제는, 우리 생활에 물이 중요하냐 불이 중요하냐는 식의 좋은 토
론 제목이다. 의지력을 칼에 비유하면 그 칼은 지식의 빛이 없이는
적을 구별하지 못할 것이요, 지식의 빛은 의지의 칼이 없으면 알고
도 모르는 체하는 비겁이 남을 뿐이다.

# 71

역경과 곤궁은 호걸을 단련시키는 하나의 도가니와 망치이다. 능히 그 단련을 받으면 몸과 마음이 함께 이로울 것이요, 그 단련을 받지 않으면 몸과 마음이 함께 해를 보리라.

橫逆困窮은 是煅煉豪傑的一副鑪錘니 能受其煅煉하면 則身心交益하고 不受其煅練하면 則身心交損이니라.(전 127)

**풀이**

하늘이 큰일을 맡길 때에는 반드시 먼저 그 몸을 수고롭게 하고 배를 굶주리게 한다는 말이 있다. 또 사람은 어지러움을 겪지 않으면 지혜가 밝아지지 않는다거나 영웅은 곤궁한 속에서 나온다는 말은 본디 그 뜻이 같은 것이다. 재난과 역경이 사람을 단련하여 대성시킨다는 말이다. 만일 이와 같은 단련을 받지 않으면 몸이 어려움을 감당하지 못할 것이요, 마음이 대임(大任)을 견디지 못할 것이다. 그러므로 선비는 곤궁한 것을 부끄러워하지 않으며 또한 남 앞에 짐짓 늘어놓지 않는다.

# 72

청천 백일같이 빛나는 절의는 본디 어두운 방 컴컴한 구석
에서 길러지는 것이요, 천지를 뒤흔드는 경륜은 깊은 못에
들거나 살얼음 밟듯이 조심스럽게 마련한 것이다.

青天白日的節義는 自暗室漏屋中培來하며 旋乾轉坤的經綸은 自臨
深履薄處操出이니라.(전 132)

**풀이**

훌륭한 행동과 사업은 모두 그 이면에 피어린 고심을 바탕으로 삼
아 나타난 것임을 알 수 있다. 나라와 겨레를 위한 의거 끝에 숨져
간 열사들을 보아도 그렇다. 푸른 하늘에 빛나는 해 같은 그 행동
은 겉보기에 폭발적이나 그들의 가슴 속에서 몇십 년을 두고 길러
온 싹이 아니던가. 웅대한 포부도 그렇다. 물가에 가듯이, 살얼음
밟듯이 조심스러운 마음과 치밀한 관찰 및 명석한 판단이 그 바탕
이다. 임심 이박(臨深履薄)은 『시경(詩經)』의 「소아(小雅)」편에 나오
는 "여림심연, 여리박빙(如臨深淵, 如履薄氷)"에서 나온 것이다.

더웠다 싸늘했다 하는 태도의 변화는 부귀한 사람이 빈천한 사람보다 더욱 심하며, 질투하고 시기하는 마음은 육친이 남보다 더욱 질기다. 이러한 처지에서 만약 냉철한 마음으로 감당하고 평온한 기분으로 제어하지 못한다면 하루도 번뇌 속에 앉지 않는 날이 드물리라.

炎凉之態는 富貴가 更甚於貧賤하며 妬忌之心은 骨肉이 尤狼於外人이니 此處에 若不當以冷腸하고 御以平氣하면 鮮不日坐煩惱障中矣리라.(전 135)

## 풀이

염량(炎凉)은 염열 한량(炎熱寒凉)이니, 인정이 때와 자리에 따라 따뜻하기도 하고 차디차기도 한 것을 가리키는 말이다. 이러한 요사스러운 변덕은 가난한 사람보다도 부귀한 사람이 더 심하며, 질투하고 시기하는 마음은 남보다도 골육(骨肉)이 더 심하다. 빈천한 사람은 흔히 순박하지만, 부귀한 사람은 염량의 작태가 아니면 그 자리를 얻지 못했을 수도 있다. 속담에 사촌이 땅을 사면 배가 아프다는 말도 있지 않은가. 이 염량과 시기는 오직 냉정한 사려와 평온한 기운으로 대하지 않으면 안 된다. 흥분하고 과격하면 반드시 뉘우칠 일을 저지르거나 스스로 마음이 번거로워지리라.

# 74

덕은 재주의 주인이요, 재주는 덕의 종이다. 재주는 있어도 덕이 없으면 집에 주인이 없고 종이 마음대로 구는 것과 같으니, 어찌 도깨비가 놀아나지 않으랴.

德者는 才之主요 才者는 德之奴이니 有才無德이면 如家無主而奴用事矣라 幾何不魍魎而猖狂이리요.(전 139)

**풀이**

재주가 많은 사람은 가볍기가 쉽다. 덕이 없으면 그까짓 재주만 가진 것이 무슨 대수란 말인가. 재승 덕박(才勝德薄)이라는 말은 칭찬보다 비웃음이 많이 들어 있는 말이다. 덕이 있어도 재주가 없으면 이는 천진(天眞)이니, 높기는 높아도 자칫 바보로 주저앉을 수도 있다. 재덕을 겸비하기란 얼마나 어려운 일인가. 덕이 지켜앉아 재주를 거느리면 더할 나위 없으나, 만일 덕이 없고 재주가 그 자리에 앉으면 그 집은 이내 망하게 될 것이다.

# 75

군자는 마땅히 슬기로운 눈을 깨끗이 닦을 것이요, 삼가 굳은 마음을 가볍게 움직이지 말지니라.

君子는 宜淨拭冷眼이요 愼勿輕動剛腸이니라.(전 144)

**풀이**

군자는 감정에 휘둘려서 충혈된 눈으로 사물을 보아서는 안 된다. 깨끗이 눈을 닦고 냉정한 마음으로 보아야 한다. 군자는 의지에 사로잡혀서 철석같은 심장으로만 사물을 대해서는 안 된다. 항상 기를 평순(平順)히 하고 확고한 마음을 가벼이 드러내지 말아야 한다.

# 76

덕은 도량을 따라서 늘어나고 도량은 식견으로 말미암아 넓어진다. 그러므로 그 덕을 두터이 하고자 하면 도량을 넓히지 않을 수 없고, 그 도량을 넓히고자 하면 그 식견을 키우지 않을 수 없다.

德隨量進하며  量由識長하나니  故로  欲厚其德이면  不可不弘其量이요  欲弘其量이면  不可不大其識이리라.(전 145)

**풀이**

지식이 깊어야 교양이 높아지며, 교양이 높아야 인격이 은은한 향기를 지닌다. 마찬가지로 식견을 넓힘으로써 도량이 커지고, 도량이 커짐에 따라서 덕이 높아진다. 지식으로써 교양이 높아지지만 많이 아는 것만으로 교양이 서지는 않는다. 그 지식이 하나의 체계를 갖추어 스스로 다스릴 수 있어야 비로소 교양이라 할 수 있다. 도량도 그렇다.

# 77

저를 반성하는 이는 닥치는 일마다 모두 약이 될 것이요, 남을 허물하는 이는 생각이 움직일 때마다 모두 창과 칼이 된다. 앞의 것은 선의 길을 열고 뒤의 것은 악의 근원이 되니, 서로 떨어진 거리가 하늘과 땅 사이로다.

反己者는 觸事가 皆成藥石이요 尤人者는 動念이 卽是戈矛니 一以闢衆善之路하며 一以濬諸惡之源하나니 相去霄壤矣리라.(전 147)

**풀이**

항상 자기를 반성하는 사람은 매사에 큰 공부가 된다. 허물을 자기에게 돌려 뉘우치고 바로잡으면 어찌 모든 것이 저를 위한 약이 되지 않으리요. 제 허물을 모르고 남만 원망하고 꾸짖는 사람은 일마다 제 손으로 실패의 길을 닦는다. 허물을 남에게 돌리는 것이 한때는 편할지 모르지만 이윽고 제 몸을 함부로 찌르는 창칼이 되어 돌아오기 쉽다. 선을 여는 길과 악을 여는 길은 이렇게 하늘과 땅처럼 서로 멀다.

# 78

사업과 문장은 몸을 따라 사라지되 정신은 만고에 항상 새로우며, 공명과 부귀는 세상과 함께 바뀌건만 기개와 절조는 천 년이 하루 같다. 군자는 진실로 마땅히 저것으로 이것을 바꾸지 말지니라.

事業文章은 隨身銷毀로되 而精神은 萬古如新이요 功名富貴는 逐世轉移로되 而氣節은 千載一日이니 君子는 信不當以彼易此也니라.(전 148)

**풀이**

좋은 글과 좋은 사업이 만고에 항상 새로운 것은 그 정신이 길이 살아 사람을 움직이는 까닭이니, 고귀한 정신이 없으면 모든 사업과 문장도 몸과 함께 죽어서 사라진다. 부귀와 공명은 때에 따라 돌고 돌지만, 기개와 절조는 천 년이 지나도 좀처럼 바뀌지 않는다. 군자가 어찌 만고의 새로움을 버리고 한때의 환락을 취하며, 오래도록 변하지 않을 것을 때에 따라 달라지는 무상한 것과 바꾸리요.

# 79

사람됨에 한 점의 참답고 간절한 생각이 없으면 이는 곧 허수아비이니 하는 일마다 헛되리라. 세상살이에 얼마쯤 원만하고 활달한 맛이 없으면 이는 곧 장승이니 가는 곳마다 막힘이 있으리라.

作人에 無點眞懇念頭면 便成個花子리니 事事皆虛하며 涉世에 無段圓活機趣면 便是個木人이니 處處有碍니라.(전 150)

**풀이**

사람으로서 한 점 진지한 마음이 없다면 허수아비와 다를 바 없으니 그런 이가 하는 언동은 허망하여 믿을 것이 못 된다. 세상을 살아감에 얼마쯤 원만하고 활달한 기상이 없다면 곧 나무로 만든 사람과 마찬가지여서 가는 곳마다 장애가 있을 것이다.

# 80

절의(節義)가 청운(靑雲)을 내려다볼 만하고 문장(文章)이 백설(白雪)보다 높을지라도, 만약 덕성으로 도야된 것이 아니라면 마침내 사사로운 혈기와 얄팍한 재주가 되고 말리라.

節義가 傲靑雲하며 文章이 高白雪이라도 若不以德性陶鎔之면 終爲血氣之私요 技能之末이니라.(전 154)

**풀이**

'청운(靑雲)'은 여러 가지 뜻이 있으나 여기서는 고관 대작으로 출세하는 것을 말한다. '백설(白雪)'은 「백설곡(白雪曲)」을 말하는 것으로 뛰어난 시를 가리킨다. 『문선(文選)』에 실려 있는 송옥(宋玉)의 「대초왕문중(對楚王問中)」에서 나온 것이다. '절의(節義)'는 고관(高官)을 깔보고 문장(文章)은 「백설곡(白雪曲)」보다 높아도 그것이 도덕의 도가니에서 망치로 단련된 것이 아니라면, 마침내 이는 사사로운 만용이요 별것 아닌 기예에 지나지 않는다. '도용(陶熔)'은 '도주(陶鑄)'와 같은 뜻이니, 녹이고 두드리고 부어서 깎아 내는 것을 말한다.

## *81*

덕은 사업의 기초이니, 기초가 튼튼하지 못한데 그 집이 오래간 적은 없다.


德者는 事業之基니 未有基不固而棟宇堅久者니라.(전 158)


**풀이**

터가 견고하지 않으면 그 위에 짓는 집이 오래갈 수 없다. 이내 기울고 일그러지고 엎어지기 쉬운 까닭이다. 덕은 사업의 터전이니, 덕을 닦아서 그 터를 굳게 하지 않으면 그 위에 세우는 어떠한 사업도 오래가지 못할 것이다.

# 82

마음은 자손의 뿌리이니, 뿌리가 없는 채로 가지와 잎이 무
성한 것은 없다.

心者는 後裔之根이니 未有根不植而枝葉榮茂者니라.(전 159)

**풀이**

마음을 바로 쓰라. 이는 자손의 뿌리가 되기 때문이다. 제대로 뿌
리를 박은 나무가 아니면 가지와 잎이 무성할 수 없듯이, 마음을
바로 쓰지 않으면 자손이 잘 될 수가 없다. 덕을 쌓은 집에는 뒷날
반드시 경사가 있고, 악을 쌓은 집에는 반드시 재앙이 있다는 말이
모두 이와 같은 뜻이다.

# *83*

남을 믿는 것은 남이 반드시 다 성실해서가 아니라 저 혼자만은 성실하기 때문이요, 남을 의심하는 것은 남이 반드시 다 속여서가 아니라 제가 먼저 속이기 때문이다.

信人者는 人未必盡誠이나 己則獨誠矣요 疑人者는 人未必皆詐나 己則先詐矣니라.(전 162)

**풀이**

남을 믿는 사람은 먼저 자신을 믿는다. 제 마음 믿어 남의 마음이라, 남이야 참되지 않아도 저는 홀로 참된 까닭이다. 남을 의심하는 사람은 자신을 속인다. 제 마음 짚어 남의 마음이라, 남이야 반드시 거짓이 아니어도 제 마음에 거짓이 있기 때문이다. 저를 믿기는 어려워도 남을 믿기는 쉬우며, 남을 속이기는 쉬워도 저를 속이기는 어려운 법이다.

# 84

생각이 너그럽고 두터운 사람은 봄바람이 따뜻하게 길러 주는 것과 같아서 만물이 이를 만나면 살아나고, 생각이 모질고 좁은 사람은 겨울 눈보라가 차게 얼어붙도록 만드는 것과 같아서 만물이 이를 만나면 죽게 된다.

念頭寬厚的은 如春風煦育하여 萬物이 遭之而生하며 念頭忌刻的은 如朔雪陰凝하여 萬物이 遭之而死하느니라.(전 163)

**풀이**

너그럽고 두터운 마음은 마치 봄바람 같아서 만물을 기르는 작용을 한다. 그 마음을 만나면 모든 것이 살아날 것이다. 모질고 좁은 마음은 마치 겨울 눈보라 같아서 만물을 얼린다. 그 마음을 만나면 모든 것이 죽을 것이다.

# 85

착한 일을 하여도 그 이익은 보이지 않지만 풀 속의 동과 (冬瓜)와 같아서 모르는 사이에 절로 자라나고, 몹쓸 일을 하여도 그 손해는 보이지 않지만 뜰 앞의 봄눈과 같아서 반드시 모르는 사이에 녹으리라.

爲善에 不見其益이나 如草裡冬瓜하여 自應暗長하며 爲惡에 不見 其損이나 如庭前春雪하여 當必潛消니라.(전 164)

**풀이**

선을 행하여 그 이익을 보지 못하여도 이는 숨은 덕이 될 터이니, 마치 모르는 사이에 풀 속에 동과가 자라나는 것과 같다. 악을 행 하여 그 손해를 보지 않아도 이는 숨은 재앙이 될 터이니, 마치 모 르는 사이에 뜰 앞의 봄눈이 녹는 것과 같다.

# 86

남의 허물은 마땅히 용서할 것이로되 자기의 허물은 용서하지 말 것이요, 자기의 곤욕은 마땅히 참을 것이로되 남의 곤욕은 참지 말아야 한다.

人之過誤는 宜恕로되 而在己則不可恕요 己之困辱은 當忍이로되 而在人則不可忍이니라.(전 168)

**풀이**

남의 허물에 대해서는 관대해야 하니, 대단치 않은 것은 모르는 체하고 알아도 용서해 주는 것이 좋다. 그러나 자기의 과오에 대해서는 결코 관대해서는 안 되니, 사소한 것이라도 엄중히 반성하여 다시 그런 일을 되풀이하지 말아야 한다. 자기의 곤욕은 마땅히 참고 견디어야 하지만, 남의 곤욕에 대해서는 결코 그냥 지나쳐서는 안 된다. 어려움을 무릅쓰고 구원의 손길을 내밀 줄 아는 인정을 지녀야 한다. 곤욕은 곤궁과 굴욕을 말한다.

# 87

내가 귀할 때 남이 나를 받드는 것은 이 높은 관과 큰 띠를 받드는 것이고, 내가 천할 때 남이 나를 업신여기는 것은 이 베옷과 짚신을 업신여기는 것이다. 그렇다면 본디 나를 받든 것이 아니니 내 어찌 기뻐할 일이며, 본디 나를 업신여긴 것이 아니니 내 어찌 성낼 일이랴.

我貴而人奉之는 奉此峨冠大帶也요 我賤而人侮之는 侮此布衣草履也니라. 然則原非奉我니 我胡爲喜며 原非侮我니 我胡爲怒리요. (전 172)

**풀이**

내가 높은 자리에 있을 때 사람들이 받드는 것은 나보다 나의 높은 관과 큰 띠, 곧 지위를 받드는 것이다. 그런즉 내 어찌 이로써 기쁨을 삼으리요. 내가 가난하고 천하매 사람들이 깔보는 것은 나보다 나의 베옷과 짚신, 곧 궁핍을 깔보는 것이다. 그런즉 내 어찌 이로써 노여워하리요.

# 88

한 생각 자상스러운 마음은 천지간에 온화한 기운을 빚으며, 조그마한 마음의 결백은 맑고 향기로운 이름을 백대(百代)에 밝게 드리우리라.

一念慈祥은 可以醞釀兩間和氣요 寸心潔白은 可以昭垂百代淸芬이니라.(전 180)

**풀이**

한 생각 자비로운 마음은 가히 천지간의 화기를 기른다 하니 하물며 사람과 사람 사이야 말할 것도 없다. 마음만 결백하면 백대까지 맑은 향기를 풍긴다 하니 하물며 그 당대에는 어떠랴. 자비와 결백, 사람살이에 이 두 가지만한 마음의 보배는 다시 없을 것이다.

# *89*

공적을 뽐내고 문장을 자랑함은 그가 외물에 기대어 이루
어진 사람이기 때문이다. 마음 바탕이 밝아 근본을 잃지 않
으면 비록 한 치 공이 없고 한 자 글을 모를지라도 절로 당
당한 사람이 될 수 있음을 알지 못하는도다.


誇逞功業하며 炫耀文章함은 皆是靠外物做人이라 不知心體瑩然하
여 本來不失이면 即無寸功隻字일지라도 亦自有堂堂正正做人處로
다.(전 183)


**풀이**

공적을 자랑하고 문장을 뽐내는 것은 모두 외물로써 저를 만든 것
에 지나지 않는다. 본디 타고난 밝은 마음을 잃지 않으면, 비록 조
그마한 공적이 없으며 글자 한 자를 몰라도 바르고 훌륭한 사람이
될 수 있다. 공업(功業)을 자랑하고 문장을 뽐내는 사람은 이 진리
를 모른다.

# *90*

갈고 닦는 것은 마땅히 백 번 단련하는 쇠처럼 하리니, 급하게 이룬 것은 깊은 수양이 아니다. 실행하는 것은 마땅히 천 균(鈞)의 활처럼 하리니, 가벼이 쏘는 것에는 큰 공이 없으리라.

磨礪는 當如百煉之金이니 急就者는 非邃養이며 施爲는 宜似千鈞之弩니 輕發者는 無宏功이니라.(전 191)

**풀이**

수양은 오래고 깊을수록 좋다. 많이 단련하지 않고 갑자기 이룬 것은 깊은 수양이라 할 수 없다. 거사는 마땅히 힘을 기르고 과녁을 바로 겨눈 다음에 일으켜야 한다. 돌로 된 무거운 활을 다루듯이 혼신의 힘을 다하지 않고 가벼이 쏘아서는 큰 공을 이루지 못하는 법이다.

# 91

이(利)붙이를 좋아하는 사람은 도의 밖에 멀리 벗어나 있으므로 그 피해가 나타나되 얕지만, 명성을 즐기는 사람은 도의 안에 깊이 숨어 있으므로 그 해가 드러나지 않되 깊은 법이다.

好利者는 逸出於道義之外라 其害顯而淺하나 好名者는 竄入於道義之中이라 其害隱而深하니라.(전 193)

**풀이**

재리(財利)를 좇는 소인은 애초부터 도의 밖에 멀리 벗어나 공공연히 불의한 일을 벌인다. 그러므로 그 해독이 눈에 쉽게 띄지만 물질에 국한되는 경우가 많다. 명리(名利)를 즐기는 거짓 군자는 짐짓 도의 안에 깊이 숨어서 암암리에 일을 벌인다. 그러므로 겉으로 드러나는 경우는 많지 않으나 그 해독이 더욱 심하다.

# 92

참소하고 헐뜯는 사람들은 조각구름이 해를 가리는 것과 같아서 오래지 않아 절로 밝혀지나, 아양 떨고 아첨하는 사람들은 틈바람이 살결에 닿는 것과 같아서 그 해로움을 깨닫지 못한다.

讒夫毁士는  如寸雲蔽日하여  不久自明이나  媚子阿人은  似隙風侵肌하여  不覺其損이니라.(전 195)

**풀이**

참언(讒言)하고 험구(險口)하는 사람들을 너무 근심하지 말라. 터무니없는 말은 조각구름이 해를 가리는 것과 같으니 오래지 않아 절로 밝혀지리라. 아부하고 살살거리는 사람들을 특히 경계하라. 듣기 좋은 말은 마치 창틈으로 새어드는 바람처럼 은근히 살갗을 파고든다. 그러다 보면 모르는 사이에 병이 들기 쉽다.

# 93

산이 높고 험한 곳에는 나무가 없으나 골짜기가 감도는 곳에는 초목이 우거지고, 물살이 급한 곳에는 고기가 없으나 못물이 고인 곳에는 고기와 자라가 모여든다. 이로 미루어 보면 군자는 지나치게 고상한 행동과 좁고 급한 마음을 깊이 경계해야 할 것이다.

山之高峻處에는 無木이나 而谿谷廻環하면 則草木叢生하며 水之湍急處에는 無魚나 而淵潭停蓄하면 則魚鼈聚集하나니 此高絶之行과 褊急之衷은 君子重有戒焉이니라.(전 196)

**풀이**

절개는 자칫하면 오만하기 쉽고, 강직은 자칫하면 과격하기 쉽다. 깨끗함을 지키면서 능히 속세를 따뜻이 교화하고, 곧음을 지키면서 능히 관대함이 좋다. 산이 너무 높고 험하면 초목이 잘살지 못하지만, 골짜기가 감돌고 포근하면 초목이 다옥히 자라지 않는가. 물도 여울이 너무 급하면 고기가 적지만, 깊은 못물에는 고기와 자라가 모여 살지 않는가. 그러므로 군자는 너무 고고한 행동과 과격한 감정을 경계해야 한다.

# 94

공을 세우고 업을 일으키는 사람은 대개 허심탄회하고 원
만하나, 일에 실패하고 기회를 잃는 사람은 반드시 집착이
강하고 고집이 세다.

建功立業者는  多虛圓之士하며  僨事失機者는  必執拗之人이니라.
(전 197)

**풀이**

욕심(慾心)이 마음의 눈을 흐리게 하고, 허심(虛心)이 마음의 눈을
열어 준다. 큰 공과 큰 사업을 성취하는 사람은 대개 사욕이 없고
허심 탄회하여 성격이 원만하다. 사업에 실패하고 좋은 기회를 놓
치는 사람은 흔히 헛된 욕심을 내세워 제 생각대로만 하려고 든다.

# 95

하루 해가 이미 저물었으되 오히려 노을은 더욱 아름답고, 한 해가 장차 저물려 하되 오렌지와 귤은 새로운 향기를 풍긴다. 그러므로 군자는 인생의 끝인 만년에 새로이 정신을 백 배 더해야 마땅하리라.

日旣暮而猶烟霞絢爛하며 歲將晚而更橙橘芳馨하니 故로 末路晚年을 君子更宜精神百倍니라.(전 199)

**풀이**

인생의 황혼을 아름답게 장식하고 뜻있게 누리려면 젊을 때 미리 준비하는 것이 좋다. 그러나 사람은 만년의 좋은 사업과 훌륭한 죽음으로써 무위의 일생을 빛나는 일생으로 만들 수도 있다. 그러므로 군자는 만년이 되면 그 정신을 마땅히 전보다 백 배 더 기울여야 할 것이다. 해질녘 노을의 아름다움이나 잎 진 뒤 귤의 향기로움 같은 것을 통해서 우리는 유종(有終)의 미를 배울 수 있다.

# 96

매는 서 있되 조는 듯하고 범은 걸어가되 병든 듯하니, 바로 이것이 사람을 움켜 잡고 사람을 무는 그들의 수단이다. 그러므로 군자는 모름지기 총명을 드러내지 말고 재주를 나타내지 말아야 하니, 이것이 곧 어깨가 넓어 큰 짐을 짊어질 수 있는 역량이다.

鷹立如睡하며　虎行似病하나니　正是他攫人噬人手段處니라　故로 君子는　要聰明不露하며　才華不逞하나니　纔有肩鴻任鉅的力量이니라.(전 200)

**풀이**

매는 서 있을 때 꼭 자는 것처럼 보인다. 그러나 뱀이 꼬리로 그 발을 감으면 모른 척하고 있다가 다른 쪽 발로 번개같이 움켜 잡고 하늘 높이 날아오른다. 범이 병든 것처럼 힘없이 걷는 까닭은 가랑잎을 밟는 소리조차 내지 않기 위해서이다. 비호(飛虎)의 날램이 이 발걸음에 감추어져 있는 것이다. 군자도 함부로 총명을 드러내거나 재주를 자랑하지 말아야 한다. 그래야 대임(大任)을 수행할 만한 힘을 기를 수 있다.

# 97

뜻대로 안 되는 일을 근심하지 말며 마음에 유쾌한 일을 기뻐하지 말라. 오랫동안의 무사함을 믿지 말며 처음 맞는 어려움을 꺼리지 말라.

毋憂拂意하며 毋喜快心하며 毋恃久安하며 毋憚初難하라.(전 202)

**풀이**

뜻대로 안 된다 하여 걱정하지 말라. 정성만 다하면 언제든지 반드시 성공할 날이 있을 것이다. 마음이 유쾌하다고 기뻐하지 말라. 그 마음이 실패의 싹이니 즐거움이야 몇 날을 가겠느냐. 오랫동안 무사하다고 너무 믿지 말라. 언제 이변이 생겨 당황할 때가 오지 않는다고 장담할 수 있겠느냐. 일을 시작할 때 처음 부닥치는 난관에 겁을 먹고 주저앉지 말라. 그 난관만 돌파하면 뒤는 의외로 쉬워지는 법이다.

# 98

세상 사람들은 마음에 맞는 것으로 즐거움을 삼는지라 도리어 즐거운 마음에 이끌려 괴로운 곳에 있게 되고, 달관한 선비는 마음에 거리끼는 것으로 즐거움을 삼는지라 마침내 괴로운 마음이 즐거움으로 바뀌어 온다.

世人은 以心肯處爲樂이라 却被樂心引在苦處하며 達士는 以心拂處爲樂이라 終爲苦心換得樂來니라.(전 204)

**풀이**

여느 사람들은 마음에 맞는 것, 곧 욕망을 만족시킬 수 있는 것을 즐거움으로 삼기 때문에 즐거움을 찾으려다 마음이 도리어 괴로운 것에 매이지만, 통달한 선비는 마음에 거리끼는 것, 곧 욕망을 만족시킬 수 없는 것을 즐거움으로 삼기 때문에 마침내 괴로운 마음이 바뀌어 즐거움이 오게 된다. 행복을 찾으면 찾는 그 마음이 괴롭고, 고심을 벗하면 벗하는 그 마음이 즐거워진다는 말이다.

# 99

가득 찬 곳에 있는 사람은 물이 넘칠 듯 말듯 하는 것과 같아서 다시 한 방울을 더하는 것도 몹시 꺼리고, 위급한 지경에 빠진 사람은 나무가 부러질 듯 말듯 하는 것과 같아서 다시 조금만 더 누르는 것도 몹시 꺼린다.

居盈滿者는  如水之將溢未溢하여  切忌再加一滴이요  處危急者는 如木之將折未折하여  切忌再加一搦이니라.(전 205)


**풀이**

가득 찬 자리에 있는 사람은 마치 물이 넘치려고 하는 곳에 있는 것과 같아서 한 방울 물도 더하는 것을 아주 싫어한다. 위태하고 급한 자리에 있는 사람은 마치 나무가 부러지려고 하는 곳에 있는 것과 같아서 조금이라도 손대는 것을 아주 두려워한다. 가득 차고 위급한 자리에 있는 것은 이처럼 아슬아슬하다. 그러므로 군자는 그와 같은 일을 당하지 않도록 자리를 잘 가려 거처할 일이다.

# 100

성질이 조급하고 마음이 거친 사람은 한 가지 일도 이룰
수 없고, 마음이 온화하고 기질이 평안한 사람은 백 가지
복이 절로 모인다.

性燥心粗者는 一事無成이요 心和氣平者는 百福自集이니라.
(전 209)

**풀이**

성질이 조급하면 당황하기 쉽고 마음이 소홀하면 치밀하지 못한
법이니, 당황하고 소홀하고서 어찌 일이 성취되기를 바랄 수 있으
랴. 심기가 화평하면 침착하고 신중하여 용의주도하게 앞뒤를 헤아
리므로 실패하는 일이 적을 뿐 아니라 백 가지 복을 모으는 바탕
이 된다.

# *101*

어린이는 어른의 싹이요, 수재(秀才)는 사대부의 싹이다. 이
때 만일 불길이 약하여 완전히 단련되지 않으면, 뒷날 세상
을 살아가거나 조정에 설 때 마침내 하나의 좋은 그릇을
이루기가 어렵다.

子弟者는 大人之胚胎요 秀才者는 士夫之胚胎니 此時에 若火力不
到하여 陶鑄不純하면 他日에 涉世入朝하여 終難成個令器니라.
(전 222)

**풀이**

어릴 때의 훈육(訓育)은 일생에 아주 큰 영향을 미친다. 이 때에
단련하여 틀을 바로잡고 탁마(琢磨)하지 않으면, 뒷날 사회인으로
살아가거나 조정(朝廷)에 나아가 벼슬을 할 때 훌륭한 그릇이 될
수 없을 것이다. 다 커서 자리에 앉은 다음에는 고치려야 고칠 수
없고, 다시 도야하고 싶어도 이미 때가 지나서 어쩔 수 없게 된다.
수재(秀才)는 중국에서 과거에 급제한 사람을 부르는 말이요, 영기
(令器)는 좋은 그릇을 말한다.

310

# 102

앞을 다투는 길은 좁으니 한 걸음 뒤로 물러서면 절로 한 걸음 넉넉해지고, 짙고 화려한 재미는 짧으니 일 분만 맑고 엷게 하면 절로 일 분이 길어지리라.

爭先的徑路窄이니 退後一步하면 自寬平一步하며 濃艶的滋味短이니 淸淡一分하면 自悠長一分하느니라.(후 25)

**풀이**

여러 사람이 앞을 다투는 길은 매우 좁다. 저마다 명리(名利)를 먼저 잡으려 하니 그 길이 어찌 혼잡하지 않으리요. 이럴 때는 한 걸음만 처져서 남보다 늦게 가면 그만큼 길이 넓어져서 편하게 갈 수 있다. 짙고 자극적인 맛은 한때뿐이어서 곧 싫어지지만, 맑고 담백한 맛은 어느 때나 싫어지는 법이 없다. 그러므로 재미도 조금만 엷게 누리면 그만큼 오래도록 맛볼 수 있는 것이다. 명리의 맛도 남보다 약간 덜 단 것을 취하여 그 맑음을 길이 지켜야 한다.

# 103

바쁠 때 본성을 어지럽히지 않으려면 모름지기 한가할 때에 마음을 맑게 기를 것이요, 죽을 때 마음이 흔들리지 않으려면 모름지기 살았을 때 사물의 진상을 간파해야 할 것이다.

忙處에 不亂性이면 須閑處에 心神을 養得淸하며 死時에 不動心이면 須生時에 事物을 看得破하라.(후 26)

**풀이**

일 많고 바쁠 때에 자기의 본성을 어지럽히는 일이 없고자 하면 모름지기 여유 있고 한가할 때 수양하여 청정(淸淨)한 기운을 길러 두라. 죽을 때에 마음이 흔들리지 않기를 바라면 모름지기 평소에 사물의 진상을 간파하여 두라.

# 104

오래 엎드린 새는 반드시 높이 날고, 먼저 핀 꽃은 홀로 일찍 지느니라. 이를 알면 발 헛디딜 근심을 면할 수 있고, 조급한 마음을 없앨 수 있으리라.

伏久者는 飛必高하며 開先者는 謝獨早하나니 知此면 可以免蹭蹬之憂하며 可以消躁急之念하리라.(후 76)

**풀이**

오래 엎드려 있던 매나 독수리 같은 새는 그 동안에 힘을 충분히 모았기 때문에 날면 반드시 높이 날고, 먼저 핀 꽃은 지기도 먼저 진다. 이 이치를 알면 서두르다가 일을 그르치는 어리석음을 면할 수 있을 것이다.

# 105

나무는 가을이 되어 뿌리만 남은 뒤라야 꽃과 가지와 잎이
헛된 영화임을 알 것이요, 사람은 관 뚜껑을 덮고 나서야
자손과 재물이 쓸데없는 것임을 알게 되리라.

樹木은 至歸根而後에 知華萼枝葉之徒榮하며 人事는 至蓋棺而後
에 知子女玉帛之無益이리라.(후 77)

**풀이**

나무는 가을을 지나 잎이 떨어지고 줄기만 남았을 때에 비로소 봄
과 여름의 꽃이며 잎이 다 헛된 영화에 지나지 않았음을 알게 된
다. 사람이 죽어 관 뚜껑에 못을 치게 되었을 때에 비로소 자식과
옥백(玉帛)의 재보(財寶)가 다 무익한 것이었음을 알게 된다. 잎이
있을 때 그 가을을 보고, 살아 있을 때 마땅히 관 뚜껑 속의 일을
생각하고 알아야 할 것이 아닌가.

# 세상 사는 법도
## (涉世)

# 1

세상 물결에 부대낌이 얕으면 그 더러움에 물드는 것도 얕고, 세상일을 겪음이 깊으면 그 속임수의 재주도 깊다. 그러므로 군자는 능란(能爛)하기보다는 질박(質朴)한 편이 나으며, 곡진(曲盡)하기보다는 소탈(疎脫)한 편이 낫다.

浸世淺이면 點染亦淺이요 歷事深이면 機械亦深이라. 故로 君子는 與其練達로는 不若朴魯하며 與其曲謹으로는 不若疎狂이니라.(전 2)

**풀이**

세상살이에 많이 시달리지 않은 이는 세상의 악습(惡習)에도 덜 물들어서 그만큼 천진 난만하지만, 세상에서 별별 일을 다 경험한 사람은 영리한 꾀가 늘어 권모 술수만 쓰려 한다. 세상의 더러움에 물들지 않은 이는 비록 어리석으나 그 인품이 질박하고 착하지만, 세상일에 경험이 많은 사람은 비록 똑똑하고 쓸모가 있을지언정 간교하고 악기(惡氣)가 있는 법이다. 그러므로 군자는 어리숙하고 질박하고 정직한 것을 취할지언정 약삭빠르고 매끄럽고 능란한 것을 취하지 않는다. 지나치게 겸손하고 공손한 것도 남의 이목을 속이는 능란함에서 오는 것이니, 군자는 차라리 세상일에 어설퍼서 꾀죄죄한 형식에 매이지 않는다. 군자는 수완가가 아니라 인격자라는 말이다.

# 2

군자의 마음가짐은 하늘이 푸르고 날빛이 밝은 것처럼 하여 남이 모르게 하여서는 안 되며, 군자의 재주와 지혜는 옥이 바위 속에 숨어 있고 진주가 바다 속에 감추어져 있는 것처럼 하여 남이 쉬 알게 하여서는 안 된다.

君子之心思는 天靑日白하여 不可使人不知요 君子之才華는 玉韞珠藏하여 不可使人易知니라.(전 3)

**풀이**

군자의 마음은 항상 청천 백일과 같이 한 점 구름도 가리지 않아야 한다. 마음이 이미 공명 정대한지라 간담(肝膽)을 헤쳐 놓아야 누가 무엇을 다시 의심할 것인가. 남이 마음을 알지 못하게 하지 말라는 말이 바로 이 뜻이다. 그러나 재주는 이와 반대로 감추어야 하는 법이다. 구슬이 돌 속에 묻혀 보이지 않듯이, 재주가 높되 깊이 감추어 세상에 드날리거나 시장에 내다 팔지 않는 것이 좋다는 말이다. 감추어 놓은 재주는 그대로 덕이 되어 모르는 사이에 사람을 교화하기 때문이다. 소인은 제 마음을 내보이는 법이 드물면서도 옅은 재주는 남에게 자랑하려 애쓴다. 그러므로 소인은 사귀면 사귈수록 싫어지고 모르는 동안에 해독(害毒)을 입는다. 이로써 군자와 소인의 근본적인 차이를 알 것이다.

# 3

권세와 명리의 번화함은 가까이하지 않는 이가 깨끗하다고 하나 가까이할지라도 물들지 않는 이가 더욱 깨끗하다. 권모와 술수를 모르는 이를 높다고 하나 알아도 쓰지 않는 이를 더욱 높다 할 것이다.

勢利紛華는 不近者爲潔이나 近之而不染者는 爲尤潔이요 智械機巧는 不知者爲高나 知之而不用者爲尤高니라.(전 4)

**풀이**

권세와 명리는 겉보기에는 화려하나 알고 보면 더러우니 이를 가까이하지 않는 사람을 깨끗하다고 한다. 더러움을 멀리함으로써 깨끗하기는 차라리 쉬우나, 그 더러움을 가까이하면서도 물들지 않는 사람이 더욱 깨끗하다. 지략과 술수는 조화가 무궁하나 알고 보면 떳떳하지 못한 것이니 이를 모르는 사람을 높다고 한다. 몰라서 못 쓰는 것이야 그렇다 치더라도 알고도 안 쓰는 사람은 더욱 높다고 하지 않을 수 없다. 사군자(土君子)는 더러 권세와 명리의 자리에 가까이할 수도 있으나 그 더러움에는 물들지 말고, 권모와 술수는 알아 두는 것이 좋으나 쓰지는 말라는 것이다.

# 4

재앙은 총애(寵愛) 속에서 싹트는 법이니 모름지기 만족스러울 때 빨리 머리를 돌리라. 때때로 실패한 뒤에 공을 이루는 수도 있으니 뜻대로 되지 않는다고 이내 손을 놓지 말라.

恩裡에 由來生害하나니 故로 快意時에 須早回頭하며 敗後에 或反成功하나니 故로 拂心處에 莫便放手하라.(전 10)

## 풀이

총애의 자리가 곧 재앙의 자리이니, 군주나 주인에게서 은총을 입어 만족스러울 때에 조심하지 않은 탓으로 환난을 당하는 일은 예부터 많이 나타난다. 은총이 뒤집혀서 재앙이 오지 않도록 할 것이요, 그 자리를 피하여 물러나는 것은 은총이 무르익기 직전이 좋다. 실패는 성공의 어머니라 할 수 있으니, 실패를 맛보고 고심하는 데서 큰 성공이 따르는 법이다. 일이 마음대로 안 된다고 쉽게 실망하거나 중지하면 실패로 끝나 버리게 된다. 실패가 성공의 밑천이 되도록 정신을 가다듬는 것이 좋다.

# 5

오솔길 좁은 곳에서는 한 걸음 멈추어 다른 사람을 먼저 가게 하고, 맛있는 음식은 삼 분(分)을 덜어 다른 사람에게 맛보이라. 이것이 세상을 살아가는 아주 편안하고 즐거운 방법의 하나이다.

徑路窄處는 留一步하여 與人行하며 滋味濃的은 減三分하여 讓人嗜하라. 此是涉世의 一極安樂法이니라.(전 13)

**풀이**

좁은 길을 갈 때에는 먼저 가려고 다투지 말고 한 걸음 멈추어 다른 사람을 먼저 가게 하라. 맛있는 음식과 재미있는 일은 혼자 차지하려는 마음을 줄여 다른 사람에게 조금 사양하라. 이것이 어려운 세상을 건너가는 가장 편안한 방법이다. 공자는 "제가 하고 싶지 않은 바를 남에게 시키지 말라."고 하였고, 예수는 "내가 하고 싶은 바를 남에게 베풀라."고 하였다.

# 6

벗을 사귐에는 모름지기 삼 분의 의협심을 가져야 하고, 사람됨에는 마땅히 한 점의 순수한 마음을 지녀야 한다.

交友에는 須帶三分俠氣하고 作人에는 要存一點素心이니라.
(전 15)

**풀이**

벗과 제대로 사귀려면 서로 편지를 주고받으며 음식을 나눈다든지 만나서 담소하는 것만으로는 충분하지 않다. 서로 돕고 격려하며 길흉 화복을 같이할 줄 알아야 한다. 그러므로 교유에는 희생의 마음이 있어야 하며, 그 마음이 곧 의협심이다. 또 훌륭한 인물이 되려면 다른 모든 공부가 훌륭해도 한 점의 순결한 마음이 없어서는 안 된다. 이 순결의 마음만이 외계의 사물에 몸이 더럽혀지고 사로잡히는 것을 막아 내는 힘이 되기 때문이다.

# 7

은총과 명리의 마당에서는 남의 앞에 서지 말고 덕행과 사업의 자리에서는 남의 뒤에 떨어지지 말라. 받아서 누림에는 분수를 넘지 말고 닦아서 행함에는 분수 안으로 줄이지 말라.

寵利는 毋居人前하며 德業은 毋落人後하며 受享은 毋踰分外하며 修爲는 毋減分中하라.(전 16)

**풀이**

은총과 이익을 다투는 자리에서는 남 앞에 서려고 해서는 못쓰지만, 세상을 위한 사업에서는 남 뒤에 떨어져서는 안 된다. 사욕에는 앞서기를 다투지 말고, 공리(公利)에는 꽁무니 빼기를 다투지 말아야 한다. 남에게 받아서 누릴 때에는 분수 밖의 것을 탐내서는 안 되고, 수양과 실행에 임해서는 자기 능력과 분한(分限)에서 줄여서는 안 된다.

# 8

세상을 살아가는 데에는 한 걸음 양보하는 것을 높이 여기니 물러나는 것은 곧 나아갈 밑천이요, 사람을 대접하는 데에는 일 분 너그럽게 하는 것이 복이 되니 남을 이롭게 하는 것이 실로 저를 이롭게 하는 바탕이다.

處世에는 讓一步를 爲高하나니 退步는 卽進步的張本이요 待人에는 寬一分이 是福이니 利人은 實利己的根基니라.(전 17)

**풀이**

세상을 살아가는 데는 항상 한 걸음 물러설 줄 아는 것을 높다 한다. 물러서는 것은 곧 나아가는 밑천이요 힘이기 때문이다. 사람을 대우함에는 항상 너그러워야 복을 받는다. 남을 이롭게 하는 것이 저를 이롭게 하는 바탕이 되기 때문이다.

# 9

오롯한 이름과 아름다운 절개는 홀로 다 차지해서는 안 되니, 조금은 나누어 남에게 주어야 해를 멀리하고 몸을 보전할 수 있다. 욕된 행실과 더러운 이름은 온전히 남에게 미루어서는 안 되니, 조금은 끌어다 나에게 돌려야 빛을 숨기고 덕을 기를 수 있다.

完名美節은 不宜獨任이니 分些與人이라야 可以遠害全身이요 辱行汚名은 不宜全推니 引些歸己라야 可以韜光養德이니라.(전 19)

**풀이**

큰 명예와 훌륭한 지조는 사람마다 가지고 싶어한다. 이것을 독점하면 원한을 사고 재해가 일어나서 좋은 것 가지려다가 몸을 망치기 쉽다. 그러므로 얼마쯤은 남에게 나누어 주어야 해를 피할 수 있다. 치욕과 불명예는 사람마다 싫어한다. 그것을 모조리 남에게만 떠넘기면 원망과 재해가 오는 법이다. 그러므로 얼마쯤은 스스로 떠맡아야 빛을 안으로 감추고 마음의 덕을 기를 수 있다.

# 10

집 안에도 한 분의 참된 부처가 있고 일상 속에도 하나의 참된 도가 있다. 사람이 능히 정성스러운 마음과 온화한 기운을 지녀 즐거운 얼굴과 부드러운 말씨로 부모 형제끼리 한몸같이 뜻이 통하게 하면, 이는 숨을 고르고 마음을 관찰하는 것보다 그 공덕이 만 배나 더하리라.

家庭에 有個眞佛하며 日用에 有種眞道니라. 人能誠心和氣하고 愉色婉言하여 使父母兄弟間으로 形骸兩釋하며 意氣交流하면 勝於調息觀心萬倍矣리라.(전 21)

**풀이**

참된 불도는 먼 절간에 있지 않고 바로 집 안에 있으며, 우주의 대도는 딴 곳에 있는 것이 아니고 일상 생활 안에 있다. 오직 정성스러운 마음과 온화한 기운으로 낯빛을 부드럽게 하고 말을 간곡히 하며 부모 형제 사이의 마음에 틈이 없도록 하여 화목하게 지내면 거기에 절로 안락 세계가 있다. 이것만 얻으면 부질없이 참선을 하느니 경을 읽느니 하는 것보다 훨씬 나을 것이다.

# *11*

남의 나쁜 점을 꾸짖되 너무 엄해서는 안 되니, 그 말을 받아서 감당할 수 있을지를 생각해야 한다. 남을 가르침에 좋은 일을 들되 너무 높아서는 안 되니, 그 사람이 따를 수 있는 것으로 하는 것이 좋다.

攻人之惡에　毋太嚴하여　要思其堪受하며　敎人以善에　毋過高하여 當使其可從하라.(전 23)

**풀이**

불타의 가르침을 가리켜 병에 따라 약을 주고 근기(根機)를 보아 설법한 것이라고 하였다. 사람의 나쁜 점을 지적하고 꾸짖을 때 지나치게 엄격하면 오히려 반감만 살 수도 있다. 그러므로 먼저 그 사람이 들어서 뉘우치고 고칠 수 있을지를 생각해야 한다. 사람에게 좋은 일을 가르치는 데도 너무 높은 것보다는 배워서 이해하고 실행할 수 있는 정도 안에서 가르쳐야 한다. 그러지 않으면 병에 맞는 약이 못 될 것이요, 실력에 맞는 교육이 안 될 것이다.

# 12

높은 지위에 있을 때에도 자연에 묻혀 사는 멋이 없어서는 안 되며, 자연에 묻혀 살고 있을 때에도 모름지기 나라를 경륜할 뜻을 품어야 한다.

居軒冕之中이라도 不可無山林的氣味하고 處林泉之下라도 須要懷廊廟的經綸이니라.(전 27)

**풀이**

입신 출세하여 높은 자리에 있는 사람은 산림에 한거(閑居)하여 명리를 구하지 않는 은사(隱士)의 취미(趣味)가 있어야 하니, 이것이 없으면 몸을 바쳐서 국가에 봉사할 수 없을 뿐 아니라 은퇴할 시기를 놓치고 욕을 보는 수가 있다. 이와 반대로 산림에 숨어 있는 처사는 뜻을 천하의 치란(治亂)에 두어야 하니, 이것이 없으면 진실로 도를 체득한 높은 선비라 하기 어렵다.

# 13

세상을 살아가면서 반드시 공만을 찾지 말라. 허물 없는 것
이 곧 공이로다. 사람에게 베풀되 그 덕에 감동할 것을 바
라지 말라. 원망 듣지 않는 것이 곧 덕이로다.

處世에 不必邀功하라. 無過면 便是功이니라. 與人에 不求感德하
라. 無怨이면 便是德이니라.(전 28)


**풀이**

세상을 살아가면서 일마다 공을 바라고 자랑해서는 안 된다. 공이
따로 있는 것이 아니라 허물이 없으면 그것이 곧 공이다. 사람에게
무엇을 베풀 때는 자신의 덕에 감동할 것을 바라지 말아야 한다.
덕이 따로 있는 것이 아니라 원망을 듣지 않으면 곧 큰 덕이다.

# 14

일이 막히고 세력이 줄어든 사람은 마땅히 그 첫 마음을 돌보아야 하며, 공을 이루고 일이 잘 풀리는 사람은 마땅히 그 마지막 길을 미리 살펴야 한다.

事窮勢蹙之人은  當原其初心하며  功成行滿之士는  要觀其末路니라.(전 30)

**풀이**

일이 어긋나서 곤경에 빠지게 되면 고요한 마음으로 처음 그 일을 시작할 때의 자세를 반성하는 것이 좋다. 그러면 나아가야 할지 그만두어야 할지 저절로 길이 열릴 것이다. 일이 잘 풀려서 공을 이루면 앞으로 어떻게 될지 그 말로를 깊이 생각해 보는 것이 좋다. 흔히 가득 차면 이지러지고 활짝 피면 떨어지는 것이 세상일이다. 그러므로 일이 잘될 때라도 앞을 살펴서 허술한 부분을 보완하고 필요한 것을 미리 갖추어야 끝까지 성공할 수 있다.

# 15

인정은 변하기 쉽고 세상길은 기구하다. 쉽게 갈 수 없는 곳에서는 모름지기 한 걸음 물러서는 법을 알아야 하고, 쉽게 갈 수 있는 곳에서는 힘써 삼 분을 사양하는 공덕을 더해야 하리라.

人情은 反復하며 世路는 崎嶇로다. 行不去處면 須知退一步之法하며 行得去處면 務加讓三分之功하라.(전 35)

**풀이**

인정은 변하기 쉬워서 어제의 친구가 오늘의 원수가 되기도 한다. 세상길은 험하기가 태산 준령보다 더하고 파도 높은 바다보다 더하다. 그러므로 이 인정 세파를 무사히 건너려면 어려운 곳에서는 언제든지 한 걸음 뒤로 물러설 여지를 남겨야 하고, 쉬운 곳에서는 남에게 사양하는 공덕을 쌓는 것이 좋다.

# 16

소인을 대접함에는 엄하기가 어려운 것이 아니라 미워하지
않기가 어려우며, 군자를 대접함에는 공경하기가 어려운
것이 아니라 예를 지키기가 어렵다.

待小人은 不難於嚴이요 而難於不惡하며 待君子는 不難於恭이요
而難於有禮니라.(전 36)

**풀이**

소인을 대우함에는 엄정해야 한다. 소인을 엄정하게 대하는 것은
어려운 일이 아니지만 그를 증오하지 않기는 참으로 어려운 일이
다. 죄는 미워하되 그 사람은 미워하지 말라는 것이 성인의 가르침
이다. 군자는 공손하게 대접해야 한다. 군자를 공경함은 어렵지 않
으나 그 공경이 예절에 벗어나지 않도록 하기는 참으로 어렵다. 지
나치게 공손하면 자칫 아첨이 되는데, 아첨하는 것은 예가 아니다.

# 17

제자를 가르치는 것은 규중의 처녀를 기르는 것과 같으니, 무엇보다 출입을 엄하게 하고 교류를 삼가게 하는 것이 좋다. 만약 한 번 나쁜 사람과 가까워지면, 이는 곧 깨끗한 밭에 더러운 씨를 뿌리는 것과 같아서 평생토록 좋은 곡식을 심기가 어려우리라.

敎弟子는 如養閨女하여 最要嚴出入謹交友하니 若一接近匪人하면 是淸淨田中에 下一不淨種子라 便終身難嘉植禾矣리라. (전 39)

**풀이**

제자를 가르치는 것은 마치 규중의 처녀를 기르는 것과 같아서 그 출입을 엄중히 하고 교류를 삼가게 하여야 한다. 왜냐 하면 만약 한 번 성행(性行)이 좋지 못한 사람과 교제하면 이는 깨끗한 밭에 더러운 씨앗을 뿌리는 것과 같으니 밭이 거칠어지면 좋은 곡식은 심기 어려운 까닭이다. 아무리 잘 가르쳐도 출입과 교류를 잘 보살피지 않으면 교육 효과는 오르지 않는다.

# 18

몸을 세우되 남보다 한 걸음 더 높이 세우지 않으면 마치 티끌 속에서 옷을 털고 진흙탕 속에다 발을 씻는 것과 같으리니 어찌 초탈할 수 있으랴. 세상을 살아가되 남보다 한 걸음 물러서지 않으면 이는 부나비가 촛불에 뛰어들고 숫양의 뿔이 울타리에 걸린 것과 같으리니 어찌 편안할 수 있으랴.

立身에 不高一步立이면 如塵裡振衣하며 泥中濯足이라 如何超達이리요. 處世에 不退一步處면 如飛蛾投燭하며 羝羊觸藩이라 如何安樂이리요.(전 43)

**풀이**

인격을 세우되 여느 사람보다 한결 높이 세우지 않으면 이는 마치 티끌 속에서 옷의 먼지를 털고 진흙탕에다 발을 씻는 것과 같아서 아무리 털고 씻어도 먼지와 진흙은 더욱 묻을 따름이다. 처세에는 보통 사람보다 조금 물러서지 않으면 이는 마치 부나비가 등불에 뛰어들고 숫양의 뿔이 울타리에 걸린 꼴이 되기 쉽다. 입신에는 고매(高邁), 처세에는 겸양(謙讓)하는 것이 초탈 안락(超脫安樂)의 비법이다.

# *19*

태평한 세상을 맞아서는 몸가짐이 마땅히 방정해야 하고, 어지러운 세상을 맞아서는 몸가짐이 마땅히 원만해야 하며, 말세를 맞아서는 마땅히 방정함과 원만함을 아울러 써야 한다. 착한 사람을 대함에는 마땅히 너그러워야 하고 몹쓸 사람을 대함에는 마땅히 근엄해야 하며, 평범한 사람을 대함에는 마땅히 너그러움과 근엄함을 아울러 지녀야 한다.

處治世에는 宜方하고 處亂世에는 宜圓하며 處叔季之世에는 當方圓並用이니라. 待善人에는 宜寬하고 待惡人에는 宜嚴하며, 待庸衆之人에는 常寬嚴互存이니라.(전 50)

**풀이**

태평한 시대에는 마땅히 반듯하게 살고, 어지러운 시대에는 마땅히 둥글게 살며, 말세에는 마땅히 반듯할 때는 반듯하고 둥글 때는 둥글어 물이 그릇을 따르듯 살아야 한다. 착한 사람을 대할 때는 너그러워야 하고, 몹쓸 사람을 대할 때는 근엄해야 하며, 범상한 사람을 대할 때는 너그러움과 근엄함을 아울러 지니되 때와 곳에 따라서 바꿔야 한다.

# 20

내가 남에게 베푼 공덕은 마음에 새겨 두지 말되, 내가 남에게 잘못한 점은 마음에 새겨 두라. 남이 나에게 베푼 은혜는 잊지 말되, 남이 나에게 끼친 원망은 잊으라.

我有功於人은  不可念이로되  而過則不可不念이요  人有恩於我는 不可忘이로되  而怨則不可不忘이니라.(전 51)

**풀이**

남에게 공덕을 베푼 다음에 그 보답이 있기를 기다려서는 안 된다. 선행은 오직 깨끗한 동기에서 비롯되어야 한다. 그러나 나의 허물은 늘 마음에 새겨 두고 언제든지 그 잘못을 갚도록 힘쓰지 않으면 안 된다. 또 남이 나에게 은혜를 베풀면 그것을 잊어서는 안 되지만, 남이 나에게 끼친 원망은 깨끗이 잊어버려야 한다. 자기를 다스릴 때는 엄격하고, 남을 대할 때는 관대해야 한다는 말이다.

# 21

은혜를 베푸는 이가 안으로 저를 헤아리지 않고 밖으로 남을 헤아리지 않으면 한 말의 곡식이라도 가히 만 종(鍾)의 은혜에 해당될 것이요, 남을 이롭게 하는 이가 저의 베풂을 계산하고 그 갚음을 바라면 비록 백 일(鎰)의 큰 돈이라도 한 푼의 공을 이루기 어렵다.

施恩者가 內不見己하고 外不見人하면 卽斗粟도 可當萬鍾之惠려니와 利物者가 計己之施하고 責人之報하면 雖百鎰이라도 難成一文之功이니라.(전 52)

**풀이**

남에게 은혜를 베풀어도 자기가 남에게 좋은 일을 한다는 자랑이 없고 밖으로 남이 나의 은혜를 받는 것에 대하여 우쭐함이 없다면 비록 한 말의 좁쌀을 남에게 주었다 할지라도 그것은 만 종의 미곡(米穀)을 준 것과 같을 것이다. 종(鍾)은 여섯 섬 너 말이다. 그러나 남을 이롭게 하는 이가 속으로 자신이 베푼 것을 계산하여 거기에 상응하는 보답이 있기를 바란다면 한 푼의 공도 이루기 어려울 것이다. 일(鎰)은 여러 가지 설(說)이 있으니, 스무 냥이라고도 하고 서른 냥이라고도 하며 스물네 냥이라고도 한다.

# 22

사람들의 경우를 보면 갖춘 이도 있고 못 갖춘 이도 있거늘 어찌 나 홀로 모두 갖추기를 바라겠는가. 내 마음을 보면 도리에 맞는 것도 있고 어긋난 것도 있거늘 어찌 남은 다 도리에 맞기를 바라겠는가. 이와 같이 저와 남을 견주어 가면서 나를 다스리면 이 또한 하나의 좋은 방법이 될 것이다.

人之際遇는  有齊有不齊이거늘  而能使己獨齊乎며  己之情理는  有順有不順이거늘  而能使人皆順乎아.  以此相觀對治하면  亦是一方便法門이니라.(전 53)

### 풀이

사람들의 경우를 보면 부귀와 수명과 건강과 자손을 다 갖춘 이도 있고 그러지 못한 이도 있다. 모든 것을 갖춘 사람은 천 명에 하나 있을까 말까 한 정도이다. 그러니 어찌 저 혼자 구족(具足)하기를 바랄 수 있겠는가. 될 수 없는 일은 미리 단념할 줄 알아야 한다. 자기의 정신 상태를 반성해 보면 순조로울 때도 있고 순조롭지 못할 때도 있다. 일마다 다 순조롭게 도리에 맞을 수는 없다. 그러니 어찌 남은 다 도리에 맞게 살기를 바랄 수 있겠는가. 이러한 도리를 깨달아 자신의 일과 남의 일을 상대적으로 관찰하여 조화를 취하는 것도 하나의 방법이다. 방편 법문(方便法門)이란 불교의 진실 법문(眞實法門)과 대비되는 말로서, 수단 곧 가설적 편법(便法)이라는 뜻이다.

# 23

학문 하는 사람은 마땅히 한결 조심스러운 마음을 가지되 또한 마땅히 한결 시원스러운 멋을 지녀야 한다. 만약 외곬으로 졸라매기만 하면 이는 가을의 살기는 있어도 봄의 생기는 없음이니 어찌 만물을 기를 수 있으랴.

學者는  要有段兢業的心思하되  又要有段瀟灑的趣味니라.  若一味斂束淸苦면  是는  有秋殺無春生이니  何以發育萬物이리요.(전 61)

### 풀이

학자는 모름지기 일단 조심하고 두려워하는 마음이 있어야 하고, 작은 일에 얽매이지 않는 소탈한 취미를 갖지 않으면 안 된다. 만일 오직 엄격하기만 하고 지나치게 청렴 결백해서 여유가 없다면, 만물을 말리며 죽이는 가을 기운뿐이고 만물을 자라나게 하는 봄 기운은 없는 사람이 되기 쉽다. 이렇게 되면 아량이 부족한 나머지 제세 이민(濟世利民)하는 공로를 세울 수 없다.

# 24

열 마디 말에 아홉 마디가 맞아도 반드시 대단하다는 칭찬은 없지만 한 마디만 어긋나도 곧 탓하는 소리가 사방에서 모여들고, 열 가지 계략에 아홉 가지가 이루어져도 반드시 그 공이 돌아오지는 않지만 한 가지 계략만 틀어져도 헐뜯는 소리가 사면에서 일어난다. 이것이 군자가 침묵할지언정 떠들지 않으며 서툰 척할지언정 재주를 부리지 않는 까닭이다.

十語九中하여도 未必稱奇나 一語不中하면 則愆尤駢集하며 十謀九成하여도 未必歸功이나 一謀不成하면 則訾議叢興하나니 君子는 所以寧默이언정 毋躁하며 寧拙이언정 毋巧니라.(전 71)

**풀이**

열 마디 말 중에 아홉 가지가 적중하여도 그다지 칭찬하지 않다가도 한 마디만 어긋나면 사방에서 탓하는 것이 세상 인심이다. 열 가지 계획 중에 아홉 가지가 이루어져도 공을 돌리지 않다가도 한 가지 계획만 어그러지면 떼지어 헐뜯는 것이 또한 세상 인심이다. 그러므로 군자는 차라리 침묵을 지킬지언정 사람들 앞에서 함부로 떠들지 않으며, 어리숭한 척할지언정 교묘함을 자랑하지 않는다.

# 25

땅이 더러우면 초목이 많이 나지만 물이 너무 맑으면 고기가 항상 없는 법이다. 그러므로 군자는 마땅히 때묻고 더러운 것을 받아들여 품는 아량을 지녀야 하며, 깨끗한 것을 좋아하여 홀로 행하려는 뜻을 가져서는 안 된다.

地之穢者는 多生物하고 水之淸者는 常無魚니라. 故로 君子는 當存含垢納汚之量하며 不可持好潔獨行之操니라.(전 76)

**풀이**

거름이 쌓인 더러운 땅에는 초목이 무성하고 벌레도 많이 살지만, 물이 너무 맑으면 도리어 고기가 없는 법이다. 군자는 깨끗함과 더러움을 함께 삼키는 도량을 가질 것이요, 결백만을 좋아하고 혼자 일을 꾀하려는 작은 절조를 가지지 말 일이다. '수지청자상무어(水之淸者常無魚)'라는 구는 『문선(文選)』에 나온다. 동방삭(東方朔)의 답객난문(答客難文)에 보이는 "수지청즉무어(水至淸則無魚), 인지찰즉무도(人至察則無徒)"라는 글이 그것이다. '함구납오(含垢納汚)'는 더러운 것을 받아들인다는 말이니 청탁(淸濁)을 아울러 품는다는 뜻이다.

# 26

아직 이루지 못한 공을 꾀함은 이미 이룬 업을 보전함만 못하고, 지나간 허물을 뉘우침은 다가올 잘못을 막음만 못하다.

圖未就之功은 不如保已成之業이요 悔旣往之失은 不如防將來之非니라.(전 80)

**풀이**

아직 착수하지도 않은 공을 계획하기보다는 이미 이루어 놓은 사업을 힘써 지켜 나가는 것이 낫고, 지나간 과실을 지나치게 후회하는 것보다는 그것을 거울 삼아 앞으로 비슷한 잘못을 거듭하지 않도록 조심하는 것이 낫다.

# 27

조상의 은덕이 무엇인가. 내 몸이 누리는 바가 그것이니 마
땅히 그 쌓기 어려움을 생각해야 하리라. 자손의 행복이 무
엇인가. 내 몸이 끼치는 바가 그것이니 마땅히 그 기울기
쉬움을 생각해야 하리라.

問祖宗之德澤하면 吾身所享者가 是니 當念其積累之難하고 問子
孫之福祉하면 吾身所貽者가 是니 要思其傾覆在易하라.(전 94)

**풀이**

이 몸이 오늘 세상에서 받아 누리는 것이 모두 조상의 덕택이니
자손을 위하여 조상이 무릅쓴 그 곤란을 생각하여 감사해야 할 것
이요, 결코 모자람을 원망해서는 안 된다. 자손이 받아 누리는 행
복이 무엇인가 하면 이 몸이 자손에게 끼쳐 주는 바이다. 가운이
기울어짐을 원망하지 말고 스스로 덕을 쌓기에 힘써야 하리라.

# 28

집안 사람에게 허물이 있으면 지나치게 화를 내서도 안 되고 가볍게 흘려 버려서도 안 된다. 그 일을 말하기 어려우면 다른 일을 빌려 은근히 깨우치고 오늘 깨닫지 못하거든 내일을 기다려 다시 깨우쳐야 하니, 마치 봄바람이 언 것을 풀고 온화한 기운이 얼음을 녹이듯 하여야 비로소 가정의 규범이 되리라.

家人有過거든 不宜暴怒하며 不宜輕棄니라. 此事難言이거든 借地事隱諷之하고 今日不悟거든 俟來日再警之하되 如春風解凍하며 如和氣消水이니 纔是家庭的型範이니라.(전 96)

**풀이**

집안 사람에게 허물이 있으면 지나치게 나무라서도 안 되고 그냥 지나쳐서도 안 된다. 바로 말하기가 어려우면 다른 일을 비유하여 깨우치되 오늘 그 허물을 못 깨닫거든 다음을 기다려 다시 깨우치는 것이 좋다. 봄바람이 얼음을 녹이듯이 따뜻한 마음으로 타이르는 것이 집안을 다스리는 훌륭한 방법이다.

# 29

마음을 살펴서 항상 원만함을 얻을 수 있다면 천하가 저절로 결함 없는 세계가 될 것이요, 마음을 항상 너그럽고 평화롭게 놓아 둘 수 있다면 천하에 저절로 험악한 인정이 사라질 것이다.

此心이 常看得圓滿하면 天下自無缺陷之世界요 此心이 常放得寬平하면 天下自無險側之人情이니라.(전 97)

**풀이**

자기의 본심을 밝혀 보아 안심 입명(安心立命)한 사람은 천하에 부족 불만(不足不滿)이 없다. 또 자기의 마음이 항상 관대 평온(寬大平穩)하면 어디를 가도 험악한 인간이 없을 것이다.

# 30

깨끗하고 욕심 없는 선비는 반드시 지나치게 화려한 사람의 의심을 받고 엄격한 사람은 흔히 방종한 이가 꺼리니, 군자는 이에 처하여 조금이라도 그 지조를 바꾸지 말며 또 너무 그 서슬을 드러내지도 말아야 하리라.

澹泊之士는 必爲濃艶者所疑하며 檢飭之人은 多爲放肆者所忌이니 君子는 處此에 固不可少變其操履하며 亦不可太露其鋒芒이니라. (전 98)

**풀이**

담박함을 좋아하는 사람은 반드시 호화로움을 즐기는 사람에게 의심을 받는 법이며, 엄격한 사람은 방종한 사람에게 미움을 사기 쉽다. 그러므로 군자는 이에 처하여 그 지조와 행실을 조금도 바꾸어서는 안 되지만, 또한 제 지조를 위하여 그 칼날을 너무 드러내지도 말아야 한다.

# 31

공평한 정론(正論)에는 손을 대지 말 것이니, 한 번 범하면 곧 만세에 부끄러움을 남기게 되리라. 권세 있는 집안과 사욕의 소굴에는 발을 붙이지 말 것이니, 한 번 붙이면 평생토록 몸을 더럽히게 되리라.

公平正論은 不可犯手니 一犯則貽羞萬世하며 權門私竇는 不可著脚이니 一著則點汚終身하느니라.(전 111)

**풀이**

공평한 의견과 이치에 맞는 의논을 반대하지 말라. 사사로운 정이나 욕심 때문에 한 번 정론을 범하면 이는 일에 임하여 사심(私心)이 있음을 나타내는 셈이니 부끄러운 이름이 오래도록 남을 것이다. 권세 있는 집안과 사욕의 소굴에는 발을 들여놓지 말라. 만약 한 번 발을 들여놓으면 그 더러움을 평생 씻지 못할 것이다.

# 32

뜻을 굽혀 남을 기쁘게 하는 것보다 내 몸의 행실을 곧게 하여 남에게 미움을 받는 것이 더 나으며, 좋은 일 한 것도 없이 남에게 기림을 받는 것보다는 나쁜 일을 하지 않고 남에게서 흉을 받는 것이 더 낫다.

曲意而使人喜는 不若直躬而使人忌요 無善而致人譽는 不若無惡而致人毀니라.(전 112)

**풀이**

남의 환심을 사려고 제 뜻을 굽히면서까지 마음에 없는 행동을 하기보다는 자기의 행실을 바르게 하다가 남의 미움을 받는 것이 나으며, 아무런 좋은 일 한 바도 없이 사람들에게 칭찬을 받기보다는 나쁜 일 한 바 없이 비방을 받는 것이 낫다는 말이다. 권세에 아부하느니 차라리 몸가짐을 곧게 하다가 미움을 사는 쪽이 낫고, 위선자가 되느니 차라리 아무 잘못 없이 흉을 잡히는 쪽이 더 낫다는 뜻이다.

# 33

부모 형제와 같은 골육이 변고를 당하면 마땅히 침착할 일이니 격해져서는 안 되고, 벗의 잘못된 점을 보면 마땅히 충고할 일이니 주저해서는 안 된다.

處父母骨肉之變에는 宜從容이니 不宜激烈이요 遇朋友交遊之失에는 宜凱切이니 不宜優遊니라.(전 113)

**풀이**

육친이 죽거나 무슨 변을 당하면 정신을 똑바로 차려야지 격한 나머지 허둥거려서는 안 된다. 이미 당한 일이라면 침착하게 수습하는 것이 옳다는 말이다. 친구가 잘못을 저지르는 것을 보면 간곡하게 말려야지 그냥 어물어물 넘겨서는 안 된다. 남의 일에 무슨 참견이냐는 생각이 들기 쉽지만 사람을 진실로 사귀는 도리는 그렇지 않다.

# 34

작은 일에도 물샐 틈 없고 어둠 속에서도 속이지 않으며 실
패한 경우에도 포기하지 않으면, 비로소 진정한 영웅이다.

小處에 不滲漏하며 暗中에 不欺隱하며 末終에 不怠荒하면 纔是個
眞正英雄이니라.(전 114)

**풀이**

작은 일이라 하여 만만히 생각지 않고 대사(大事)에 임하듯이 용의
주도하고, 남이 모르는 일이라 하여 속이지 않고 먼저 혼자서도 삼
가며, 실의의 경우를 당하여 안일과 방종에 흐르지 않고 성실하게
힘을 기르는 것이 대장부의 자세이다. 이 세 가지를 능히 행할 수
있으면 그야말로 영웅이 따로 없을 것이다.

# 35

천금을 주고도 한때의 환심을 사기 어려운가 하면, 한 그릇 밥으로도 한평생의 은혜를 이룰 수 있다. 대개 사랑이 지나치면 도리어 원수가 되고, 박함이 지극하면 도리어 기쁨이 된다.

千金도 難結一時之歡이요 一飯도 竟致終身感이니 蓋愛重이면 反爲仇요 薄極이면 翻成喜也니라.(전 115)

**풀이**

천금을 주고도 한때의 환심조차 못 얻는 수도 있고, 한 끼 밥을 주고도 일생 동안 그 은혜에 감격하게 하는 수도 있다. 사랑이 지나치면 아무리 주어도 고마운 생각은 없고 당장 부족하게 생각되어 은혜가 도리어 원수가 되지만, 아무리 박한 것이라도 그것이 아주 필요할 때에 주면 작은 것이 도리어 큰 즐거움이 되는 까닭이다.

# 36

교묘함을 졸렬함으로 싸서 감추고 어둠을 써서 밝게 하며 깨끗함을 혼탁함 속에 깃들게 하고 굽힘으로써 펴는 것은, 참으로 세상을 살아가는 데 필요한 하나의 항아리요, 몸을 지키는 데 필요한 세 개의 굴이다.

藏巧於拙하며 用晦而明하며 寓淸于濁하며 以屈爲伸은 眞涉世之一壺요 藏身之三窟也니라.(전 116)

**풀이**

교묘하면서도 겉으로는 졸렬한 것처럼 보이게 하고 재능을 감춤으로써 절로 밝혀지게 하며 깨끗한 절개가 있으면서도 흐린 속세에서 살아가고 뭇사람 앞에 굽힘으로써 놀라운 힘을 펼 줄 알면, 참으로 세상을 건너는 데 필요한 하나의 항아리를 가진 것과 같고 몸을 감추는 데 필요한 세 개의 굴을 갖춘 것과 같다. '용회이명(用晦而明)'이라는 말은 『주역(周易)』「명이(明夷)」에 나오는데, 재능을 감추어서 남에게 알리지 않으려는 것이 도리어 세상에 밝혀지게 된다는 뜻이다. '일호(一壺)'는 『골관자(鶡冠子)』에 "물 복판에서 잃으면 일호 천금(一壺千金)이다."라는 글이 있으니, 강을 건너다가 배를 잃고 보면 무엇이든지 붙들고 살지 않으면 안 되니까 항아리 하나도 천금의 값이 나간다는 것이다. '삼굴(三窟)'은 『전국책(戰國

策)』의 교토 삼굴(狡兎三窟)에서 나온 말이다. "꾀 많은 토끼는 굴 셋을 파 놓아 겨우 죽음을 면할 따름이니라. 굴 하나만으로는 아직 베개를 높이 하고 잘 수 없다. 청하노니 그대는 굴 둘을 더 파도록 하라."는 글이 그것이다. 토영 삼굴(兎營三窟)이라 하면 안전한 계교를 뜻한다. 일호(一壺)는 구조선, 삼굴(三窟)은 안전 지대라고 의역할 수 있다.

# 37

한쪽 말만 들어서 간사한 사람에게 속지 말고, 제 힘을 너무 믿어 객기를 부리지 말며, 제 장점으로써 남의 단점을 드러내지 말고, 자기가 서투르다고 남의 능숙함을 시기하지 말라.

母偏信而爲奸所欺하며 母自任而爲氣所使하며 母以己之長而形人之短하며 母因己之拙而忌人之能하라.(전 120)

**풀이**

사물의 진상을 알려 하지 않고 한쪽 말만 믿다가 간사한 사람의 속임수에 넘어가지 말라. 또 자기의 역량을 믿은 나머지 힘에 겨운 일을 맡는다든지 하는 객기를 부리지 말라. 사람에게는 저마다 장단점이 있으니, 자기의 장점으로써 남의 단점을 지적하여 드러내지 말라. 또 자기가 그 일에 졸렬하다고 하여 남의 능숙함을 공연히 시기하지 말라.

# 38

남의 단점은 힘써 덮어 주어야 하니, 만약 드러내어 알린다면 이는 단점으로써 단점을 공격하는 셈이 된다. 남이 완고한 구석이 있으면 잘 타일러 깨우쳐야 하니, 만약 성내고 미워한다면 이는 완고함으로써 완고함을 제도하려는 것이 될 뿐이다.

人之短處는 要曲爲彌縫이니 如暴而揚之면 是는 以短攻短이요 人有頑的이거든 要善爲化誨니 如忿而疾之면 是는 以頑濟頑이니라. (전 121)

**풀이**

사람의 단점을 꼬집어 흉보기 좋아하는 것은 세상 인심이지만 그것은 좋은 일이 아니다. 마땅히 정성스러운 마음으로 그 단점을 덮어 주어야 한다. 만일 드러내어 흉보면 이는 덕이 모자란 탓이니, 자기의 단점으로 남의 단점을 공격하는 격이 된다. 사물의 도리를 모르는 완미(頑迷)한 사람이 있으면 친절하게 타일러 깨우치는 것이 좋다. 만일 화를 내거나 미워한다면 이는 그 사람 또한 완고한 탓이니, 자기의 완고함으로 남의 완고함을 구하려는 것이 된다.

# 39

음침하게 말이 없는 선비를 만나거든 아직 속마음을 보이
지 말라. 발끈하여 성을 잘 내는 사람이 잘난 체하거든 모
름지기 입을 다물라.

遇沈沈不語之士거든 且莫輸心하며 見倖倖自好之人이거든 應須防
口하라.(전 122)

**풀이**

음침한 태도로 말이 없는 사람은 그 마음 속이 음험(陰險)한 경우
가 많다. 이와 같은 사람 앞에서는 함부로 본심을 밝혀서는 안 된
다. 자칫 화를 입을 수 있기 때문이다. 발끈 성을 잘 내면서도 스
스로 뻐기는 사람은 간사한 경우가 많다. 이와 같은 사람은 아예
멀리하는 것이 상책이고, 어쩌다 만나더라도 입을 다물고 말을 하
지 않는 것이 좋다. 자칫 낭패를 당하거나 구설에 오를 수 있기 때
문이다.

# 40

남의 속임수를 알지라도 말로 나타내지 않고 남의 모욕을
받더라도 얼굴빛이 변하지 않으면, 이 속에 무궁한 뜻이 있
으며 또 무궁한 덕이 있으리라.

覺人之詐라도 不形於言하고 受人之侮라도 不動於色하면 此中에
有無窮意味하며 亦有無窮受用하느니라.(전 126)

**풀이**

알면서 속는 것은 속는 것이 아니다. 남이 나를 속이는 줄 알아도
모르는 체하고 말로써 나타내지 않는 것이 좋다. 남이 나를 모욕해
도 성내지 않으면 내가 도리어 그 사람을 포용하는 셈이다. 모욕을
당해도 성내지 않고 안색을 공평히 가지는 것이 좋다. 이 두 가지
는 알고도 행하기가 어렵지만, 이 속에 무궁한 뜻과 무한한 공덕이
있다.

# 41

"남을 해치려는 마음을 가져서도 안 되지만 남의 침해를 막으려는 마음이 없어서도 안 된다."고 하는 말은 생각에 소홀함이 있을까 경계한 것이며, "차라리 남에게 속을지언정 남이 속일 것이라고 미루어 짐작하지는 말라."는 말은 지나치게 살피다 손상을 입을까 경계한 것이다. 이 두 마디 말을 아울러 지닌다면 생각이 밝아지고 덕행이 두터워지리라.

害人之心은 不可有하고 防人之心은 不可無라 하니 此戒疏於慮也요 寧受人之欺언정 毋逆人之詐라 하니 此警傷於察也니라. 二語竝存하면 精明而渾厚矣리라.(전 129)

**풀이**

스스로 남을 해치려는 마음을 가져서도 안 되지만 세상에는 까닭없이 남을 해치려는 사람도 있으니 그것을 방비하는 마음이 없어서도 안 된다. 이는 마음은 착하나 사려가 옅은 사람을 경계하는 말이다. 차라리 우직하여 남에게 속을지언정 남이 속일 것이라고 넘겨짚지는 말아야 한다. 이는 지나치게 살피고 미리 의심함으로써 스스로 덕을 손상시키지 말라는 경계이다. 절도가 미리 발각됨으로써 강도로 변하는 수도 있으니, 알고도 모르는 체하다가 도둑이 담을 넘은 뒤에 외쳐야 하는 것이 이와 같은 이치이다. 이 두 가지 경계는 상반되는 듯하지만, 함께 명심하면 생각이 정밀하고 밝아지며 덕도 원만하고 두터워질 것이다.

# 42

많은 사람이 의심한다고 하여 자신의 견해를 굽히지 말고, 저 혼자만의 뜻에 맡겨 남의 말을 물리치지도 말라. 작은 은혜를 사사로이 베풀어 대국(大局)을 그르치지 말며, 공론 (公論)을 빌려 사사로운 감정을 만족시키지 말라.

毋因群疑而阻獨見하며　毋任己意而廢人言하며　毋私小惠而傷大體 하며　毋借公論以快私情하라.(전 130)

**풀이**

진실로 옳은 일을 하는 사람은 온 세상이 그르다고 해도 그 말에 흔들리지 않는다. 다수인의 의심을 두려워하여 자기의 신념을 꺾어 서는 안 된다. 그러나 자기의 뜻에 거슬린다고 하여 도리에 합당한 남의 말을 처음부터 막아 버려서도 안 된다. 사사로운 은의(恩誼) 에 붙잡혀서 대국(大局)의 공론(公論)을 반대해서는 안 되며, 사사 로운 감정을 해결하려고 여론을 이용해서도 안 된다. 공사를 분별 하고 신념과 감정을 헤아릴 줄 알아야 바야흐로 대사에 참여할 수 있으리라.

# 43

착한 사람이라도 빨리 친해질 수 없으면 미리 칭찬하지 말라. 간사한 사람이 이간질할까 두렵다. 몹쓸 사람이라도 쉽게 내칠 수 없으면 미리 발설치 말라. 뜻밖의 재앙을 부를까 두렵다.

善人을 未能急親이거든 不宜預揚이니 恐來讒讚之奸이며 惡人을 未能輕去거든 不宜先發이니 恐招媒蘗之禍니라.(전 131)

**풀이**

이는 보필(輔弼)의 자리에 있는 대신 재상(大臣宰相)이 현자(賢者)를 거용(擧用)하고 간인(奸人)을 물리치는 대경(大經)을 가르친 것이다. 선인(善人)인 줄 알아도 급히 친교를 맺을 수 없는 사정이 있으면 미리 그 사람을 칭찬하는 말을 해서는 안 된다. 미리 칭찬하면 그 중간에 참언(讒言)과 모함으로 이간질하는 사람이 나타나게 마련이고, 이렇게 되면 그 선인이 장차 거용(擧用)될 길을 미리 막는 셈이 된다. 악인(惡人)인 줄 알아도 아직 물리칠 수 없는 사정이 있으면 그 사람을 몰아내리라는 뜻을 미리 발설해서는 안 된다. 만일 그 악인이 들으면 이쪽을 향하여 무슨 모함을 감행하고 어떤 화를 끼칠지 모르기 때문이다. 그렇게 되면 그 악인을 내치지 못하고 도리어 자기가 밀림으로써 소인의 번성을 부채질할 수도 있다.

# 44

어버이가 자식을 사랑하고 자식이 어버이께 효도하며 형이 아우를 아끼고 아우가 형을 공경하여 비록 지극한 곳에 이르렀다 할지라도 이는 모두 당연할 따름이요, 털끝만큼도 감격스럽게 생각할 일이 아니다. 만약 베푸는 이가 덕으로 자처하고 받는 이가 은혜로 생각한다면 이는 곧 길에서 오가다 만난 사람과 같으니 문득 장사꾼처럼 되고 말리라.

父慈子孝하며 兄友弟恭하여 縱做到極處라도 俱是合當如此요 著不得一毫感激的念頭니 如施者任德하며 受者懷思하면 便是路人이니 便成市道矣리라.(전 133)

**풀이**

자애와 효도와 우애는 모두 천륜이니 아무리 지극한 경지에 이르렀다 하여도 당연할 따름이요, 조금도 감격과 자랑하는 마음을 가질 일이 아니다. 만일 천륜까지도 베푸는 이가 덕을 자랑하고 받은 이가 은혜를 느끼면, 오가다 만난 행인이나 사고 파는 장사꾼과 무엇이 다르다고 하겠는가.

# 45

고움이 있으면 반드시 추함이 있어 서로 대비되니 내가 고
움을 자랑하지 않으면 누가 능히 나를 추하다 하랴. 깨끗함
이 있으면 반드시 더러움이 있어 서로 대비되니, 내가 깨끗
함을 좋아하지 않으면 누가 능히 나를 더럽다 하랴.

有妍이면 必有醜하여 爲之對니 我不誇妍하면 誰能醜我하리요. 有
潔이면 必有汚하여 爲之仇니 我不好潔하면 誰能汚我하리요.
(전 134)

**풀이**

고움이 있으면 반드시 추함이 있고 깨끗함이 있으면 반드시 더러
움이 있으니, 세상의 사물은 모두 상대적이다. 그것이 짝이 되고
원수가 된다. 선악이 그렇고 장단과 고하가 모두 그렇다. 사람이
만일 이 상대적인 것을 초월하여 스스로 고움을 자랑하지 않으면
누가 그 사람을 추하다고 하랴. 스스로 깨끗하려 하지 않으면 누가
그 사람을 더럽다 하랴. 선악과 장단과 고하가 모두 이와 같으니,
스스로 분별하고 집착함으로써 도리어 자기가 뜻하는 반대의 경우
에 떨어지는 것이다.

# 46

공로와 과실은 조금도 혼동하지 말아야 하니, 혼동하면 곧 사람들이 나태한 마음을 품으리라. 은혜와 원수는 크게 밝히지 말아야 하니, 밝히면 곧 사람들이 배반의 뜻을 일으키리라.

功過는 不容少混이니 混則人懷惰墮之心하며 恩仇는 不可太明이니 明則人起携貳之志하느니라.(전 136)

**풀이**

공로는 상주고 과실은 벌해야 한다. 신상 필벌(信賞必罰)이 이것이니 공(功)과 과(過)는 조금도 혼동해서는 안 된다. 만일 이를 혼동하면 게으른 마음을 품게 만들어 직무에 충실하지 않게 될 것이다. 그러나 은혜와 원한은 지나치게 밝혀서는 안 된다. 만일 이를 너무 따져서 은인은 후하게 대하고 원수는 박하게 대하면 이윽고 인심을 잃어 사람들이 모두 배반하고 떠나갈 것이다. 휴이(携貳)의 휴(携)는 리(離)와 같고 이(貳)는 의(疑)와 같으니, 믿지 않고 딴마음을 가져서 떠난다는 뜻이다.

# 47

벼슬 자리는 마땅히 너무 높지 말 것이니 너무 높으면 위태롭고, 능한 일에는 마땅히 있는 힘을 다 쓰지 말 것이니 다 쓰면 쇠퇴하며, 행실은 마땅히 너무 고상하지 말 것이니 너무 고상하면 비방이 일어나고 욕이 오리라.

爵位는 不宜太盛이니 太盛則危하며 能事는 不宜盡畢이니 盡畢則衰하며 行誼는 不宜過高니 過高則謗興而毀來하느니라.(전 137)

**풀이**

벼슬과 지위는 너무 높이 오르지 않는 것이 좋다. 너무 높이 오르면 이내 위해(危害)가 다가오는 까닭이다. 훌륭하게 할 수 있는 일에도 힘을 아끼는 것이 좋다. 그 재주가 다하면 쇠퇴하기 때문이다. 행실은 너무 고상하게 하지 않는 것이 좋다. 남의 비방이 일어날 것이기 때문이다. 지위는 아주 높기 조금 전이 좋고, 재주는 바닥이 드러나기 조금 전까지 보이는 것이 좋고, 몸가짐은 은근히 깨끗한 것이 좋은 법이다.

# *48*

간악한 사람을 제거하고 망령된 무리를 막으려면 한 가닥 달아날 길을 열어 주어야 한다. 만일 한 곳도 몸 둘 곳이 없게 하면 이는 쥐구멍을 막는 것과 같으니, 달아날 길이 다 막혀 버리면 소중한 기물을 모조리 물어 뜯으리라.

鋤奸杜倖에는 要放他一條去路니 若使之一無所容하면 譬如塞鼠穴者하여 一切去路都塞盡하면 則一切好物俱咬破矣리라.(전 140)

**풀이**

도망갈 틈을 주지 않고 소리 치면 좀도둑이 갑자기 강도가 되는 수도 있다. 길이 막힌 쥐가 도리어 고양이를 문다는 말과 같은 뜻이다. 그러므로 간악하고 요망한 무리를 쫓으려면 먼저 도망갈 길을 터 주고 쫓아야 한다. 만일 길을 두지 않고 그들을 몰면 마지막 발악으로 도리어 쫓는 이를 해칠 것이다. 구멍을 잃은 쥐가 함부로 기물을 물어 뜯고 깨뜨리는 것과 같은 이치다.

# 49

마땅히 남과 더불어 허물을 같이할지언정 공은 같이하지 말라. 공을 같이하면 곧 서로 시기하리라. 남과 더불어 환난을 같이할지언정 안락은 같이하지 말라. 안락하면 곧 원수처럼 맞서리라.

當與人同過로되  不當與人同功이니  同功則相忌하며  可與人共患難이로되  不可與人共安樂이니  安樂則相仇하느니라.(전 141)

**풀이**

남과 허물을 같이하면 그 허물을 덮으려고 해를 끼치지 않지만, 공을 같이하면 그 공을 더 차지하려고 시기하고 깎으려 하는 것이 세상 인심이다. 남과 더불어 어려움을 같이하면 서로 도와서 정이 두터워지지만, 안락을 같이하면 그 안락이 탐나서 서로 원수가 되는 법이다. 그러므로 이를 아는 사람은 허물을 같이할지언정 공은 같이하지 않고, 환난을 같이할지언정 안락은 같이하지 않는다는 말이다. 공을 다투어 몸을 망치고 안락을 탐하여 환난에 빠지는 일이 많으니, 어찌 경계하지 않으랴.

# 50

군자가 가난하여 물질로 남을 구할 수 없을지라도 어리석게 방황하는 사람을 보면 한마디 말로 이끌어 깨어나게 하고, 위급한 사람을 만나면 한마디 말로 풀어 구해 주니, 이 또한 무량한 공덕이다.

士君子貧不能濟物者는 遇人痴迷處에 出一言提醒之하며 遇人急難處에 出一言解救之하나니 亦是無量功德이니라.(전 142)

**풀이**

선비가 비록 가난하여 물질로써 사람을 구하지 못할망정 남이 어리석음으로 말미암아 방황하거나 위급한 자리에서 허덕이는 것을 그냥 보고 있을 수는 없는 노릇이다. 때와 곳에 따라 한마디 말로써 이를 깨우치고 이끌어 주면 또한 큰 공덕이 될 것이다.

# 51

굶주리면 붙고 배부르면 떠나며 따뜻하면 몰려들고 추우면 버리니, 이것이 인정의 똑같은 병폐라.

饑則附하며 飽則颺하며 懊則趨하며 寒則棄는 人情通患也니라.
(전 143)

**풀이**

세상 인심은 굶주리면 먹이는 이에게 붙고, 배가 부르면 바람이 들어 더 잘 되려고 쌀쌀하게 떠나가는 법이다. 따뜻한 곳이라고 몰려들다가도 추워지면 팽개치고 돌아보지 않는다. 이것이 동서 고금에 인정의 공통된 병이다.

# 52

일에는 급히 서두르면 드러나지 않다가도 너그럽게 하면
혹 절로 밝아지는 것이 있으니, 조급하게 서둘러서 그 분노
를 초래하지 말라. 사람에는 부리려고 하면 좇지 않다가도
놓아 두면 혹 절로 따르는 이가 있으니, 너무 심하게 부려
서 그 완고함을 더하지 말라.

事有急之不白者로되 寬之或自明하나니 毋躁急以速其忿하며 人有
操之不從者로되 縱之或自化하나니 毋操切以益其頑하라.(전 153)

**풀이**

아무리 급하게 조사해도 명백해지지 않던 일이 너그럽게 내버려
두면 절로 밝아지는 수가 있다. 그러므로 너무 조급히 굴어서 남의
분(忿)을 초래해서는 못쓴다. 시키면 잘 복종하지 않던 사람도 잔
소리를 하지 않고 내버려 두면 절로 잘못을 깨닫고 유순해진다. 그
러므로 지나치게 꾸짖어서 비뚤어진 마음이 더욱 굳어지게 해서는
안 된다.

# 53

일에서 물러나려거든 마땅히 그 전성기에 물러서야 하고,
몸을 두려거든 마땅히 홀로 뒤떨어진 자리에 두어야 한다.

謝事는 當謝於正盛之時하며 居身은 宜居於獨後之地니라.(전 155)

**풀이**

무슨 일에서 물러나려거든 마땅히 그 전성기를 고를 것이니, 제 마
음에 만족스럽고 남이 아까워할 때가 좋다는 말이다. 만일 그렇지
않고 일이 쇠미(衰微)하거나 실패한 경우에 홀로 물러나면 의리에
벗어나고 오해와 아울러 미움을 사게 되는 까닭이다. 자기의 몸 둘
자리는 항상 홀로 뒤떨어진 곳을 고르는 것이 좋다. 낮은 자리는
남과 다투지 않아도 되니 안전하고 여유가 있을 것이다.

# 54

덕을 삼가려면 모름지기 아주 작은 일에 삼갈 것이요, 은혜를 베풀려면 갚지 않을 사람에게 힘써 베풀라.

謹德은 須謹於至微之事하며 施恩은 務施於不報之人하라.(전 156)

**풀이**

덕행을 존중하며 허물이 없고자 하면 마땅히 아주 미세한 일을 조심해야 하고, 남에게 은혜를 베풀려면 보답하지 않을 사람에게 베푸는 것이 좋다. 만일 보답이 따를 만한 사람을 찾으면 이는 이익을 바꾸는 상인과 다름이 없으니 은혜를 베푼다는 본의에서 벗어나기 때문이다.

# 55

도는 뭇사람의 것이니 마땅히 사람마다 접하게 하고, 학문은 날마다 먹는 밥이니 마땅히 일마다 깨우쳐 삼가야 한다.

道是一重公衆物事니 當隨人而接人하며 學是一個尋常家飯이니 當隨事而警惕이니라.(전 161)

**풀이**

도는 성현의 전유물이 아니라 일종의 공공물이다. 그러므로 사람을 가리지 말고 이끌어서 이행하게 하는 것이 마땅하다. 학문은 끼니마다 먹는 밥과 같으니, 일상에서 접하는 모든 일을 통해 깨우침을 얻고 행동을 삼가야 한다. '심상 가반(尋常家飯)'은 항상 집에서 먹는 밥을 말하며, '경척(警惕)'은 깨우치고 삼가는 것을 말한다.

# 56

옛 친구를 만나면 마땅히 의기를 더욱 새롭게 하고, 비밀스러운 일에 처하면 마땅히 마음 자리를 더욱 나타나게 하며, 쇠퇴한 사람을 대하면 마땅히 은혜와 예우를 더욱 높여야 한다.


遇故舊之交거든 意氣要愈新하며 處隱微之事거든 心迹宜愈顯하며
待衰朽之人이거든 恩禮當愈隆이니라.(전 165)


**풀이**

옛 친구를 만나거든 우정을 더욱 돈독히 하라. 소홀하게 대하면 옛 정이 서운해진다. 비밀스러운 일을 당하거든 마음의 자취를 떳떳하게 밝히는 태도를 가지라. 어물어물하면 자칫 세상의 오해를 받는다. 쇠퇴하여 곤란을 겪는 사람을 보거든 예전에 번성할 적보다 더 정중히 대접하라. 불우한 사람을 허술하게 대접하면 덕이 상하고 복이 깎인다.

# 57

부지런함이란 도덕과 의리에 민첩한 것이거늘 세상 사람들
은 부지런함을 빌려서 그 가난함을 건지는구나. 검소함이
란 재물과 이익에 담담한 것이거늘 세상 사람들은 검소를
빌려서 그 인색함을 꾸미는구나. 군자의 몸을 지키는 신조
가 도리어 소인의 사욕을 영위하는 연장이 되니, 아까운 일
이로다.

勤者는 敏德義거늘 而世人은 借勤以濟其貧하며 儉者는 淡於貨利
거늘 而世人은 假儉以飾其吝하나니 君子指身之符가 反爲小人營
私之具矣라 惜哉로다.(전 166)

**풀이**

부지런하다는 것은 덕의(德義)를 실행함에 민활(敏活)하다는 말이건
만, 세상 사람들은 일손을 움직여 꾸준히 돈을 모은다는 뜻으로 오
해하고 있다. 검소하다는 것은 재화(財貨)의 이익에 담박(淡薄)하다
는 말이건만, 세상 사람들은 이를 오해하여 인색함을 변명하는 구
실로 삼고 있다. 이와 같이 근면과 검소라는 두 말이 군자의 몸을
닦는 계명에서 오히려 소인의 사리(私利)를 꾀하는 도구로 바뀌고
말았으니 어찌 탄식할 일이 아니랴.

# 58

은혜는 마땅히 엷은 데서 짙은 데로 나아가야 하니, 먼저 짙고 뒤에 엷으면 사람들이 그 은혜를 잊어버린다. 위엄은 마땅히 엄한 데서 너그러운 데로 나아가야 하니, 먼저 너그럽고 뒤에 엄하면 사람들이 그 혹독함을 원망한다.

恩宜自淡而濃이니 先濃後淡者는 人忘其惠하며 威宜自嚴而寬이니 先寬後嚴者는 人怨其酷이니라.(전 170)

**풀이**

은혜를 베풀려면 마땅히 적은 데서 시작하여 차츰 늘려야 한다. 만일 처음에 많이 베풀고 나중에 적게 베풀면 받는 사람이 그 은혜를 잊어버리고 말 것이다. 위엄은 마땅히 엄격한 데서 시작하여 차츰 관대해지는 것이 좋다. 만일 먼저 관대하고 나중에 엄격하면 사람이 그것을 혹독하다고 원망할 것이다.

# 59

일을 상의하는 이는 몸을 일 밖에 둠으로써 마땅히 이해의
정을 다 살펴야 하고, 일을 맡은 이는 몸을 일 안에 둠으로
써 마땅히 이해에 관한 생각을 잊어야 한다.

議事者는 身在事外하여 宜悉利害之情이요 任事者는 身居事中하
여 當忘利害之慮하라.(전 176)

**풀이**

무슨 일을 의논하는 이는 자기의 입지를 그 일 밖에 두어 객관적
으로 냉정히 그 이해의 실정을 세밀히 관찰해야 한다. 만일 자신이
일 안에 사로잡히면 흥분하여 사리를 보는 눈이 흐려질 것이다. 일
을 맡은 이는 자신을 그 일 안에 두어 이해를 떠나서 일심 불란
(一心不亂)의 태도로 실행해야 한다. 일 안에서 이해에 사로잡히면
일이 바로 되지 않을 것이다.

# 60

선비가 권문(權門)과 요로(要路)에 있을 때에는 몸가짐이 엄정하고 명백해야 하고 마음이 온화하고 평이해야 하니, 조금이라도 비린내 나는 무리를 가까이하지 말며 또한 너무 격렬하여 사악한 무리의 독침을 건드리지도 말아야 하리라.

士君子가 處權門要路거든 操履要嚴明하고 心氣要和易하여 毋少隨而近腥羶之黨하며 亦毋過激而犯蜂蠆之毒이니라.(전 177)

### 풀이

선비가 뜻을 얻어 벼슬길에 오르게 되면, 그 조신(操身)과 행실은 엄격하고 명백해야 하며 심기는 온화하고 평이해야 한다. 아울러 조금이라도 방종하거나 사리(私利)에 급급한 무리를 가까이해서는 안 되며, 과격하게 굴다가 벌떼 같은 무리의 반항을 초래하여 그들의 독침에 쏘여서도 안 된다. '성전(腥羶)'의 성(腥)은 물고기 냄새를 말하고 전(羶)은 짐승 고기의 냄새를 말하니, 비린내를 뜻한다.

# 61

절의(節義)를 내세우는 이는 반드시 절의 때문에 비난을 받고, 도학(道學)을 내세우는 이는 언제나 도학으로 인하여 허물을 부른다. 그러므로 군자는 나쁜 일을 가까이하지 않을 뿐 아니라 또한 좋은 이름도 세우지 않으니, 다만 혼연(渾然)한 화기(和氣)만이 몸을 보전하는 보배가 된다.

標節義者는 必以節義受謗하고 榜道學者는 常因道學招尤하나니 故로 君子는 不近惡事하며 亦不立善名하나니 只渾然和氣가 纔是居身之珍이니라.(전 178)

**풀이**

무슨 일이건 떠들고 나서거나 냄새를 피우면 그 근본 뜻은 사라지고 허물만 남는다. 더구나 좋은 일은 남의 미움을 받기 쉬우니 모난 돌이 정을 맞는 격이다. 이를 아는 군자는 나쁜 일도 가까이하지 않거니와 평판을 높이는 일에도 함부로 뛰어들지 않는다. 절의를 표방하는 곳에 절의는 없고, 도학을 자랑하는 곳에 도학은 없는 법이다. 좋은 된장은 된장 냄새가 나지 않는다. 그러므로 군자는 냄새 피우지 않고 모나지 않으며 오직 혼연히 온화한 기운으로써 그 몸 둘 자리를 삼는다.

# 62

속이는 사람을 만나면 정성스러운 마음으로 감동시키고,
포악한 사람을 만나면 온화한 기운으로 감화하며, 사도(邪
道)에 기울어져 사리(私利)만 아는 사람을 만나면 대의 명
분과 기개 절조(氣慨絶操)로 격려해야 한다. 그러고도 천하
에 나의 가르침 안에 들어오지 않을 이는 없으리라.

遇欺詐的人이거든 以誠心感動之하고 遇暴戾的人이거든 以和氣薰
蒸之하며 遇傾邪私曲的人이거든 以名義氣節激礪之하면 天下에
無不入我陶冶中矣리라.(전 179)


**풀이**

속임수 잘 쓰는 사람을 만나면 성심으로 감동시키고, 난폭한 사람
을 만나면 온화한 기운으로 감화하며, 마음이 기울어져 사리(私利)
만 아는 사람을 만나면 명분과 의리와 기개와 절조로 격려하는 것
이 좋다. 이렇게 하면 누가 그 가르침에 따르지 않으랴.

# 63

음흉한 계략과 괴이한 습관과 이상한 행동과 기이한 능력
은 모두 세상을 살아가는 데 재앙의 씨가 된다. 다만 하나
의 평범한 덕성과 평범한 행실이 혼돈을 완전히 하여 화평
을 부를 수 있으리라.

陰謀怪習과 異行奇能은 俱是涉世的禍胎니라. 只一個庸德庸行이
便可以完混沌而召和平이니라.(전 181)


**풀이**

남모르는 음모와 계략, 남다른 행동과 습관은 자칫 재앙의 근본이
된다. 다만 평범한 덕성과 평범한 행실이 몸을 온전히 지키고 탈없
이 세상을 건너는 데 으뜸가는 길이다. 혼돈(混沌)은 『장자(莊子)』
에 실린 고사에서 온 말이다. 혼돈이라는 생물이 있었는데, 눈도
코도 입도 귀도 항문도 음문도 없었다. 이를 보고 불편하겠다고 여
겨 여섯 구멍을 뚫어 주었더니 그 생물은 그만 죽어 버렸다. 재주
와 지모가 지나쳐서 본성에 어긋나는 일을 하면 몸을 망치기 쉽다
는 교훈을 주는 우화이다. 여기에서는 이 비유를 따서 타고난 본연
의 성품을 이르는 말로 쓰이고 있다.

# 64

옛말에 이르기를 "산에 오를 때에는 비탈길을 견디고 눈을 밟을 때에는 위험한 다리를 견디라."고 하였으니, 이 견딜 내(耐) 자에 아주 깊은 뜻이 있다. 만약 험악한 인정과 험난한 세상길을 이 내(耐) 자 하나를 얻어 거기에 의지하여 지나가지 않는다면, 어찌 가시덤불이나 구렁텅이에 빠지지 않으리요.

語에 云하되 登山耐側路하고 踏雪耐危橋라 하니 一耐字는 極有意味로다. 如傾險之人情과 坎坷之世道에 若不得一耐字하여 撑持過去면 幾何不墮入榛莽坑塹哉리요.(전 182)

**풀이**

비뚤어지고 험악한 인정과 기복 많고 험난한 세상을 무사히 지나자면 만사에 오직 견딜 내(耐) 자 하나로써 몸과 마음을 지탱해야 한다는 말이다. 만일 이를 지니지 않으면 가시밭이나 구렁텅이에 빠지고 말리라고 옛말의 등산(登山)과 답설(踏雪)에 비유하여 설명하였다.

# 65

바쁜 가운에 한가로움을 얻으려면 모름지기 먼저 한가할 때에 그 자루를 잡아 두라. 시끄러운 가운데 고요함을 취하려면 모름지기 먼저 고요할 때에 그 줏대를 세워 두라. 그러지 않으면 경우에 따라 움직이고 일에 따라 흔들리지 않을 수 없으리라.

忙裡에 要偸閑이면 須先向閑時討個欛柄하며 鬧中에 要取靜이면 須先從靜處立個主宰하라. 不然이면 未有不因境而遷하며 隨事而靡者리라.(전 184)

**풀이**

한가로움의 참맛을 알려면 일 없을 때 미리 그 자루를 잡아 두어야 바쁠 때 그것을 얻을 수 있다. 자루를 잡는다는 것은 마음 바탕을 마련한다는 말이다. 시끄러운 곳에서 정적의 경지를 맛보려면 고요한 곳에 있을 때 그 고요함의 본질을 체득해 두어야 한다. 마음은 때와 곳에 따라 흔들리는지라 그 중핵(中核)을 잡을 줄 알아야 비로소 뜻대로 되리라.

# 66

저의 마음을 어둡게 하지 말고, 남의 고초를 너무 심하게 하지 말며, 사물의 힘을 다 긁어 쓰지 말라. 이 세 가지로써 천지를 위하여 마음을 세우고, 백성을 위하여 목숨을 세우며, 자손을 위하여 복을 지을 수 있으리라.

不昧己心하며 不盡人情하며 不竭物力하라. 三者可以爲天地立心하며 爲生民立命하며 爲子孫造福하느니라.(전 185)

**풀이**

외계의 사물로 말미암아 제 마음을 어둡게 하지 말고, 사람을 부려도 너무 가혹하게 부려서 고통스럽게 하지 말며, 사람이든 짐승이든 돈이든 그 능력을 밑바닥까지 다 긁어 쓰지 말아야 한다. 이 세 가지를 지키는 것이 곧 천지의 마음을 체득하고, 백성의 안온(安穩)을 도모하며, 자손의 행복을 마련하는 길이다.

# 67

관직에 있는 이를 위하여 두 마디 말이 있으니 가로되 "오직 공정하면 명지(明智)가 생기고, 오직 청렴하면 위엄이 생긴다."는 것이요, 집안에 있는 이를 위하여 두 마디 말이 있으니 가로되 "오직 너그러우면 불평이 없으며, 오직 검소하면 모자람이 없다."는 것이다.

居官에 有二語하니 曰惟公則生明하고 惟廉則生威하며 居家에 有二語하니 曰惟怒則情平하고 惟儉則用足하느니라(전 186)

**풀이**

벼슬 자리에 있는 이를 위하여 두 마디 훈계가 있다. "오직 공정하면 명지(明智)가 생길 것이다. 오직 청렴하면 위엄이 생길 것이다." 사심(私心)이 들면 명지(明智)가 흐려지고, 물욕에 어두워지면 위엄을 잃기 때문이다. 집안을 다스리는 사람을 위해서도 두 가지 훈계가 있다. "오직 너그러우면 불평이 없을 것이다. 오직 검약하면 부족함이 없을 것이다." 까다로우면 가족이 불평하고, 낭비하면 항상 모자라는 까닭이다.

# 68

부귀한 자리에 있을 때에 마땅히 빈천함의 고통을 알아야
하고, 젊을 때에는 모름지기 노쇠함의 괴로움을 생각해야
한다.

處富貴之地에 要知貧賤的痛癢하며 當少壯之時에 須念衰老的辛酸
이니라.(전 187)

**풀이**

세상일이란 오늘은 남의 일 같은 것이 내일이면 나에게 닥치는 수
가 많다. 그러므로 부귀한 자리에서는 빈천한 사람의 고통을 알아
야 한다. 그래야만 세정(世情)을 알아 까불지 않고 덕을 쌓을 수
있다. 젊은 시절에는 마땅히 노쇠(老衰)한 때의 신산(辛酸)스러움을
생각해야 한다. 그래야만 젊음을 너무 믿지 않고 양생(養生)에 힘
쓰게 될 것이다.

# 69

몸가짐은 지나치게 깨끗하지 말 것이니, 모든 더러움과 욕됨을 다 받아들일 줄 알아야 할 것이요, 사람과 사귐에는 너무 분명하지 말 것이니 착한 사람과 몹쓸 사람 또 어진 이와 어리석은 이를 모두 포용해야 한다.

持身에 不可太皎潔이니 一切汚辱垢穢를 要茹納得하며 與人에 不可太分明이니 一切善惡賢愚를 要包容得하느니라.(전 188)

**풀이**

몸가짐을 지나치게 깨끗하게 하지 말라. 모든 더러움을 다 용납하여 삼킬 수 있어야 한다. 사람과 사귈 경우에는 좋아하고 싫어함을 너무 분명히 하지 말라. 선인(善人), 악인(惡人), 현인(賢人), 우인(愚人)을 다 포용할 수 있어야 한다.

# 70

소인과 더불어 원수를 맺지 말라. 소인은 저대로 상대가 있다. 군자를 향하여 아첨하지 말라. 군자는 본디 사사로운 은혜를 베풀지 않는다.

休與少人仇讐하라. 小人은 自有對頭니라. 休向君子諂媚하라. 君子는 原無私惠니라.(전 189)

**풀이**

소인을 상대로 원수를 맺어서는 안 된다. 그들의 상대는 따로 있기 때문이다. 군자에게 아첨을 하여서는 안 된다. 군자의 마음은 공명정대한 까닭에 아무리 아첨하여도 특별한 은혜를 베풀어 주지 않는다.

# 71

차라리 소인으로부터 시기와 비방을 받을지언정 소인의 아부와 칭찬은 받지 말라. 차라리 군자로부터 꾸짖음과 깨우침을 받을지언정 군자의 포용은 받지 말라.

寧爲小人所忌毁언정 毋爲人所媚悅하며 寧爲君子所責修언정 毋爲君子所包容하라.(전 192)

**풀이**

소인에게 미움을 받을지언정 소인이 아첨하고 즐거워하는 대상이 되어서는 안 된다. 이는 소인이 달라붙을 틈을 주지 않기 위한 것이다. 군자에게 꾸짖음을 받을지언정 군자가 포용하는 대상이 되어서는 안 된다. 꾸짖음도 못 받는 존재란 얼마나 가련한가. 포용은 나쁘거나 모자라서 마음에 맞지 않는 것을 너그러이 보아 주는 것이다. 그러므로 꾸짖음 대신 포용을 받는 것은 치욕스러운 일이다.

# 72

남에게 입은 은혜는 비록 깊어도 갚지 않으면서 원한은 얕아도 이를 갚으며, 남의 악함을 들으면 비록 명백하지 않아도 의심치 않으면서 선함은 분명해도 이를 의심한다. 이야말로 각박함의 극단이요, 야박함이 더욱 심함이니 모름지기 간절히 경계할 일이다.

受人之恩에는 雖深不報나 怨則淺亦報之하며 聞人之惡에는 雖隱不疑나 善則顯亦疑之하니 此刻之極이요 薄之尤也니 宜切戒之니라.(전 194)

## 풀이

남에게 받은 은혜는 큰 것이라도 갚으려 하지 않으면서 남에 대한 원한은 조그만 것이라도 곧 갚으려 하며, 남의 나쁜 소문을 들으면 아직 그것이 확실치 않아도 의심하지 않고 믿으면서 남의 좋은 행실을 들으면 명백한 일이라도 믿지 않으려는 것이 흔한 인정이요 폐단이다. 얼마나 각박하고 야박한 일인가. 마음 있는 사람은 스스로 경계하여 이런 일이 없도록 살펴야 할 것이다.

# 73

세상을 살아가는 데에는 마땅히 세속과 함께하지도 말며, 또한 세속과 더불어 다르게 하지도 말며, 일을 하는 데에는 마땅히 남이 싫어하게 하지도 말며, 또한 남이 기뻐하게 하지도 말라.

處世에는 不宜與俗同하며 亦不宜與俗異요 作業에는 不宜令人厭하며 亦不宜令人喜니라.(전 198)

**풀이**

세상을 살아가면서 세속에 너무 휩싸여서도 못쓰고 그렇다고 세속과 담을 쌓는 것도 좋지 않다. 세속에 있으면서 세속을 떠나는 것, 그것이 좋다. 무슨 사업을 할 때는 남이 싫어하게 만들어도 못쓰고 그렇다고 좋아하게만 만들어도 안 된다. 왜냐 하면 사업은 많은 사람을 상대하는 것이므로 남의 미움을 받아서도 안 되지만, 모든 사람을 다 즐겁게 하려다가는 일에 줏대가 없어져서 성공하기가 어렵기 때문이다.

# 74

검약은 아름다운 덕이로되 지나치면 인색하고 비루해져 도리어 정도(正道)를 해치고, 겸양은 아름다운 행실이로되 지나치면 아첨과 비굴이 되어 본마음을 의심받게 된다.

儉은 美德也나 過則爲  吝하고 爲鄙嗇하여 反傷雅道하며 讓은 懿行也나 過則爲足恭하고 爲曲謹하여 多出機心이니라.(전 201)

**풀이**

검소함은 미덕이지만 지나치면 인색함이 되어 도리어 바른 도리를 해치는 수가 많다. 겸양은 아름다운 행실임이 틀림없지만 지나치면 비굴한 태도가 된다. 그러면 무슨 속셈이 있지나 않을까 의심을 사기 쉽다. 족공(足恭)은 공손함이 지나치다는 뜻으로 『논어(論語)』에 나오는 말이다. 곡근(曲謹)은 지나치게 삼간다는 뜻이며, 기심(機心)은 무엇을 꾸미는 마음이다.

# 75

술 잔치의 즐거움이 잦으면 훌륭한 집안이 아니고, 명성을 탐내면 훌륭한 선비가 아니며, 높은 자리를 노리면 훌륭한 신하가 아니다.

飮宴之樂이 多하면 不是個好人家요 聲華之習이 勝하면 不是個好士子요 名位之念이 重하면 不是個好臣士니라.(전 203)

**풀이**

잔치를 자주 열어 질탕하게 놀기 좋아하는 집안은 좋은 집안이 아니고, 화려한 명성에 정신이 팔린 선비는 훌륭한 선비가 아니며, 높은 자리를 얻는 데 연연하는 신하는 좋은 신하가 아니다.

# 76

냉철한 눈으로 사람을 보고, 냉철한 귀로 말을 들으며, 냉철한 뜻으로 느낌을 감당하고, 냉철한 마음으로 이치를 생각하라.

冷眼觀人하며 冷耳聽語하며 冷情堂感하며 冷心思理하라.(전 206)

**풀이**

상기하고 흥분하고 욕심에 가리우면 마음이 어두워지니, 무엇을 보아도 바로 보지 못하며, 들어도 바로 듣지 못하며, 느껴도 바로 느끼지 못한다. 그러므로 냉철한 눈과 냉철한 귀와 냉철한 뜻과 냉철한 마음으로 사물을 대하라. 그러지 않고는 정사(正邪)와 선악(善惡)을 변별(辨別)하지 못할 것이다.

# 77

어진 사람은 마음 바탕이 너그럽고 느긋한지라 복이 두텁고 경사도 오래가며 일마다 너그럽고 느긋한 기상을 이루며, 비루한 사람은 생각 머리가 좁고 급한지라 복록(福祿)이 박하고 은택(恩澤)도 짧아서 일마다 좁고 급한 꼴이 된다.

仁人은 心地寬舒라 便福厚而慶長하여 事事成個寬舒氣象하며 鄙夫는 念頭迫促이라 便祿薄而澤短하여 事事得個迫促規模하느니라.(전 207)

**풀이**

어진 사람은 모든 일에 너그럽고 느긋하다. 그 마음이 너그러운지라 받는 복이 두텁고 오래갈 뿐 아니라 일마다 피는 법이다. 이에 반해서 마음이 비천한 사람은 생각이 좁고 급해서 항상 초조하다. 그 생각이 좁은지라 받는 천록(天祿)이 박하고 자손에게 끼치는 은택(恩澤)도 짧아서 자꾸 그 규모가 오그라든다.

# 78

악한 일을 들을지라도 곧 미워하지 말 것이니, 고자질하는 이가 제 분을 풀까 두렵다. 선한 일을 들을지라도 급히 친하지 말 것이니, 간악한 이의 출세를 이끌어 줄까 두렵다.

聞惡이라도 不可就惡니 恐爲讒夫洩怒요 聞善이라도 不可急親이니 恐引奸人進身이니라.(전 208)

**풀이**

이 대목은 사람을 천거하는 이를 위하여 경계한 것이니, 또한 사람을 쓰는 이의 계명이 될 것이다. 남의 나쁜 일을 고하는 사람이 있더라도 이를 가벼이 믿고서 그 죄를 미워해서는 안 된다. 만일 이러한 눈치를 알면 모함하기 좋아하는 사람이 제 분풀이를 하려고 거짓으로 남의 나쁜 일을 지어 고할 것이다. 이와 마찬가지로 남의 착한 일을 고하는 사람이 있더라도 이를 쉽게 믿어 가까이 사귀어서는 안 된다. 만일 곧 믿고 친하는 줄 알면 간악한 사람이 짐짓 착한 일을 꾸며 입신 출세를 기도할 것이기 때문이다. 사람을 보고 믿고 쓰는 일에는 한결같이 신중하고 치밀하여야 한다는 말이다.

# 79

사람을 씀에는 마땅히 각박하지 말 것이니, 각박하면 실효
(實效)를 생각하던 사람이 떠나리라. 벗을 사귀는 데에는
마땅히 넘치지 말 것이니, 함부로 사귀면 아첨하는 사람이
오리라.

用人에는 不宜刻이니 刻則思效者去하며 交友에는 不宜濫이니 濫
則貢諛者來하느니라.(전 210)

**풀이**

사람을 쓰는 데에 너무 각박하면 안 된다. 너무 각박하면 의욕에
넘쳐 충분한 효과를 내려고 생각하던 사람도 못 견디고 떠날 것이
다. 사람을 사귀는 데에 너무 넘치면 안 된다. 너무 함부로 사귀면
아첨하고 이익을 노리는 사람이 다가올 것이다. 사효자(思效者)는
충실히 일하여 효과를 거두려고 생각하는 사람을 말한다.

# *80*

바람이 비껴 불고 빗발이 급한 곳에서는 다리를 꿋꿋이 세워야 하고, 꽃 향기 무르녹고 버들빛 짙은 곳에서는 눈을 높이 두어야 하며, 위태롭고 험한 길에서는 머리를 빨리 돌려야 한다.

風斜雨急處는　要立得脚定하며　花濃柳艶處는　要着得眼高하며　路危徑險處는　要回得頭早니라.(전 211)

**풀이**

비바람 세찬 날에는 다리에 힘을 부쩍 주어서 움직이지 않도록 조심해야 한다. 이와 마찬가지로 어려운 세상길에 꿋꿋이 서야 한다는 말이다. 꽃 향기 무르녹고 버들빛 푸른 곳에서는 눈을 높이 두어 그 밑의 더러운 것을 보지 말아야 한다. 여색(女色) 따위에 마음을 어지럽혀서는 안 된다는 말이다. 길이 위태롭고 험한 곳에서는 곧 반듯한 길로 발길을 돌려야 한다. 위험한 곳을 가까이하지 말라는 뜻이다.

# 81

절의가 높은 사람은 온화한 마음을 길러야 비로소 분쟁의 길을 열지 않을 것이요, 공명심이 강한 선비는 겸양의 덕을 이어받아야 바야흐로 질투의 문을 열지 않을 것이다.

節義之人은 濟以和衷하면 纔不啓忿爭之路하고 功名之士는 承以謙德하면 方不開嫉妬之門이니라.(전 212)

**풀이**

절의를 숭상하는 사람은 기상이 격렬한 법이다. 이런 이는 그 결점을 보충하기 위하여 스스로 마음을 온화하게 가지는 것이 좋다. 그러면 남과 다투는 일이 없을 것이다. 공명을 좋아하는 사람은 남과 공을 다투어 질투하기 쉬운 법이다. 이런 이는 겸양의 덕을 체득하여 그것을 막으면 미움을 사지 않을 것이다.

# 82

선비가 벼슬 자리에 있을 때에는 편지 한 장이라도 절도가 있어야 하니, 남이 보기 어렵게 하여 요행을 바랄 단서를 막아야 마땅하다. 물러나 시골에 살 때에는 지나치게 높이 굴어서는 안 되니, 남이 쉽게 만나 볼 수 있게 하여 옛날의 정을 두텁게 하여야 한다.

士大夫는 居官에 不可竿牘無節이니 要使人難見하여 以杜倖端이요 居鄕에 不可崖岸太高니 要使人易見하여 以敦舊好니라.(전 213)

**풀이**

사대부가 관직에 있을 때는 편지 한 장이라도 절도가 있어야 한다. 절도가 없으면 혹시 간사한 무리에게 요행을 바라고 모여들 빌미를 주게 될지도 모르기 때문이다. 관직에서 물러나 시골에 있을 때는 너무 높이 굴지 말아야 한다. 스스로 마음을 헤쳐 놓아 누구나 쉽게 다가올 수 있도록 소탈하게 굴어야 옛정을 두터이 할 수 있기 때문이다.

# *83*

대인을 가히 두려워할 것이니 대인을 두려워하면 방종한
마음이 없어질 것이요, 백성 또한 두려워할 것이니 백성을
두려워하면 횡포하다는 이름을 듣지 않으리라.

大人은 不可不畏니 畏大人則無放逸之心하고 小民도 不可不畏니
畏小民則無豪橫之名이니라.

**풀이**

덕망 높은 사람을 두려워하고 공경해야 한다. 덕망 높은 사람을 외
경(畏敬)하면 방종한 마음이 절로 없어지리라. 백성을 두려워하고
공경하면 자연히 횡포한 일을 하지 않게 된다. 소민(小民)은 천민
(賤民), 곧 빈천한 백성이라는 뜻이다.

# 84

일이 뜻대로 되지 않을 때에는 문득 나보다 못한 사람을 생각하라. 곧 원망이 절로 꺼지리라. 마음이 게을러질 때에는 문득 나보다 나은 사람을 생각하라. 곧 정신이 절로 분발하리라.

事稍拂逆이거든 便思不如我的人하면 則怨尤自消하며 心稍怠荒이거든 便思勝似我的人하면 則精神自奮하리라.(전 215)

**풀이**

무슨 일이든지 뜻대로 되지 않고 곤경에 빠지면 아직 나만 못한 사람이 있다는 사실을 생각하는 것이 좋다. 그러면 원망하고 허물하는 마음이 절로 사라질 것이다. 마음이 게을러지면 이 세상에는 나보다 나은 사람이 많다는 사실을 생각하는 것이 좋다. 그러면 자연히 정신이 분발하게 될 것이다.

# 85

기쁨에 들떠서 가벼이 허락하지 말고, 술에 취하여 화를 내지도 말라. 즐거움에 팔려서 일을 많이 만들지도 말고, 고달프다 하여 마무리를 소홀히 하지도 말라.

不可乘喜而輕諾하며 不可因醉而生嗔하며 不可乘快而多事하며 不可因倦而鮮終이니라.(전 216)

**풀이**

마음이 기쁠 때는 일이 쉽고 어려움을 생각지도 않고 가벼이 승낙했다가 낭패를 당하는 수가 많다. 술에 취하면 감정은 날카로워지고 이성은 마비되므로 함부로 성내기가 쉬우니 조심해야 한다. 마음이 즐겁다고 너무 일을 많이 맡아서는 안 되며, 피곤하다고 일을 대충 마쳐서도 안 된다.

# 86

하늘은 한 사람을 어질게 하여 그로써 뭇사람의 어리석음을 깨치거늘, 세상은 도리어 자신의 잘난 점을 뽐내어 남의 모자라는 곳을 들추어내는구나. 하늘은 한 사람에게 부를 주어 그로써 뭇사람의 곤궁함을 건지게 하거늘, 세상은 도리어 자신이 가진 바를 믿고 남의 가난을 깔보니 진실로 천벌을 받을 백성이로다.

天賢一人하여 以誨衆人之愚거늘 而世反逞所長하여 以形人之短하며 天富一人하여 以濟衆人之困이거늘 而世反挾所有하여 以凌人之貧하니 眞天之戮民哉진저.(전 218)

**풀이**

하늘이 어진 사람 하나를 내는 것은 뭇사람의 어리석음을 깨치기 위한 것인데, 세상 인심은 도리어 제 조그만 장점을 드러내어 남의 단점을 꼬집어 낸다. 하늘이 부자 한 사람을 내는 것은 그로써 뭇사람의 곤궁을 구제하기 위한 것인데, 세상 인심은 도리어 제가 조금 돈이 있다고 남의 가난함을 업신여긴다. 이 어찌 천벌을 받아 마땅하지 않으랴. '육민(戮民)'은 『장자(莊子)』에 나오는 말로 천벌을 받을 백성이라는 뜻이다.

입은 마음의 문이니, 입을 엄밀히 지키지 못하면 마음의 참된 낌새가 다 새고 말리라. 뜻은 마음의 발이니, 뜻을 엄격히 지키지 못하면 모두 옳지 못한 길로 달리고 말리라.

口乃心之門이니 守口不密하면 洩盡眞機하며 意乃心之足이니 防意不嚴하면 走盡邪蹊하느니라.(전 220)

**풀이**

마음 속으로 생각하는 바를 나타내는 것이 입이니, 입을 곧 마음의 문이라 한다. 입을 엄밀하게 지키지 않으면 마음의 밑바닥을 드러내고 만다. 뜻은 곧 마음의 발이니, 뜻이 달리는 것을 엄격하게 막지 않으면 옆길로 새고 만다. '사혜(邪蹊)'의 혜(蹊)는 샛길 또는 좁은 길을 말한다.

# 88

남을 꾸짖는 이는 허물 있는 속에서 허물 없음을 찾아야 마음이 평안할 것이요, 저를 꾸짖는 이는 허물 없는 속에서 허물 있음을 찾아야 덕이 나아가리라.

責人者는 原無過於有過之中하면 則情平하며 責己者는 求有過於 無過之內하면 則德進하느니라.(전 221)

### 풀이

남을 꾸짖을 때에는 아량을 베풀 줄 알아야 한다. 허물만 들출 것이 아니라 잘한 일도 일러주면서 달래야 감화가 쉽고 스스로 마음도 평안해진다. 그러나 자기를 꾸짖을 때는 엄격해야 한다. 잘한 일처럼 생각되어도 혹시 알지 못하는 잘못이 없나 깊이 반성해야 덕이 자라난다.

# 89

군자는 어려움에 처해서는 근심하지 않지만 즐거움을 당해서는 근심하며, 권세 있는 사람을 만나서는 두려워하지 않지만 의지할 곳 없는 사람을 대하면 안타까워한다.

君子는 處患難而不憂하나 當宴遊而惕慮하며 遇權豪而不懼하나 對惸獨而驚心하느니라.(전 223)

**풀이**

군자는 환난 속에서는 근심하지 않으나 즐거울 때에 근심하며 권세 가진 사람을 대하면 겁내지 않으나 고독한 사람을 대하면 안타까워한다. 환난 속에는 빛이 있지만 쾌락에는 어둠이 따르는 법이다. 권세는 한때의 헛된 모습이니 겁낼 것이 없다. 그러나 의지할 데 없는 외롭고 쓸쓸한 사람을 보면 가엾게 여겨 안타까워한다. 군자의 마음씨는 참으로 이와 같다.

# 제사(題詞)

축객고종(逐客孤踪)이 누추한 집에 은거하여 방이내(方以內)의
사람과 사귐을 즐거워하고 방이외(方以外)의 사람과 사귐을 즐겨
하지 않았도다. 망령되이 옛 성현과 오경동이(五經同異)의 사이에
치변(置辯)하되 부질없이 이삼(二三)의 소자(小子)와 운산 변환(雲
山變幻)의 기슭에 낭적(浪跡)지 않음이요, 날로 어부 전부(漁父田
夫)와 오호(五湖)의 물가, 녹야(綠野)의 요(坳)에 낭음 창화(朗吟唱
和)하되 도추(刀錐)를 경(競)하고 승두(升斗)를 영(榮)하는 이와 냉
열(冷熱)의 장(場), 성전(腥羶)의 굴(窟)에 교비 서정(交臂抒情)치
않음이라. 간혹 염락(濂洛)의 설(說)을 습(習)하는 이가 있으면 목
(牧)하고 축건(竺乾)의 업(業)을 습(習)하는 이는 벽(闢)하고 담천
조룡(譚天彫龍)의 변(辯)을 하는 이는 원(遠)하였느니, 이로써 내
산중(山中)의 기량(伎倆)을 마치기에 족(足)하였도다. 마침 우인
(友人) 홍자성(洪自誠)이라는 이가 채근담을 나에게 보이며 서(序)
를 청(請)하는지라 처음에는 대수롭지 않게 이를 보았을 따름이
다가, 이윽고 책상 위의 고서들을 치우고 마음 속의 잡념을 거두
고 직접 읽고서야 깨달았노라. 그 성명(性命)을 담(譚)하여 현미
(玄微)에 직입(直入)하고 인정(人情)을 말하여 암험(岩險)을 곡진
(曲盡)함이며 천지(天地)에 부앙(俯仰)하여 흉차(胸次)의 이유(夷

猶)를 보고 공명(功名)을 진개(塵芥)로 하여 식취(識趣)의 고원(高遠)함을 알 수 있었도다. 필저(筆底)의 도주(陶鑄), 녹수 청산(綠樹靑山) 아님이 없고 구문(口吻)의 화공(化工), 이 모두 연비 어약(鳶飛魚躍)이라. 그의 이 자득(自得)이 어떠한가. 아직 심신(深信)치 못하였을지라도 지은 글을 보면 다 세상을 폄(砭)하고 사람을 깨우치는 끼긴(喫緊)이요, 귀로 들어가 입으로 나오는 부화(浮華)가 아니로다. 담(譚)을 채근(菜根)으로써 이름함은 본디 청고역연중(淸苦歷練中)에서 와서 재배 관개(栽培灌漑) 속에서 득(得)함이니 그 풍파에 전돈(顚頓)하고 험조(險阻)를 비상(備嘗)하였음을 가히 알겠도다. 홍자(洪子) 이르기를 하늘이 나를 노(勞)하되 형(形)으로써 하면 내 나의 마음을 일(逸)하여서 이를 보(補)하고, 하늘이 나를 액(阨)하되 우(遇)로써 한다면 내 나의 도(道)를 형(亨)하여 이를 통(通)하리라 하였으니, 그 스스로 경계하고 스스로 힘쓴 바를 또한 알 수 있도다. 이로 말미암아 수어(數語)로 변(辯)하고 사람들에게 공(公)하여 채근(菜根) 가운데에 진미(眞味)가 있음을 알리고자 하노라.

　　　　　　삼봉주인(三峰主人) 우공겸(于孔兼) 제(題)

# 해제(解題)

채근담은 두 종류가 있다. 하나는 명나라 만력(萬曆) 연간(年間) 사람 홍자성(洪自誠)이 지은 것이고, 다른 하나는 청나라 건륭(乾隆) 연간(年間)에 씌어진 홍응명본(洪應明本)이다. 전자를 만력본(萬曆本), 후자를 건륭본(乾隆本)이라고 부른다. 이 둘을 비교하면 전자 홍자성본은 전편(全篇)을 둘로 나누어 전집(前集)과 후집(後集)으로 편집하였다. 후자 홍응명본은 「수성(修省)」 「응수(應酬)」 「평의(評議)」 「한적(閑適)」 「개론(槪論)」의 다섯 편으로 분류되어 있다. 내용은 둘 다 공통된 장(章)도 많으나 후자가 전자보다 장 수가 훨씬 많다. 그러므로 전자를 약본(略本), 후자를 광본(廣本)이라고 부른다.

특히 주목할 것은 후자의 제5편 「개론(槪論)」이 대체로 전자의 전문으로 성립되었고 「이여(爾餘)」는 증보된 것이라는 점이다. 또 홍자성본에는 삼봉주인(三峰主人) 우공겸(于孔兼)의 제사(題詞)가 있는데, 홍응명본에는 우공겸의 글이 없고 환초당 주인(還初堂主人)의 식어(識語)가 붙어 있다. 아울러 그 식어 중에 "예전에는 서문이 있었으나 아순(雅馴)치 못하며, 또 이 책과 관련이 없는 말이므로 빼 버렸다."는 구절이 나온다. 이상에서 우리는 먼저 몇 가지 중요한 사실을 살펴볼 수 있다.

첫째, 채근담의 원본은 홍자성이 쓴 만력본이요, 홍응명의 건륭본은 그것을 밑바탕으로 하여 뒷사람이 편저한 증보본(增補本)이라는 점이다. 이 두 본의 내용과 편서(編序)가 일치하지 않는 것은 뒷사람이 제 뜻대로 간행할 때 원본인 만력본에다 채근담과 나란히 놓을 만한 제가(諸家)의 청언(淸言)을 증보한 까닭인 듯하다. 건륭본에는 청(淸)의 석성재(石惺齋)가 엮은 속 채근담(續菜根譚)의 어구가 곳곳에 보이는 것도 그 한 예이다.

둘째, 홍자성과 홍응명은 동일인이 아니면 홍응명은 뒷사람이 꾸며 낸 사람일 것이라는 점이다. 이 두 사람은 공히 그 생졸 연대와 열력(閱歷)을 고증할 길이 없으므로 동일인이라는 확증도 개별인이라는 확증도 없다. 그러므로 여러 설이 분분하지만 이러한 견해를 가지는 것은 다음과 같은 이유 때문이다.

홍자성본에 제사를 쓴 우공겸은 『명사(明史)』에 그 본전(本傳)이 있어 그가 만력 8년에 급제한 후 여러 관직을 거치다가 나중에 묘당(廟堂)의 실정(失政)을 논하는 상소로 말미암아 신종(神宗)에게 출척(黜斥)당하여 칩거한 채 만년을 보낸 명사임이 밝혀져 있다. 제사 중에 "우인 홍자성이라는 이가 채근담을 나에게 보이며 서(序)를 청하였다."는 구절이 있으니, 홍자성이 우공겸과 동시대인 만력 연간 사람임을 알 수 있으며 채근담이 홍자성의 저서인 것만은 확실하다. 그러나 홍응명본에는 우공겸의 제사가 없을 뿐 아니라 관련이 없는 말이기 때문에 일부러 빼 버렸다는 말이 환초당주인의 식어에 보인다. 그리고 식어는 건륭 59년에 썼음이 밝혀져 있다. 이로 보면 우공겸의 제사를 빼 버린 사람은 건륭본의 편자요, 건륭본의 편자는 식어를 쓴 환초당주인일 것이다. 이 환초당주인과 홍응명이 동일인이라거나 동시대인이라는 관계가 밝혀졌다면 홍자성과 홍응명은 개별인이라는 증거가 되지만 이것도 명료하지 않다.

여기서 우리가 한 번 추리해 볼 수 있는 것은 건륭본의 편자는 홍응명이 아닌 제삼자요, 그 당사자가 환초당주인일지도 모른다는 점이다. 또 그 환초당주인이 자신의 취향대로 덧붙이고 고치면서 원저자의 본명을 거짓으로 쓴 것이 아닐까 하는 생각이 들기도 한다. 어쩌면 건륭 연간까지는 홍자성의 본명이 홍응명이라는 증거가 확실하였는지도 모를 일이다. 만일 홍응명이 홍자성의 본명이 아니라면 홍응명은 건륭본 편자 환초당주인의 본명이거나 환초당주인이 저자명으로 꾸며 낸 이름일 것이다. 어쨌든 환초당주인이 홍자성의 호 환초도인(還初道人)을 흉내 내서 환초당주인이라고 호를 지은 것을 보면 그가 홍자성을 사숙(私淑)한 것을 알 수 있다. 또 그 식어에서 "예전에는 서문이 있었으나" 운운한 것을 보면 채근담의 저자가 홍자성임을 밝힌 셈이다. 이로써 홍응명이라는 이름이 건륭본의 편자인 환초당주인의 본명이 아님을 알 수 있으며, 환초당주인이 임의로 꾸며 낸 가공의 이름이기보다는 원저자 홍자성일 가능성이 많다. 환초당주인이 채근담의 원저자인 홍자성이 아님은, 환초당주인의 식어가 씌어진 건륭 59년(서기 1794년)이 만력 말년인 신종(神宗) 47년(서기 1619년)보다 170여 년 뒤이기 때문에 명백하다.

이제까지 우리는 홍자성과 홍응명이 동인 이명(同人異名)일 가능성에 대하여 살펴보았다. 한용운(韓龍雲) 선생도 그가 역편(譯編)한 수진판(袖珍版)의 범례에서 "이 원서(原書)는 명(明)의 만력 연간에 산 홍응명(자는 자성, 호는 환초도인)의 저작이다."라고 뚜렷이 밝혀 동인 이명설(同人異名說)을 취하였다. 홍자성본과 홍응명본의 내용이 같지 않고 엮은 체제가 다르며 간행 연대에 차이가 나는 점을 들어 홍자성과 홍응명이 다른 사람이라고 주장하는 사람도 있으나 이것만으로는 매우 박약한 논거라고 할 수밖에 없다. 만일 건륭본의 편찬자가 환초당주인이요, 그가 홍자성도 홍응명도 아닐 경우에는 홍자성과 홍응명은 한 사람일 수도 있기 때문이다.

앞에서 우리는 홍응명본의 편자를 거기에 식어를 붙인 환초당주인이라고 추정하였다. 이와 같은 근본 입지에서 나아가 우리는 몇 가지 중요한 사실을 더 지적할 수 있다.

첫째, 건륭본(홍응명본)의 편찬자는 승려일지도 모른다는 점이다. 환초당주인의 식어에 "예전에는 서문이 있었으나 아순(雅馴)치 못하며, 또 이 책과 관련이 없는 말이므로 빼 버렸다."는 구절이 있다. 그 빼 버린 서문은 우공겸의 제사일 터인데, 우씨의 글이 아순치 못하다는 것은 만력본에 실려 있는 그 글로 보아 당치 않은 말이다. 또 본서의 내용과 관련이 없는 말이기 때문에 뺐다는 것도 거기 비록 우씨 자신의 이야기가 많기는 하나 그것이 모두 그 저서와 저자 홍씨의 사람됨을 언급하기 위함이니 설득력이 약하다. 생각하건대 그 제사를 뺀 까닭은 이런 데 있는 것이 아니라 우씨의 글에 나타난 숭유 척불(崇儒斥佛)의 언사가 편자인 환초당주인의 비위에 거슬렸기 때문이라고 보는 것이 타당하다.

우씨의 제사 중에 "염락(濂洛)의 설(說)을 습(習)하는 이가 있으면 목(牧)하고, 축건(竺乾)의 업(業)을 습(習)하는 이가 있으면 벽(闢)한다."는 말이 나온다. '축건의 업'은 불교를 가리키는 말이므로 이 구절은 불교적인 색채가 꽤 엿보이는 채근담의 내용에 어울리지 않는다고 볼 수 있다. 그러나 홍자성 자신도 후집 134장에서 "석씨수연(釋氏隨緣) 오유소위(吾儒素位)"라 하여 스스로 유가(儒家)의 사람임을 밝혔다. 그런데도 우씨의 제사를 빼 버린 저의에는 편자 환초당주인이 불가(佛家)의 사람임을 암시하는 바가 있다고 할 수 있다. 한용운 선생은 그가 엮은 수진판의 범례에서 그 저본(底本)이 승려 내림(來琳)의 중국 광본(廣本)과 일역(日譯)된 약본(略本), 곧 홍자성본을 종합 정선한 것임을 밝혔다. 그런데 수진판 채근담의 체제는 홍응명본을 좇아 다섯 편으로 구분되어 있다. 이로써 내림의 광본이 만력본의 증보본인 건륭본, 곧 홍응명본과 같으리라는 것을 또한 추측할 수 있다. 한용운 선생이 광본을 좇은 것은 그가 또한 불가(佛家)의 입지에서 내림의 의취(意趣)와 통하는 바가 많았을 것이라는 사정을 감안할 때 자못 당연한 일이었을 터이다.

둘째, 이로써 건륭본인 홍응명본과 내림본은 같은 것이며 그 홍응명본의 편찬자가 바로 내림일지도 모른다는 데에까지 생각이 미치게 된다. 따라서 환초당주인 식어를 붙인 사람도 내림이요, 환초당주인도 내림인 듯하다. 그러므로 채근담 두 저본(底本)의 관계를 다음과 같이 정리할 수 있다.

홍자성본 = 만력본 = 약본(略本) = 원본(原本)

홍응명본 = 건륭본 = 광본(廣本) = 합찬본(合纂本)

‖

(내림본)

다만 우리는 내림에 대해서도 홍자성이나 홍응명과 마찬가지로 상세한 것을 알지 못한다. 각종 채근담 원판본을 비교 검토할 자료가 없는 우리로서는 이쯤에서 추정과 연구를 멈추고, 후일의 재고(再考)를 기다려야 하겠다.

『중국인명대사전(中國人名大辭典,  商務印書館版)』에는 “洪應明(明) 字自誠 號還初道人 有仙佛奇蹤”이라고 간략히 씌어 있다. 명확한 논증은 역시 없으나 나의 추단(推斷)과 일치하므로 참고 삼아 적어 둔다.

채근담(菜根譚)이라는 이름은 물론 저자 홍자성이 붙인 것이겠으나 그 의의(意義)의 출처는 송나라 때의 유학자인 왕신민(汪信民)에게 있는 듯하다. 왕신민은 “사람이 항상 나물 뿌리를 씹어 먹을 수 있으면 곧 백 가지 일을 가히 이루리라.”고 하였으니, 사람이 초근 목피(草根木皮)와 같은 조식(粗食)을 달게 여겨 그 담담한 맛에서 참맛을 느끼고 어려움을 참고 견디면 이루지 못할 일이 없다는 뜻이다.

홍자성이 채근담을 저술할 당시의 경우를 책 이름으로 우의(寓意)한 것이니, 채근담 전편(全篇)의 내용이 난세 지신(亂世持身)의 요결(要訣)이요 누항 낙도(陋巷樂道)의 묘체(妙諦)임을 볼 때 그 이름의 의의는 더욱 밝다고 하겠다. 왕신민이 한 이 말을 송(宋)의 호강후(胡康候)가 듣고 무릎을 치며 감탄하였다는 이야기가 『소학(小學)』「외편(外篇)」에 있다. 주자(朱子)는 이 말을 이끌어 "요즈음 사람들을 보니 나물 뿌리를 씹을 줄 몰라서 본심을 어기는 이가 많으니 가히 경계하지 않을 수 있겠는가."라고 하였다. 이 모두 선비는 항상 구학(溝壑)에 있음을 잊지 말아서 도의(道義)를 무거이 하고 계교 사생(計較死生)의 마음을 가벼이 하라는 뜻이다. 나물 뿌리의 참맛을 모르는 이는 기름진 고기 맛에 반하여 명리(名利)에 팔리고 눈앞의 이익에만 끌린다는 것이다. 그러므로 채근담은 전편이 담박(淡泊)을 귀히 여기고 농후(濃厚)를 싫어하며 화사(華奢)를 버리고 질박(質朴)을 취함으로써 주지(主旨)를 삼은 것이다.

"농비신감비진미(膿肥辛甘非眞味) 진미지시담(眞味只是淡)"이나 "여구현장자(藜口莧腸者) 다빙청옥결(多氷淸玉潔) 곤의옥식자(袞衣玉食者) 감비슬노안(甘婢膝奴顔) 개지이담박명(蓋志以澹泊明) 절종비감상야(節從肥甘喪也)"라는 구가 모두 이 채근담이라는 책 이름의 진체(眞諦)를 나타낸 말이다.

416